OEUVRES

COMPLÈTES

DE PIGAULT-LEBRUN.

TOME IX.

THÉATRE.

DE L'IMPRIMERIE DE FIRMIN DIDOT,
IMPRIMEUR DU ROI ET DE L'INSTITUT, RUE JACOB, N° 24.

OEUVRES

COMPLETES

DE PIGAULT-LEBRUN.

TOME NEUVIÈME.

A PARIS,

CHEZ J.-N. BARBA, LIBRAIRE,

ÉDITEUR DES OEUVRES DE M. PICARD ET DE M. ALEX. DUVAL,
PALAIS-ROYAL, N° 51, DERRIÈRE LE THÉATRE-FRANÇAIS.

1823.

IL FAUT CROIRE
A SA FEMME,
COMÉDIE
EN UN ACTE ET EN VERS.

PRÉFACE.

Tous les jeunes gens qui veulent écrire, commencent par faire des vers, bons ou mauvais. Cette petite pièce est mon premier ouvrage. J'ai eu le plaisir, toujours vif pour un débutant, de la voir jouer dans une petite ville de Hollande, et d'y trouver un petit libraire qui voulut bien l'imprimer, sans que je le payasse.

Encouragé par des succès aussi flatteurs, j'envoyai ma comédie à Paris: c'est toujours là que nous voulons arriver, nous autres auteurs. Le très-complaisant et très-spirituel personnage auquel je l'adressai, alla beaucoup plus loin que moi. Il fit d'une bagatelle une comédie de caractère. Il intitula celle-ci, le *Jaloux Corrigé*; il se donna la peine de supprimer beaucoup de mes vers, et de leur substituer les siens.

Voilà les deux ouvrages. Le public prononcera: il les trouvera probablement mauvais l'un et l'autre.

PERSONNAGES.

NICANDRE, mari jaloux.
ROSÉIDE, femme de Nicandre.
LÉANDRE, ami de Nicandre.
VALÈRE, amant travesti en soubrette.
FRONTIN, valet de Valère.

La Scène est dans une promenade. Sur l'un des cotés, est la maison de Nicandre.

IL FAUT CROIRE
A SA FEMME,
COMÉDIE.

SCÈNE I.
VALÈRE, FRONTIN.

(Frontin entre sur la scène avec l'air de chercher quelqu'un. Valère sort furtivement de chez Nicandre.)

FRONTIN.

St... st... Il est, je crois, installé chez Nicandre.
Hem!... personne. Hem!... j'enrage. Il faut pourtant apprendre...

VALÈRE.

Mon cher Frontin!

FRONTIN.

Monsieur?

VALÈRE.

J'ai réussi.

FRONTIN.

D'honneur?

VALÈRE.

Oui, Frontin.

FRONTIN.

Quel plaisir pour votre serviteur!

Je partage et j'admire un succès si rapide.
Ce n'est pas nous, monsieur, qu'une femme intimide ;
Quelle vivacité dans nos galans exploits!
Nous paraissons à peine, et l'on subit nos lois.

VALÈRE.

Pas tout-à-fait encore.

FRONTIN.

Elle fait l'inhumaine!
Je vous le disais bien, ce n'était pas la peine
De venir de si loin pour la mettre en courroux :
Nous pouvions aussi bien l'adorer de chez nous.
Mais....

VALÈRE.

Ce n'est pas cela.

FRONTIN.

Que faut-il que j'en pense?
Daignez donc dissiper ma profonde ignorance.
Si j'ai pu me tromper en vous croyant vainqueur,
Ai-je tort à présent de croire à sa rigueur?

VALÈRE.

Roséide, Frontin, me voit avec tendresse,
Et se croit mon amie, et non pas ma maîtresse.
De l'amour dans son sein je vois croître les feux.

FRONTIN.

Oui; mais si par hasard ce cœur est vertueux?

VALÈRE.

Depuis deux mois entiers j'adorais Roséide ;
L'amour me consumait; ce dieu devint mon guide.

FRONTIN.

Ah! monsieur, quel plaisir de tromper un époux

SCÈNE I.

Qui croit à la vertu, bien moins qu'à ses verroux!

VALÈRE.

Sous ce déguisement, qu'inventa ma tendresse,
J'ai de son vieux mari pris toute la rudesse.
Ce matin, sur ses pas, entré dans ce séjour,
Je fais, pour le gagner, le procès à l'amour;
Je condamne le luxe et les dépenses vaines;
Je déteste avec lui les vanités mondaines,
Et mon homme, soudain, m'offrant son amitié,
Veut me rendre gardien de sa chère moitié.
Je refuse... il insiste... autre refus... il presse,
Et malgré moi m'entraîne aux pieds de ma maîtresse.
Ainsi plus d'un jaloux, pour fuir un certain mal,
Par excès de prudence a servi son rival.

FRONTIN.

Il n'en faut pas douter, oui, c'est l'amour lui-même
Qui nous a suggéré cet adroit stratagème.
Enfin le petit dieu couronne vos désirs.
Je vois s'ouvrir pour vous la route des plaisirs.

VALÈRE.

Nicandre m'introduit auprès de son épouse.
Il me disait tout bas, en sa fureur jalouse :
« Voilà celle qui doit recevoir vos leçons;
« Vous seule loin de moi bannirez les soupçons.
« Je vous laisse en ces lieux. » La triste Roséide,
En frémissant, sur moi porte un regard timide...
Tous mes sens sont émus, je vole dans ses bras.
«Quoi! tu sers mon époux, et tu ne me hais pas,
« Dit-elle?» Ses accens... son air... Qu'elle était belle!
Ses yeux versaient des pleurs... je pleurais avec elle.

Je ne sais quel transport près d'elle m'agitait;
Je voulais m'expliquer, le respect m'arrêtait...
Je sors enfin, honteux de n'avoir, à mon âge,
De cet heureux moment tiré nul avantage.

FRONTIN.

Quoi! vous êtes vaincu par la timidité!
Allons, ferme, morbleu : de l'intrépidité.
C'est avec un benêt qu'une femme est cruelle,
Et qui sait tout oser, obtient tout de sa belle.
Vous avez cent raisons pour être audacieux.
Primo, monsieur, votre oncle arrive dans ces lieux,
Et le fâcheux pourrait, d'après mes conjectures,
Nous envoyer ailleurs chercher des aventures.
C'est le meilleur ami de notre vieux jaloux.

VALÈRE.

Et sa vive amitié ne peut rien contre nous.
Très-difficilement on approche madame,
Et l'ami du mari ne l'est pas de la femme.
Dans son appartement je vais me cantonner.
Sous ces habits, d'ailleurs, peut-il me deviner?
Après avoir trompé le soupçonneux Nicandre,
A me voir démasquer je ne dois pas m'attendre.
J'entends du bruit... on vient. Éloigne-toi, Frontin.

FRONTIN.

Oui, je vais me cacher au cabaret voisin.

SCÈNE II.

NICANDRE, VALÈRE.

NICANDRE, sans voir Valère.

O le maudit pays ! Que ne suis-je en Espagne !
Je pourrais à mon gré gouverner ma compagne,
Confier aux verroux mon repos, mon honneur,
Rire des vains efforts d'un jeune suborneur ;
Mais on exige ici qu'un mari soit facile,
Et, pour plaire au public, il faut être imbécille.
Oh ! nous verrons, morbleu !.... Que faites-vous ici ?
Un argus vigilant ne trotte pas ainsi.

VALÈRE, embarrassé.

Mais.... je cherche un ombrage épais et solitaire,
Où, conduite par moi, loin des yeux du vulgaire,
Votre épouse, docile à mes instructions,
Combatte avec succès le feu des passions,
Des principes du temps démêle l'imposture,
Et puise des leçons au sein de la nature.
La paix qui règne ici pénètre jusqu'au cœur.
La campagne est, monsieur, l'asile du bonheur,
Et de ce calme heureux qui convient à madame.

NICANDRE.

Ces jardins sont peu faits pour une jeune femme.
Cet endroit me paraît suffisamment obscur :
Le plus près de ma porte est toujours le plus sûr.
Rentrez, et gardez-vous de quitter Roséide.

VALÈRE.

Vous serez satisfait.

NICANDRE.
Mais.... je vous crois timide.
VALÈRE.
Point du tout.
NICANDRE.
En public il faut de la douceur;
Mais dans le tête-à-tête ayez de la vigueur.
VALÈRE.
J'en aurai.
NICANDRE.
Soyez sourde à son touchant langage.
Elle vous séduirait : on est tendre à votre âge.
J'ai composé pour vous un sage règlement :
Il faut de point en point le suivre aveuglément;
Pour en saisir l'esprit, le relire sans cesse.
(Apercevant Léandre.)
Allez endoctriner votre jeune maîtresse.

SCÈNE III.

NICANDRE, LÉANDRE.

NICANDRE.
(Léandre le salue.)
Vous voilà de retour ? Approchez sans façon.
LÉANDRE.
Je craignais de gêner... peut-être...
NICANDRE.
Eh ! monsieur, non.
Vous n'étiez pas de trop. J'indiquais à Finette

SCÈNE III.

Les moyens d'être un jour une duègne parfaite.
Je cache à tous les yeux mes soupçons, ma frayeur,
Et ce n'est qu'à vous seul que j'ouvrirai mon cœur.

LÉANDRE.

Vous verrai-je toujours malheureux, intraitable,
Empoisonner les jours d'une femme estimable?
Abjurez, croyez-moi, vos honteuses fureurs :
On ne parvient jamais à contraindre les cœurs.

NICANDRE, ironiquement.

Je devrais, j'en conviens, moins délicat, plus sage,
Me livrer aux douceurs d'un nouveau mariage;
Être aimé de ma femme... à peu près, et toujours
Satisfait de la belle ainsi que des amours,
Des maris complaisans étudier le code,
Et grossir le torrent des époux à la mode.
Par tous nos jeunes gens je serais révéré;
De ma chaste moitié je serais adoré.
Cela serait très-bien; oui, mais dans cette vie
Ainsi que ses vertus, tout homme a sa manie :
Je veux que ma moitié n'existe que pour moi.
Au défaut de l'amour, je règne par l'effroi.
Je ne me flatte point, je connais, au contraire,
Des époux surannés le destin ordinaire.
Comment! lorsqu'à vingt ans, avec de la douceur,
Une taille parfaite, un esprit enchanteur,
Un mari complaisant, libéral et fidèle,
Peut à peine six mois plaire à sa tourterelle,
Vous prétendez, mon cher, qu'à soixante et quatre ans,
Je captive une femme à peine en son printemps!
Quand sur nos fronts ridés le temps marque ses traces,

L'homme mort à l'amour doit rompre avec les Graces.
Je me suis méconnu, j'ai formé ce lien.
La vertu n'est qu'un nom dont je n'espère rien ;
C'est sous un joug de fer....

LÉANDRE.

Quel préjugé barbare !
Connaissez-vous les maux qu'un jaloux se prépare ?
Passer de la tendresse à l'inhumanité ;
Encourager sa femme à l'infidélité ;
Rendre par son malheur une faute excusable ;
Toujours plus malheureux et toujours plus coupable,
Adorer sa victime en lui perçant le cœur ;
Couler ses tristes jours dans le sein de l'horreur,
Voilà le vrai tableau....

NICANDRE.

Quelle audace est la vôtre ?
Des coquettes du siècle êtes-vous donc l'apôtre ?
Vous êtes-vous flatté qu'en accusant l'époux,
Sa facile moitié s'enflammerait pour vous ?
Je suis majeur, je crois. Quoi qu'on fasse et qu'on dise,
Je n'écouterai rien ; je veux vivre à ma guise.

LÉANDRE.

Mais l'usage, monsieur....

NICANDRE.

Je méprise ses lois.
Mon hymen m'a donné d'incontestables droits ;
Je les ferai valoir. Que m'importent l'usage
Et ces faibles maris qu'à leurs yeux on outrage ?
J'éviterai leur sort. Malgré les mœurs du temps,
Vous verrez une femme ignorer les amans.

SCÈNE III.

Je suis loin cependant de la folie extrême
De croire qu'un époux soit aimé pour lui-même.

LÉANDRE.

Croyez à la vertu.

NICANDRE.

Mais il serait plaisant
D'inspirer à mon âge un pur attachement.
Ma femme m'a juré.... mais non....

LÉANDRE.

Il faut la croire.
Dans un livre j'ai lu, si j'ai bonne mémoire :
Sous les lois de l'hymen pour couler d'heureux jours,
Il faut à sa moitié s'en rapporter toujours.
Mais je ne conçois rien à votre jalousie ;
Souvent vous la portez jusqu'à la frénésie,
Et lorsque vous avez crié, juré, pesté,
Vous êtes tout à coup d'une sécurité !
Tendre avec Roséide, et changeant de langage....

NICANDRE.

Il faut la consoler du malheur d'être sage.
Je sais trop que la femme, assez encline au mal,
N'a pas un grand respect pour le nœud conjugal.
Avare de bienfaits, l'économe nature
Joignit à ses attraits un grand goût au parjure.
La crainte étant toujours un puissant correctif,
Je suis souvent armé d'un air rébarbatif,
Et, par là, je fais croire à ma douce femelle
Que je suis pénétrant, que je veille sur elle.
La crainte d'un mari fait plus que la vertu.
Peut-être sans cela que tout serait perdu.

XI.

Un imbécille époux au destin s'abandonne,
Et croit que sa moitié doit être franche, bonne ;
Mais ce sexe a toujours besoin de caution,
Et la plus sûre, ami, c'est la précaution.

LÉANDRE.

Ce sexe avec raison déteste qui l'opprime.
Le bonheur des époux doit naître de l'estime.
L'amour ne peut paraître où règne la douleur.
Roséide déja rougit de la douceur
Que vous feignez près d'elle, et voit qu'elle est fondée
Sur tous les surveillans dont elle est obsédée.

NICANDRE.

Admirez avec moi les ressorts plus qu'humains
Qu'avec tant de succès feront jouer mes mains.
Plus une jeune femme a d'attraits, de mérite,
Et plus je crois qu'il faut éclairer sa conduite.
La mienne est dans le cas. Je voulais l'épier,
Et lui cacher les yeux qui la vont surveiller.
Il fallait, qu'en sa duègne, elle vît une amie,
Riant et de mes soins et de ma bonhomie ;
Non de ces vieux lutins allant toujours grondant,
Que devine d'abord et qu'évite un amant.
Celle que j'ai choisie a toute sa jeunesse ;
Certain air de bonté qui vous cache une adresse !
De certains yeux fripons animés par l'amour ;
Certain air libertin et sage tour à tour.
On ne fait pas ainsi naître de défiance.
En elle les galans mettront leur confiance ;
La chargeront toujours de leurs tendres poulets :
De sa maîtresse ainsi je saurai les secrets.

SCÈNE IV.

Comme dans un miroir, je lirai dans son ame.
Finette, partageant les chagrins de ma femme,
Et cachant ses desseins sous un masque flatteur,
Trouvera sans effort le chemin de son cœur.

LÉANDRE.

Par ce lâche artifice une femme cruelle
Aggravera les maux d'une épouse fidèle !
Je ne vous conçois plus. N'aviez-vous pas promis
Que le jour qu'en son lit on vous verrait admis
Serait marqué du sceau de votre complaisance,
Et que, tout pénétré de votre insuffisance,
Vous deviez à jamais, respectant votre choix,
Ne penser que par elle et recevoir ses lois?

NICANDRE.

Ce sont contes en l'air qu'on fait à ses maîtresses.
L'hymen anéantit de semblables promesses.
Selon ce que m'a dit un célèbre docteur,
Ma femme est ma servante, et je suis son seigneur.

(Il salue Léandre, et rentre chez lui. Léandre le suit, et Nicandre lui fait une autre révérence à sa porte, et la ferme.)

SCÈNE IV.

LÉANDRE, SEUL.

Quelle fatalité semble régir ce monde !
De nœuds ainsi formés cet univers abonde.
Le sordide intérêt enchaîne la beauté ;
Le vieillard soupçonneux craint sa fragilité ;
Il veille nuit et jour ; mais l'amour qu'il offense,

En dépit de ses soins, est sûr de sa vengeance.
Il guide les amans au feu de son flambeau ;
Sur les yeux de l'époux il place son bandeau,
Et l'on voit tous les jours le stupide hyménée
D'une foule d'amis caresser la lignée....
Dans sa prévention Nicandre est affermi.
Il me croira bientôt un secret ennemi,
Qui, nourrissant, dans l'ombre, une secrète flamme,
Dois mettre mon bonheur à séduire sa femme,
Et pour nuire d'avance à mes tendres projets,
De son appartement il m'interdit l'accès.
Ma sincère amitié veut que je le délivre
Du ridicule affreux sous lequel il va vivre.
On peut en faire encore un estimable époux :
La raison quelquefois ramène les jaloux.

SCÈNE V.

ROSÉIDE, VALÈRE.

ROSÉIDE.

Je suis à ta conduite à peine abandonnée,
Et je vois aussitôt changer ma destinée !
Sous ces ormes enfin je peux prendre le frais,
Et ce plaisir, Finette, est un de tes bienfaits.
Depuis qu'à mon époux je me vois asservie,
Toi seule as ressenti les malheurs de ma vie.
Ton ame, je le vois, faite pour l'amitié,
Suit son tendre penchant autant que la pitié,
Et mon cœur, que déja flétrissait la tristesse,

SCÈNE V.

Avec toi se ranime et s'ouvre à la tendresse.
Un sentiment plus doux succède à mes douleurs.
Tu souffres, m'as-tu dit? Nous mêlerons nos pleurs,
Et libres toutes deux au sein de l'esclavage,
Nous coulerons enfin des jours exempts d'orage.

VALÈRE.

Et j'étais destinée à vous persécuter!
Entre Nicandre et vous je pourrais hésiter!
Non, croyez les sermens de ma bouche timide :
Je jure entre vos mains, charmante Roséide,
D'honorer, de servir, d'adorer la beauté;
De n'employer jamais ma faible autorité
Qu'à conduire au bonheur une femme chérie;
Qu'à repousser les traits qu'en vain la barbarie
A mis entre les mains d'un inflexible époux.
Celle que vous aimez saura veiller sur vous.
D'un tyran trop cruel j'arrêterai la rage;
Votre repos enfin deviendra mon ouvrage.
Lui-même, rougissant d'outrager tant d'appas....

ROSÉIDE.

Ah, plaignons mon époux, et ne l'insultons pas.
Peut-être je devrais n'écouter que la haine;
Il semble le vouloir; mais la vertu m'enchaîne.
J'ai pu former ces nœuds, il faut les révérer.
Nicandre est mon époux, je n'ai plus qu'à pleurer,
Et trop heureuse encore en ma retraite obscure,
Quand je suis morte au monde et même à la nature,
De lire dans ton sein et de t'ouvrir le mien.
Tu pleureras mon sort, je gémirai du tien.

(Avec le plus tendre intérêt.)

Tu m'apprendras enfin pourquoi ton cœur murmure.
A mes yeux attendris découvre sa blessure....
Tu parais hésiter?

VALÈRE, à part.

Que lui dirai-je? Ah! dieux!
Un seul mot va me perdre ou bien me rendre heureux.
Feignons.

ROSÉIDE.

Vous vous troublez, vous gardez le silence.
Vous voulez me tromper.

VALÈRE.

Ah! ce discours m'offense.
Eh bien! connaissez donc l'amour et ses fureurs.
Eh! quel autre que lui causerait mes malheurs?
C'est lui qui m'égara; qui me tourmente encore.
Il troubla ma jeunesse à peine à son aurore,
Et ce dieu que mes maux ne peuvent désarmer,
Les étend sur l'objet....

ROSÉIDE.

Ah! qu'il est doux d'aimer!
L'amour, je le sens trop, est un besoin de l'ame,
Et je suis condamnée à combattre sa flamme....
Eh bien?

VALÈRE.

Abandonnée à mon triste penchant,
Jusque dans son pays je suivis mon amant.
D'un sexe différent les habits ordinaires
Servirent à cacher mes projets téméraires.
Je servis mon amant.... Oui, l'amour m'exauça.

SCÈNE V.

Par des soins assidus mon ardeur s'annonça.
Pour un cœur amoureux est-il rien de pénible?
A mon zèle bientôt mon amant fut sensible.
J'en obtins ces égards, ces marques de bonté,
Si dignes de flatter ma sensibilité;
Mon amour, en un mot, alla jusqu'à l'ivresse;
Mais si j'eus ses transports, j'eus sa délicatesse.
Ardent jusqu'au délire, et jamais indiscret,
Il fut couvert toujours du voile du respect.
D'un regard mon amant faisait ma destinée.

ROSÉIDE, le serrant dans ses bras.

Et cet amant enfin ne t'a pas devinée?
Au-devant de ton cœur le sien ne volait pas?

VALÈRE.

Quelquefois l'amitié me pressait dans ses bras.
Jugez de mes transports.... de ma douleur amère.
Je brûlais de parler, je craignais sa colère.
Par mes pleurs quelquefois j'espérais l'attendrir.
Mon cœur par cet espoir se laissait éblouir;
Mais mon ame bientôt, à ses craintes livrée,
Ne sentait que le trait dont elle est déchirée.

ROSÉIDE.

Eh! pourquoi persister à cacher ton ardeur?
A ton heureux amant que n'ouvrais-tu ton cœur?

VALÈRE.

Je vous l'ai déja dit, je craignais sa colère.
Le devoir l'enchaînait par une loi sévère.
Victime d'un hymen qui consumait ses jours,
Devais-je de mes feux empoisonner leur cours?
Fidèle à ses sermens, il m'aurait abhorrée.

ROSÉIDE.

Ah! s'il t'avait connue, il t'aurait adorée.

VALÈRE.

Madame.... le devoir....

ROSÉIDE.

Ah! Finette, l'amour....

VALÈRE.

Sans doute le mépris....

ROSÉIDE.

Sans doute le retour
Eût versé sur ta vie une ivresse constante.
L'amant vaincu tombait dans les bras de l'amante.
Rends-toi justice enfin, peut-on te résister?

VALÈRE.

Amour, d'un vain espoir voudrais-tu me flatter?
J'obéis à ta voix.... Connaissez-moi, madame.
Je vous trompais, c'est vous dont la beauté m'enflamme;
Vous voyez un amant tremblant à vos genoux.

ROSÉIDE.

(Avec transport.)　　　　(Avec effroi.)

Qu'entends-je? tu serais... Monsieur, relevez-vous.
Je suis faible un instant; mais c'est pour ne plus l'être.
Vous surprenez mon cœur, vous allez le connaître.

VALÈRE.

L'amour, vous le pensez, ne peut être un forfait.
Lui-même, Roséide, a dicté cet arrêt.
Sur les pas du plaisir que ce dieu nous entraîne.
Tu m'aimes, je le vois : ose briser ta chaîne.
Dans les bras d'un amant....

SCÈNE V.

ROSÉIDE.
>Que me proposes-tu?

VALÈRE.

Eh! qui peut t'arrêter?

ROSÉIDE.
>Mon ami! la vertu.

Je l'avoue à regret, Roséide étonnée
Dès le premier moment à toi s'était donnée.
A peine je t'ai vu, qu'un sentiment vainqueur
A séduit à la fois ma raison et mon cœur,
Et ce déguisement, enfant de l'imposture,
A pu tromper mes yeux, et non pas la nature.
Oui, je sentais régner en mon sein agité
Tous les feux de l'amour et de la volupté.
Mon âge, mes malheurs, ton adresse perfide,
Tout livrait à tes feux la triste Roséide....
Je devais ces aveux à votre ardent amour :
C'en est fait, le devoir va parler à son tour.
Écoutez-moi, monsieur.

VALÈRE.
>Je ne veux rien entendre.

ROSÉIDE.

Écoutez-moi, vous dis-je.

VALÈRE.
>Écoutez un cœur tendre.

Cédez à son penchant, et rendez-lui ses droits.
C'est à l'amour heureux à nous donner des lois.
Apprenez à juger un honneur fantastique ;
Méprisez sans retour un accord politique
Que l'erreur établit, que l'intérêt soutient,

Que l'orgueil des époux par la force maintient.
D'un serment indiscret votre cœur vous dégage.
L'hymen est pour le sot, et l'amour pour le sage.

ROSÉIDE.

Arrêtez. Ce tableau, par le vice enfanté,
Ne peut en imposer à ma simplicité.
Je ne combattrai pas votre effrayant système;
J'en appelle à mon cœur.... j'en appelle au tien même.
J'ai disposé de moi, je l'ai fait librement.
L'amour ne saurait rompre un tel engagement.
Je suis aveuglément une loi révérée;
Et si c'est une erreur, cette erreur est sacrée.
Respectez-la.

VALÈRE.

Flatter un fantôme imposteur!
Non, vous m'avez donné des droits sur votre cœur.
En vain le préjugé les méconnaît, madame.

ROSÉIDE.

Il faut y renoncer.

VALÈRE.

Mon amour les réclame.

ROSÉIDE.

Quand l'amour est coupable, il faut le surmonter.

VALÈRE.

Vous-même à mon malheur voulez-vous ajouter?
Heureux de vous servir, plus heureux de vous plaire,
Je cachais mon amour dans l'ombre du mystère.
Un fol espoir m'égare, et vous m'enhardissez!
Ma faute est votre ouvrage, et vous m'en punissez!

SCÈNE VI.

ROSÉIDE.

De grace, laissez-moi.

VALÈRE.

Vous bravez ma tendresse,
Vous déchirez mon cœur.

ROSÉIDE.

Respectez ma faiblesse;
Vous-même, contre vous, soyez mon protecteur;
A mon repos enfin immolez votre ardeur,
Voilà ce que de vous Roséide ose attendre.
Qu'elle trouve un ami dans l'amant le plus tendre....
De ma vive amitié recevez les adieux.

VALÈRE.

Je vous suivrai partout.

ROSÉIDE.

Restez.

VALÈRE.

Non.

ROSÉIDE.

Je le veux.

SCÈNE VI.

VALÈRE, SEUL.

Je ne m'attendais pas à souffrir un caprice.
Ah! ce sexe cruel est pétri d'artifice!
Il rit de notre amour, de nos soins empressés;
Il aime à déchirer les cœurs qu'il a blessés.
Malheur à l'insensé qui sous ses lois s'engage!

Il sait farder son ame ainsi que son visage.
Le plus fidèle amant.... Mais pourquoi ce courroux ?
Le destin me poursuit, il faut braver ses coups.
Doit-on brûler en vain d'une ardeur immortelle?
On peut rire à la fin des rigueurs de sa belle.
Qu'un amant espagnol fredonne ses douleurs :
L'amour français est né pour voler sur les fleurs.
Je suis congédié, je ris de ma disgrace.
Je perds une maîtresse, une autre la remplace....
Que dis-je ? je l'aimais, je la chéris encor,
Et je veux à Nicandre enlever ce trésor.
Je prétends rassurer sa timide innocence;
La vertu cède enfin à la persévérance,
Et je vole à ses pieds, par un dernier effort,
Faire parler l'amour, et décider mon sort.

SCÈNE VII.

VALÈRE, FRONTIN.

FRONTIN.

Monsieur... monsieur...

VALÈRE, à voix basse.

Va-t'en.

(Il rentre.)

FRONTIN.

Ma foi, mon pauvre maître
En va perdre l'esprit, ou l'a perdu, peut-être.

SCÈNE VIII.

LÉANDRE, FRONTIN.

LÉANDRE, lisant une lettre.

Si mon ami dit vrai....

FRONTIN.

C'est l'oncle!... Ah! malheureux!

LÉANDRE.

Il est bien excusable, il est dans l'âge heureux....
Ah! te voilà, Frontin.

FRONTIN, à part.

Il est trop vrai.

LÉANDRE.

J'espère
Apprendre enfin.....

FRONTIN, à part.

Tarare!....

LÉANDRE.

Où se cache Valère.

FRONTIN.

Nous nous sommes quittés pour certaine raison....

LÉANDRE.

Au fait, tu l'as laissé?

FRONTIN.

Mais.... à sa garnison;
Toujours digne de vous et de votre tendresse,
Et servant de modèle à toute la jeunesse.

LÉANDRE.

On m'a pourtant écrit....

FRONTIN.

  On vous trompe.

LÉANDRE.

       Frontin?

FRONTIN.

Monsieur?

LÉANDRE.

  Vous m'avez l'air du plus hardi coquin....

FRONTIN.

Je ne sais rien, d'honneur.

LÉANDRE.

     N'espérez pas vous taire.
Je prétends être instruit de toute cette affaire.
Répondez-moi sur l'heure, ou cent coups de bâton...

FRONTIN.

Monsieur, vous le prenez avec moi sur un ton
Fait pour déconcerter l'opiniâtreté même.
 (A part.)
Que lui dirai-je?

LÉANDRE.

  Eh bien?

FRONTIN, à part.

     L'embarras est extrême!
(Haut.)
Mon maître me souffrait avec peine chez lui.
Il ne se prête pas aux faiblesses d'autrui.
Formé par votre exemple en l'art de la sagesse,
Évitant de l'amour la dangereuse ivresse,
Il n'a pu supporter mes imperfections.
Moi qui suis, par malheur, en butte aux passions,
Qui ne me sens pas fait pour imiter un sage,

SCÈNE VIII.

J'ai demandé mon compte, et j'ai plié bagage.
LÉANDRE.
(A part.)   (Haut.)
Le fourbe!.... Et quel sujet peut t'arrêter ici?
Autour d'une maison doit-on rôder ainsi?
FRONTIN.
(A part.)   (Haut.)
Ma foi, je suis à bout.... Un objet adorable,
Et qu'à force de soins j'ai su rendre traitable,
Depuis un jour au plus habite en ce logis.
LÉANDRE, ironiquement.
J'espère que bientôt vous serez réunis.
Le maître qu'elle sert est mon ami Nicandre,
Et je vais l'engager moi-même à te la rendre.
FRONTIN.
(A part.)   (Haut.)
En voici bien d'une autre... Eh! monsieur! s'il vous plaît,
Prenez à notre sort un peu moins d'intérêt.
LÉANDRE.
Tu fus de mon neveu le serviteur fidèle,
Et je veux aujourd'hui reconnaître ton zèle.
Je verrai ta future, et je veux la doter.
FRONTIN.
Non, vous êtes trop bon, je n'ai pu mériter....
LÉANDRE.
Cesse de t'opposer à ma reconnaissance.
FRONTIN.
Je ne prétends, monsieur, à nulle récompense.
LÉANDRE.
(A part.)   (Haut.)
Je commence à voir clair..... Non, je ne puis, Frontin,

Tolérer chez Nicandre un amour clandestin.
Je vais le prévenir.....

FRONTIN.
(A part.)
Mais voyez quelle rage !
(Haut.)
Le moyen de mentir ?... Monsieur, dans son jeune âge,
N'a-t-il jamais senti ces brûlantes ardeurs
Qui font et le tourment et le charme des cœurs?
Vous fûtes, m'a-t-on dit, un valeureux compère.

LÉANDRE.
(A part.)
Il croit par ce détour justifier Valère.
(Haut.)
Je veux bien convenir que peut-être autrefois....

FRONTIN.
Ah! monsieur! l'homme est faible, et les sens ont des droits.
Ayez pour nos erreurs quelque peu d'indulgence.
La plus belle vertu, monsieur....

LÉANDRE.
C'est la clémence ;
N'est-il pas vrai?

FRONTIN.
Monsieur....

LÉANDRE.
Va, mon pauvre garçon,
Raconte-moi le fait, et sois sûr du pardon.

FRONTIN.
Tant de bonté me charme, et je vais vous apprendre
Le plus brillant exploit qu'amour puisse entreprendre :
Mon maître est travesti.

SCÈNE IX.

LÉANDRE.

Je l'avais deviné.

FRONTIN.

Ce sublime projet fut si bien machiné,
Que, malgré ses soupçons, le bonhomme Nicandre
Dans nos filets enfin vient de se laisser prendre.

LÉANDRE.

Et j'en suis enchanté. Depuis quel temps, Frontin,
Valrèe est-il chez lui?

FRONTIN.

Mais... depuis ce matin.

LÉANDRE.

A merveilles. Je crois que le cœur le plus tendre
Pendant un jour au moins peut très-bien se défendre.
C'est assez; laisse-moi. Voici l'heureux moment
De tirer mon ami de son aveuglement.
Du repentir toujours une faute est suivie:
Je vais le rendre sage, et pour toute sa vie.

(Il frappe à la porte de Nicandre.)

SCÈNE IX.

NICANDRE, LÉANDRE.

NICANDRE.

Encore dans ces lieux! deux visites par jour!

LÉANDRE.

Je l'avais bien prévu : c'est à présent mon tour.
Me voilà donc enfin compris dans la sentence
Qui bannit de chez vous toute l'humaine engeance!
Je me flattais pourtant que l'amitié, ses soins....

NICANDRE.

En ne nous voyant plus, nous aimerons-nous moins?
A présent, plus d'honneur, plus d'amitié, plus d'ame,
Et l'ami de monsieur veut l'être de madame.
Épargnez-vous un zèle et des soins superflus;
Abandonnez un titre auquel je ne crois plus.
Sachez que d'un époux l'œil perçant et rapide
Vaut mieux que vos conseils, et qu'un ami perfide,
Qui, bientôt abusant de ma facilité,
M'immolerait sans honte à sa duplicité.

LÉANDRE, souriant.

Un sort inévitable enchaîne tous les hommes :
Ce que nous devons être, à la fin nous le sommes.

NICANDRE.

Je vous entends, monsieur, et votre esprit fécond
Semble prévoir pour moi le plus cruel affront.
Eh bien, si quelque jour la belle s'humanise,
S'il faut qu'avec le temps quelqu'amant la séduise,
Je gémirai de voir sa vertu trébucher ;
Mais je n'aurai du moins rien à me reprocher.
Dites-moi promptement quel sujet vous ramène.

LÉANDRE.

Mon vieux ami, je veux alléger votre chaîne.
D'un exemple frappant votre esprit a besoin,
Et mon zèle, je crois, ne le prendra pas loin.

NICANDRE.

Au nom de Dieu, mon cher et très-zélé compère,
Pour la deuxième fois je vous le réitère,
Éloignez-vous d'ici, laissez-moi vivre en paix.
Je mettrai cette grace au rang de vos bienfaits.

SCÈNE IX.
LÉANDRE.
Je ne vous quitte plus : je me ferais scrupule
De vous laisser ainsi couvrir de ridicule.
NICANDRE.
Mais que prétendez-vous ?
LÉANDRE.
     Je prétends vous montrer
Que l'homme soupçonneux finit par s'égarer ;
Qu'en croyant éviter un mal imaginaire,
Souvent la jalousie a fait tout le contraire.
Je voulais vous parler....
NICANDRE.
    De quoi?
LÉANDRE.
       Mais.... d'un parent,
Joli comme l'Amour, et dangereux, vraiment :
Il sait, mieux que personne, attaquer une belle.
NICANDRE, ironiquement.
Et sans doute il a l'art de vaincre une cruelle?
LÉANDRE.
Ah! vous n'en croiriez pas un récit mensonger.
Par vous même, monsieur, vous en pourrez juger.
Je viens de recevoir une certaine lettre
Qui peut vous regarder. Je vais vous la remettre.
NICANDRE, lit.
« Votre neveu, monsieur, a quitté ce séjour.
« On dit que dans sa fuite il entre un peu d'amour;
« Qu'il est allé chercher, dans les lieux où vous êtes,
« L'objet cher et caché de ses ardeurs secrètes ;
« Que sa belle est liée au sort d'un vieux jaloux....

LÉANDRE.

J'ai jugé que cela ne regardait que vous.

NICANDRE.

« Qui, pour accroître encor ses désirs et sa flamme,
« A mis sous les verroux son honneur et sa femme. »
L'écrivain est un sot, et vous un insolent.

LÉANDRE, froidement.

Et vous ne sauriez pas où serait mon parent?

NICANDRE.

Il est peut-être ici? Morbleu, le cruel homme!

LÉANDRE.

Je le croirais assez.

NICANDRE.

Oh! son flegme m'assomme!
Pour être sûr du fait, ne voudriez-vous pas
Visiter ma maison du haut jusques en bas?

LÉANDRE.

Cette recherche-là serait fort agréable.

NICANDRE.

Ah! vous êtes, monsieur, un homme abominable!
Vous osez de ma femme attaquer la vertu;
Vous me dites, à moi, que l'on me fait cocu....

LÉANDRE.

Je ne dis pas cela : Roséide est fidèle.

NICANDRE.

Quoi! ce petit parent....

LÉANDRE.

Est peut-être avec elle;
Voilà tout.

SCÈNE IX.

NICANDRE.

Apprenez que nul audacieux
Ne peut, à mon insçu, pénétrer dans ces lieux.
Ma femme est sous les yeux d'une duègne fidèle ;
Je fais dans ma maison une garde éternelle ;
Il n'est point de galant qui me puisse tromper.
L'Amour lui-même, enfin, ne pourrait m'échapper.

LÉANDRE.

Votre épouse est dans l'âge où règne l'innocence ;
Elle met son bonheur dans son obéissance,
Et vous respecte au point de recevoir, sans bruit,
Un amant par vous-même en ces lieux introduit.
C'est bien.

NICANDRE.

Vous moquez-vous, de parler de la sorte ?
(A part.)
Il a perdu la tête, où le diable m'emporte.

LÉANDRE.

Si vous êtes trompé, surtout ne dites mot :
Quand on l'est par sa faute, on passe pour un sot.

NICANDRE.

Qui que tu sois, par grace, à genoux je t'en prie,
Cesse de te complaire à tourmenter ma vie.
Tu te disais tantôt mon plus sincère ami !
Je te connais enfin, et ton règne est fini.
Oui, l'enfer te vomit dans un accès de rage,
Pour me damner vivant, et m'offrir son image.
Tu portes à l'excès ma jalouse fureur ;
La rage et ses serpens sont entrés dans mon cœur.

(Léandre sourit.)
Rien ne peut altérer la paix de son visage :
L'artisan de mes maux sourit à son ouvrage.

LÉANDRE.

Ne rougissez-vous pas de vos égaremens ?
Votre cœur, dites-vous, est en proie aux tourmens,
Et vous êtes certain qu'une épouse tremblante
Baise, en cachant ses pleurs, la main qui la tourmente.
Que deviendriez-vous si la fatalité
Sur les pas du soupçon eût mis la vérité ?
Votre aveugle fureur armerait la nature
Pour punir Roséide, et venger votre injure.
Je vais vous éclairer ; mais point d'emportement :
Le bonheur de vos jours dépend de ce moment.
Une heure, seulement, apprenez à vous vaincre ;
Écoutez la raison, et je vais vous convaincre
Que les lâches soupçons, qu'un jaloux entretient,
Font rougir l'honnête homme, et ne servent à rien.

NICANDRE.

Eh bien, monsieur, parlez.

LÉANDRE.

     Cette austère suivante,
De vos sages projets la digne confidente....

NICANDRE.

Qu'a-t-elle fait ? voyons.

LÉANDRE.

     Elle est précisément
Celui dont je parlais.

NICANDRE.

Finette est....

SCÈNE IX.

LÉANDRE.

                    Mon parent.
Aimable, entreprenant, comme on l'est au bel âge,
Il voulut être heureux : le reste est votre ouvrage.

NICANDRE.

Que la foudre sur moi !...

LÉANDRE.

                    Soyez maître de vous :
De vos craintes naîtront les plaisirs les plus doux.
Vous connaîtrez enfin un objet respectable ;
A vos yeux sa vertu le rendra plus aimable.
Rendez-lui son époux ; ses graces, sa candeur,
Répandront sur vos jours la paix et le bonheur.

NICANDRE.

Dans ma juste fureur....

LÉANDRE.

                Qu'en pouvez-vous attendre ?

NICANDRE.

Elle croit me tromper, et je vais la surprendre.
Je saurai me venger....

LÉANDRE, *l'arrêtant.*

              Eh, de quoi, s'il vous plaît ?
Que lui reprochez-vous ?

NICANDRE.

            Le plus affreux forfait.
Écouter un amant, sans crainte, sans colère !
Sans sauver, dans mes bras, sa vertu tout entière !

LÉANDRE.

Elle y viendra, sans doute, et ne peut balancer.

NICANDRE.

Eh! qui sait à présent ce qui peut se passer!
Oui, je cours....

SCÈNE X.

LÉANDRE, NICANDRE, VALÈRE, en habit uniforme.

VALÈRE.

Votre épouse, aussi sage que belle,
Me donne mon congé, me chasse de chez elle.
Vous ne le croirez point, à peine je le crois;
Mais le fait est constant; vous l'emportez sur moi,
Et cet amant contrit....

NICANDRE.

Sachez que votre audace...

VALÈRE.

Je viens vous supplier de me remettre en grace.

NICANDRE, à part.

Il cherche à me tromper.

VALÈRE.

Mon cher oncle est ici!
Oh, ventrebleu, pour moi vous parlerez aussi.

LÉANDRE.

Monsieur, quittez ce ton de pure étourderie.
Un autre ordonnerait, et moi je vous en prie.

VALÈRE.

Personne, comme moi, ne sait parler raison.
Le voilà stupéfait! oh! le pauvre garçon!

SCÈNE X.

Quoi, l'aspect d'un amant vous saisit jusqu'à l'ame?
Là, tranquillisez-vous. Soyez sûr que madame,
Qui convient qu'un époux est un triste animal,
S'en tient absolument à l'amour conjugal.

NICANDRE.

(D'un air indécis.)
Roséide, monsieur.....

VALÈRE.
Me déteste, m'abhorre,
A ce qu'elle prétend; mais dans le fond m'adore.
Mes procédés, dit-elle, offensent sa fierté :
On n'a jamais déplu par la témérité.
Il faut savoir son monde, et sauver à sa belle
La peine de combattre une vertu rebelle.
J'ai voulu l'éclairer sur un sot préjugé,
Et pour prix de mes soins, j'ai reçu mon congé.
Votre cœur, en secret, jouit de ma défaite;
Jouissez-en, monsieur, elle est, ma foi, complète.

NICANDRE, ravi.

Quoi, serait-il bien vrai?....

VALÈRE.
Très-vrai, sur mon honneur,
Et quand je parle ainsi je ne suis pas menteur,
Car j'ai toujours eu soin de rendre très-notoire
Ce que le sexe a fait en faveur de ma gloire.
A l'honneur marital il n'est arrivé rien;
Vous êtes fort heureux; mais souvenez-vous bien
De ce mot de quelqu'un qui connaissait la femme :
C'est que monsieur jamais ne doit tenter madame.

NICANDRE.

Ah! je suis trop heureux! mon vrai, mon cher ami,
Non, mon ame n'est pas convaincue à demi.
Le voile tombe enfin, et je vois la lumière.
Daigne guider mes pas dans une autre carrière.
Je rougis de mes torts, je veux les réparer;
Aux pieds de la beauté je vais les abjurer.

LÉANDRE.

Ah! je te reconnais, et te rends mon estime.
Ton erreur te plongeait dans le fond de l'abîme.
En vain l'hymen en pleurs invoquait la raison.
Il fallait à ton cœur cette utile leçon.
Le hasard m'a servi : j'allais cherchant Valère,
Je rencontre Frontin, qui d'abord voulait taire
Cet étrange secret que j'avais soupçonné.
Il craignait mon courroux; mais tout est pardonné.
Oui, votre erreur, Valère, épargne bien des larmes,
Et l'aimable vertu brille de tous ses charmes.

SCÈNE XI.

LÉANDRE, ROSÉIDE, NICANDRE, VALÈRE.

NICANDRE.

Ah! Roséide encor peut-elle pardonner?
Je tremble, mon ami, de m'en voir dédaigner.
Peut-être ma vieillesse, un fâcheux caractère....

ROSÉIDE.

En faisant des heureux, à tout âge on sait plaire.
Pour fixer à jamais le bonheur parmi nous,
Oubliez avec moi les torts de mon époux,

SCÈNE XI.

(Montrant Valère.)
Et malgré les travers d'une folle jeunesse,
Croyez à nos vertus plus qu'à notre faiblesse.

VALÈRE.

Sur l'erreur du moment ne me condamnez pas.
J'ai cédé, je l'avoue, à vos brillans appas ;
Mais j'impose à mes feux un éternel silence,
Et l'amour aujourd'hui respecte l'innocence.

LÉANDRE.

Estime ta moitié, règne par la douceur ;
Sur les pas des plaisirs amène le bonheur ;
Par les plus tendres soins exprime ta tendresse.
L'amour en cheveux blancs doit aimer sans ivresse ;
Mais il jouit toujours de ce plaisir flatteur
De voir un être heureux chérir un bienfaiteur.

NICANDRE.

Mon ame a recouvré sa première énergie.
L'amour et l'amitié vont embellir ma vie.
Dans ce système enfin je demeure affermi,
Qu'il faut croire à sa femme ainsi qu'à son ami

VAUDEVILLE.

VALÈRE.

Il faut plaire ou se faire craindre ;
De tous les maris c'est le sort.
En réduisant sa femme à feindre,
On l'engage à prendre l'essor,
   Et l'époux d'humeur jalouse,
Finit toujours par s'abuser.
C'est sur la vertu de l'épouse
Que l'époux doit se reposer.

LÉANDRE.

Malgré toi, ta femme est fidèle ;
Ami, rends graces au destin.
Crois-moi, point d'épreuve nouvelle ;
La sagesse se lasse enfin,
    Et l'époux d'humeur jalouse,
Finit toujours par s'abuser,
Quand, sur la vertu de l'épouse,
Trop tard il veut se reposer.

ROSÉIDE.

De l'amour laissons le délire :
Il n'est pas fait pour les époux.
De l'amitié suivons l'empire ;
Ses nœuds sont plus forts et plus doux.
    L'un, dans sa fureur jalouse,
Finit toujours par s'abuser,
Et sur l'autre, une tendre épouse
Avec toi peut se reposer.

NICANDRE.

Mon honneur renaît de sa cendre,
Et je me rends à la raison.
Que les jaloux, après Nicandre,
Répètent tous à l'unisson :
    Un tyran d'humeur jalouse,
Finit toujours par s'abuser :
C'est sur la vertu de l'épouse
Que l'époux doit se reposer.

FIN DE IL FAUT CROIRE A SA FEMME.

LE
JALOUX CORRIGÉ,
COMÉDIE
EN UN ACTE ET EN VERS.

PERSONNAGES.

NICANDRE, mari jaloux.
ROSÉIDE, sa femme.
LÉANDRE, son ami.
VALÈRE, amant travesti.
FRONTIN, valet de Valère.

La scène se passe près de la maison de Nicandre.

LE
JALOUX CORRIGÉ,
COMÉDIE.

SCÈNE I.

VALÈRE, FRONTIN.

(Frontin entre sur la scène, avec l'air de chercher quelqu'un. Valère, en habit de femme, sort furtivement de la maison de Nicandre.)

FRONTIN.

St, st! Il est, je crois, installé chez Nicandre. Hem!... personne. Hem!... j'enrage. Il faut pourtant apprendre...

VALÈRE.

Mon cher Frontin?

FRONTIN.

Monsieur?

VALÈRE.

J'ai réussi.

FRONTIN.

D'honneur?

VALÈRE.

Oui, Frontin.

FRONTIN.

Quel plaisir pour votre serviteur!

Je partage et j'admire un succès si rapide.
Tubleu! ce n'est pas nous qu'une femme intimide.
Quelle vivacité dans nos galans exploits!
Nous paraissons à peine, et l'on subit nos lois.

VALÈRE.

Pas tout-à-fait encore.

FRONTIN.

Elle fait l'inhumaine!
Je vous le disais bien : ce n'était pas la peine
De venir de si loin braver son vieux jaloux.
Nous pouvions aussi bien l'adorer de chez nous.
Et.....

VALÈRE.

Ce n'est pas cela.

FRONTIN.

Que faut-il que je pense?
Mettez-moi tout au moins dans votre confidence :
Si j'ai pu me tromper en vous croyant vainqueur,
Ai-je tort, dites-moi, de croire à sa rigueur?

VALÈRE.

Roséide, Frontin, me voit avec tendresse,
Et se croit mon amie, et non pas ma maîtresse.
De l'amour dans son sein je vois naître les feux.
Finette cache en moi l'amant le plus heureux.
Depuis deux mois entiers j'adorais Roséide ;
L'amour m'a seul conduit, il m'a servi de guide.

FRONTIN.

Quel plaisir, n'est-ce pas, de tromper un jaloux
Qui croit à la vertu, bien moins qu'à ses verroux!

SCÈNE I.
VALÈRE.
Sous ce déguisement, qu'inventa ma tendresse,
Pour m'offrir au jaloux j'en ai pris la rudesse.
Ce matin, introduit par lui dans ce séjour,
J'ai fait, pour le gagner, le procès à l'amour;
J'ai condamné le luxe et les dépenses vaines;
J'ai blâmé comme lui les vanités mondaines,
Et mon homme soudain, m'offrant son amitié,
Veut que je sois gardien de sa chère moitié.
Je refuse... il insiste... autre refus... il presse,
Et malgré moi m'entraîne aux pieds de ma maîtresse.
FRONTIN.
Ainsi plus d'un jaloux, dans un accès brutal,
Par excès de prudence a servi son rival.
VALÈRE.
Nicandre me conduit enfin vers son épouse.
Tous bas il me disait, en son humeur jalouse :
« Voilà celle qui doit recevoir vos leçons;
« Vous seule loin de moi bannirez les soupçons.
« Soyez maîtresse ici. » La triste Roséide
En frémissant sur moi porte un regard timide...,
Mes sens en sont émus, je vole dans ses bras.
« Quoi! tu sers mon époux, et tu ne me hais pas,
« Dit-elle? » Ses accens... Frontin, qu'elle était belle!
Ses yeux versaient des pleurs, je pleurais avec elle.
Je ne sais quelle crainte en secret m'agitait...
Je voulais lui parler, le respect m'arrêtait...
Et d'un si beau moment perdant tout l'avantage,
Tu me revois confus d'avoir été trop sage.

FRONTIN.

Quoi! vous êtes vaincu par la timidité!
Allons, ferme, morbleu! de l'intrépidité.
C'est avec un benêt qu'une femme est cruelle,
Et qui sait tout oser, peut tout obtenir d'elle.
Vous avez cent raisons pour hâter vos succès.
Primo, monsieur votre oncle arrive tout exprès,
Et le fâcheux pourrait, d'après mes conjectures,
Vous envoyer bien loin chercher des aventures.
C'est le meilleur ami de notre vieux jaloux.

VALÈRE.

Mon oncle ne peut rien en ces lieux contre nous.
Très-difficilement on aborde madame,
Et l'ami du mari ne l'est pas de la femme.
Dans son appartement je vais me renfermer.
Sous ces habits d'ailleurs qui pourrait présumer?...
Après avoir trompé le soupçonneux Nicandre,
Je puis à tous les yeux... Il me semble l'entendre;
C'est lui-même qui vient... éloigne-toi, Frontin,

FRONTIN.

Oui, je vais me cacher au cabaret voisin.

SCÈNE II.

NICANDRE, VALÈRE.

NICANDRE, sans voir Valère.

Oh! le maudit pays! toujours être en campagne;
Ne pouvoir à son gré renfermer sa compagne;
Confier aux verroux sa vertu, son honneur,

SCÈNE II.

Et rire des efforts d'un jeune suborneur.
Mais on exige ici qu'un mari soit facile,
Et, pour plaire au public, il faut être imbécille.
Oh! nous verrons, parbleu!... Que faites-vous ici?
Un argus vigilant ne trotte pas ainsi.

VALÈRE.

Mais.... je cherche un endroit obscur et solitaire,
Où, conduite par moi, dans l'ombre du mystère,
Votre épouse, docile à mes instructions,
Combatte avec succès le feu des passions;
Des principes du temps démêle l'imposture,
Et puise des leçons au sein de la nature.
La campagne est pour nous l'image du bonheur;
La paix qu'on y respire apporte au fond du cœur
Ce calme heureux et doux qui répand dans notre ame...

NICANDRE.

Ces lieux sont trop suivis pour une jeune femme.
En cet endroit on goûte un air vif et plus pur.
Le plus près du logis est toujours le plus sûr.
Rentrez, et gardez-vous de quitter Roséide.

VALÈRE.

Vous serez satisfait.

NICANDRE.

Mais.... je vous crois timide.

VALÈRE.

Point du tout.

NICANDRE.

En public il faut de la douceur;
Mais dans le tête-à-tête ayez de la vigueur.

VALÈRE.

Oh! j'en ai.

NICANDRE.

Soyez sourde à son touchant langage :
Elle vous séduirait. On est faible à votre âge.
J'ai composé moi-même exprès un règlement.
Il faut de point en point le suivre aveuglément ;
En bien saisir l'esprit, le relire sans cesse.
On vient : ne sortez plus d'avec votre maîtresse.

SCÈNE III.

NICANDRE, LÉANDRE, au fond.

NICANDRE.

Vous voilà de retour? Approchez sans façon.

LÉANDRE.

Je craignais de gêner.... peut-être....

NICANDRE.

Eh! mon dieu, non;
Vous n'étiez pas de trop. J'indiquais à Finette
Les moyens d'être un jour une duègne parfaite.
Je cache à tous les yeux mes soupçons, ma terreur,
Et ce n'est qu'à vous seul que j'ouvre tout mon cœur.

LÉANDRE.

Vous verrai-je toujours inflexible, intraitable,
Empoisonner les jours d'une femme estimable?
Abjurez, croyez-moi, ces honteuses fureurs :
On ne parvient jamais à contraindre les cœurs.

SCÈNE III.

NICANDRE.

A contraindre les cœurs! Je dois, monsieur le sage,
A vous entendre, avec ce doucereux langage,
M'inquiéter fort peu du lien conjugal,
Et, content de ma femme, ainsi que d'un rival,
Des maris complaisans étudier le code,
Et me mettre au courant des époux à la mode.
Par tous nos jeunes gens je serais admiré;
De leur foule indiscrète, à toute heure entouré;
Cela serait très-bien; oui, mais dans cette vie,
Sachez que, parmi nous, chacun a sa manie :
Je veux que ma moitié n'existe que pour moi;
Au défaut de l'amour, je règne par l'effoi.
Je ne m'abuse point, je connais, au contraire,
Des époux surannés le destin ordinaire.
Enfin, lorsqu'à vingt ans, avec de la douceur,
Les dons les plus heureux, un esprit enchanteur,
Un mari complaisant, libéral et fidèle,
Peut à peine six mois plaire à sa tourterelle,
Prétendez-vous, mon cher, qu'à soixante et quatre ans
Je captive une femme à peine en son printemps!
Quand sur nos fronts ridés le temps marque ses traces,
L'homme mort à l'amour doit rompre avec les Graces.
Je me suis oublié, j'ai formé ce lien...

LÉANDRE.

La vertu....

NICANDRE.

N'est qu'un mot dont je n'espère rien.
C'est sous un joug de fer....

LÉANDRE.

                Quel préjugé barbare!
Connaissez-vous les maux qu'un jaloux se prépare?
Passer de la tendresse à l'inhumanité;
Encourager sa femme à l'infidélité;
Par son malheur la rendre en sa faute excusable;
Toujours de plus en plus, à son égard coupable,
Adorer sa victime en lui perçant le cœur;
Rendre ses jours affreux, charger les siens d'horreur;
Se voir haï des uns et méprisé du reste,
D'un abus criminel voilà l'effet funeste.

NICANDRE.

Vous êtes-vous flatté qu'en condamnant l'époux
Sa facile moitié s'enflammerait pour vous?
Je suis majeur, je crois. Quoi qu'on fasse et qu'on dise,
Trouvez bon, s'il vous plaît, que je vive à ma guise.

LÉANDRE.

Mais le sage, monsieur...

NICANDRE.

                Je méprise ses lois.
Mon hymen m'a donné d'incontestables droits;
Je les ferai valoir. Que m'importent l'usage
Et les faibles maris qu'à leurs yeux on outrage?
J'éviterai leur sort. Malgré les mœurs du temps,
Vous verrez une femme ignorer les amans.
Je suis loin cependant de la folie extrême
De croire qu'un époux soit aimé pour lui-même.

LÉANDRE.

Le devoir le prescrit.

SCÈNE III.

NICANDRE.
           Ah! qu'il serait plaisant
D'inspirer à mon âge un tendre attachement!
LÉANDRE.
Votre femme a juré....
NICANDRE.
           Chansons, serment de forme;
Mais qu'emporte le fond, nulle ne s'y conforme.
Sous les lois de l'hymen quand on coule ses jours,
On doit de sa moitié se défier toujours.
LÉANDRE.
Mais je ne conçois rien à votre jalousie.
Vous la portez ici jusqu'à la frénésie,
Et lorsque vous avez crié, juré, pesté,
Vous êtes tout à coup d'une sécurité!
Tendre avec votre femme, et par un doux langage...
NICANDRE.
Je veux la consoler du chagrin d'être sage.
Je sais trop que la femme, assez encline au mal,
N'a pas un grand respect pour le nœud conjugal.
Avare de bienfaits, l'économe nature
Joignit à ses attraits un grand goût au parjure.
Ce sexe a toujours eu besoin de caution,
Et pour moi, la plus sûre est la précaution.
LÉANDRE.
Le bonheur des époux doit naître de l'estime.
Une femme, à bon droit, déteste qui l'opprime.
L'amour peut-il paraître où règne la douleur?
Roséide déja sent au fond de son cœur
Que votre douceur feinte est pour elle fondée

Sur tous les surveillans dont elle est obsédée,
Et rougit de vous voir, en vos transports jaloux,
Moins croire à sa vertu qu'au pouvoir des verroux.

NICANDRE.

Plus une jeune femme a d'attraits, de mérite,
Et plus un mari doit éclairer sa conduite.
La mienne est dans le cas : j'ai voulu l'épier,
Et lui cacher les yeux qui la vont surveiller.
Il fallait qu'en sa duègne elle vît une amie
Riant et de mes soins et de ma bonhomie ;
Non de ces vieux argus, aigres, toujours grondant,
Qu'on devine d'abord et qu'on trompe aisément.
Celle que j'ai choisie a toute sa jeunesse ;
Certain air de douceur qui vous cache une adresse !
De petits yeux fripons, certain regard malin,
Qu'à surprendre je donne à l'amant le plus fin.
On ne fait pas ainsi naître de défiance.
De ma femme elle aura toute la confiance ;
Elle la chargera de ses tendres poulets,
Et je saurai par là jusqu'aux moindres secrets.
Comme dans un miroir je verrai dans son ame !
Feignant de partager les ennuis de ma femme,
Et la trompant ainsi, sous un dehors flatteur,
Finette trouvera le chemin de son cœur.

LÉANDRE.

Ainsi vous permettez qu'une duègne cruelle
Aggrave encor les maux d'une épouse fidèle,
Et vous l'autorisez ! N'aviez-vous pas promis
Que le jour où tous deux on vous verrait unis,
Serait marqué du sceau de votre complaisance,

SCÈNE V.

Et qu'honorant enfin ses vertus, sa naissance,
Vous deviez, respectant jusqu'à ses moindres lois,
Ne penser qu'à lui plaire, et mériter son choix?
NICANDRE.
Ce sont contes en l'air qu'on fait à ses maîtresses.
L'hymen anéantit de semblables promesses.
Et, comme dit très-bien un célèbre docteur,
L'homme est toujours le maître, et... suffit; serviteur.

SCÈNE IV.
LÉANDRE, SEUL.

Quel travers que le droit sur lequel il se fonde!
De nœuds ainsi formés partout ce siècle abonde.
Dans sa prévention Nicandre est affermi.
Il me croira bientôt un secret ennemi,
Qui, nourrissant dans l'ombre une coupable flamme,
Doit mettre mon bonheur à séduire sa femme,
Et pour nuire d'avance à mes desseins secrets,
Déja de sa maison il m'interdit l'accès;
Mais ma tendre amitié veut que je le délivre
Du ridicule affreux où je vois qu'il se livre.
On peut encore en faire un estimable époux:
La raison quelquefois ramène les jaloux.

SCÈNE V.
ROSÉIDE, VALÈRE, sous le nom de Finette.
ROSÉIDE.
Comment, à ta conduite à peine abandonnée,

Et je vois aussitôt changer ma destinée.
Sous ces arbres enfin je respire le frais,
Et ce plaisir, Finette, est un de tes bienfaits.
Depuis qu'à mon époux je me vois asservie,
Toi seule as plaint l'ennui dont je suis poursuivie.
Ton ame, je le vois, faite pour l'amitié,
Suit son tendre penchant autant que la pitié,
Et mon cœur, que déja flétrissait la tristesse,
Avec toi se ranime et s'ouvre à la tendresse.
Un sentiment plus doux y succède à mes pleurs.
Tu souffres, m'as-tu dit? confondons nos douleurs,
Et, libres toutes deux, au sein de l'esclavage,
Nous coulerons enfin des jours exempts d'orage.

VALÈRE.

Et j'étais destinée à vous persécuter!
Entre Nicandre et vous je pourrais hésiter!
Non, croyez les sermens de ma bouche timide :
Je jure, entre vos mains, charmante Roséide,
De servir, d'honorer, d'adorer la beauté ;
De n'employer jamais ma faible autorité
Qu'à conduire au bonheur une femme chérie ;
Qu'à repousser les traits qu'en vain la barbarie
A mis entre les mains d'un inflexible époux.
Celle que vous aimez saura veiller sur vous.
D'un tyran trop cruel j'arrêterai la rage,
Votre repos m'est cher; il sera mon ouvrage.
Et cet homme odieux, en voyant tant d'appas,
Peut-il...

ROSÉIDE.

Plains mon époux, et ne l'outrage pas.

SCÈNE V.

Peut-être je devrais n'écouter que la haine ;
Ses procédés du moins.... mais le devoir m'enchaîne :
J'ai pu former nos nœuds, je dois les révérer.
Nicandre est mon époux, je n'ai plus qu'à pleurer.
Ah! je suis trop heureuse, en ma retraite obscure,
Quand je suis morte au monde, et même à la nature,
De lire dans ton cœur et de t'ouvrir le mien.
Tu pleureras mon sort; je gémirai du tien.
Tu m'apprendras pourquoi ton cœur souffre et murmure.
Ne me fais pas languir, l'amitié t'en conjure ;
Dépose dans mon sein...

VALÈRE.

Que lui dirai-je ? Ah! dieux!
Un seul mot peut me perdre ou va me rendre heureux...
Il n'est pas temps, feignons...

ROSÉIDE.

Ce trouble... ce silence...
Voudrais-tu m'abuser ?

VALÈRE.

Ah! ce soupçon m'offense.
Eh bien, connaissez donc l'amour et ses fureurs.
Eh! quel autre que lui causerait mes malheurs?
C'est lui qui m'égara, qui me tourmente encore ;
Qui troubla ma jeunesse à peine à son aurore,
Et ce dieu, que mes maux ne peuvent désarmer,
Les étend sur l'objet...

ROSÉIDE.

Ah! qu'il est doux d'aimer!
L'amour, chère Finette, est un besoin de l'ame :
Et tu te vis forcée à combattre ta flamme?

VALÈRE.

Hélas! entièrement livrée à mon penchant,
Je pénétrai l'asyle où vivait mon amant.
D'un sexe différent les habits ordinaires
Servirent à cacher mes projets téméraires.
Je suivis mon vainqueur, et l'amour m'exauça.
Par des soins assidus mon ardeur s'annonça :
Pour un cœur amoureux est-il rien de pénible?
A mon zèle, à mes soins, mon amant fut sensible.
J'en obtins ces égards, ces marques de bonté
Dont un cœur bien épris fait sa félicité.
Mon amour, en un mot, allait jusqu'à l'ivresse :
Mais si j'eus ses transports, j'eus sa délicatesse.
Ardent jusqu'au délire, et jamais indiscret,
Il fut toujours couvert du voile du respect.
D'un regard mon amant faisait ma destinée.

ROSÉIDE, le pressant dans ses bras.

Eh bien, et cet amant ne t'a pas devinée?
Au-devant de ton cœur le sien ne volait pas?

VALÈRE.

Quelquefois l'amitié me pressait dans ses bras...
Jugez de mon transport...

ROSÉIDE.

                Il devait être extrême.

VALÈRE.

Je craignais que mon feu ne me trahît lui-même.

ROSÉIDE.

Eh, pourquoi t'obstiner à cacher ton ardeur?
Que ne lui laissais-tu lire au fond de ton cœur?

SCÈNE V.

VALÈRE.

Hélas! je l'aimais trop pour vouloir lui déplaire.
Le devoir l'enchaînait par une loi sévère.
Victime d'un hymen qui consumait ses jours,
Un indiscret aveu m'eût perdu pour toujours.
Fidèle à ses sermens, il m'aurait abhorrée.

ROSÉIDE.

Ah! s'il t'avait connue, il t'aurait adorée.

VALÈRE.

Un devoir trop cruel...

ROSÉIDE.

Un si parfait amour
Devait te rassurer sur un tendre retour.

VALÈRE.

Non, non, j'eusse éprouvé sa rigueur plus constante.

ROSÉIDE.

L'amant vaincu tombait dans les bras de l'amante.
Rends-toi justice enfin, peut-on te résister?

VALÈRE, à part.

Amour! d'un vain espoir voudrais-tu me flatter!

(Haut.)

J'obéis à ta voix... Roséide... Ah! madame,
Connaissez-moi... c'est vous dont la beauté m'enflamme;
Vous voyez un amant tremblant à vos genoux.

ROSÉIDE.

Finette, tu serais?.. Monsieur, relevez-vous.
N'abusez pas du droit que vous croyez, peut-être,
Avoir acquis sur moi : vous allez me connaître.

VALÈRE.

Mon amour...

ROSÉIDE.
De mon cœur efface vos bienfaits.
Hélas! ils m'étaient chers, je m'en applaudissais.
Je l'avoue à regret, oui, mon ame étonnée,
Sans crainte et sans détour, à vous s'était donnée.
A peine je vous vis, qu'un sentiment vainqueur
Séduisit à la fois ma raison et mon cœur,
Et ce déguisement, dont ma vertu murmure,
Devait tromper mes yeux peu faits à l'imposture;
Mais s'il vous a servi pour surprendre un époux,
N'en attendez de moi qu'un trop juste courroux.
Mon âge, mes malheurs, votre adresse perfide,
Sont autant de remparts à ma vertu rigide.
Je devais cet aveu, monsieur, à votre espoir,
Et si vous persistez, je ferai mon devoir.

VALÈRE.
De grace, écoutez-moi.

ROSÉIDE.
Je ne dois rien entendre.

VALÈRE.
Ayez pitié du moins de l'amant le plus tendre;
Finette à vos genoux réclame encor ses droits.
A l'instant vous l'aimiez; vous écoutiez sa voix.

ROSÉIDE.
Oubliez-vous, monsieur, le serment qui m'engage?

VALÈRE.
D'un serment indiscret votre époux vous dégage.

ROSÉIDE.
Arrêtez; apprenez du moins à respecter
Des devoirs, dont jamais je ne veux m'écarter.

SCÈNE V.

Je ne combattrai point un faux et vain système :
J'en appelle à l'honneur, à mon cœur, à vous-même.
J'ai disposé de moi, je l'ai fait librement.
Nul pouvoir ne peut rompre un tel engagement.
L'hymen est une loi de tout temps révérée,
Et si c'est une erreur, cette erreur est sacrée.
Voilà mes sentimens.

VALÈRE.

Quelle injuste rigueur !
Mais vous m'avez donné des droits sur votre cœur ;
En vain le préjugé les méconnaît, madame.

ROSÉIDE.

Il faut y renoncer.

VALÈRE.

Jamais. Je les réclame.

ROSÉIDE.

Quand l'amour est un crime, il le faut étouffer.

VALÈRE.

Eh ! dépend-il de moi d'en pouvoir triompher ?
Heureux de vous servir, de vous voir, de vous plaire,
Je cachais cet amour dans l'ombre du mystère.
Un fol espoir m'égare, et vous m'enhardissez !
Je vous ouvre mon ame, et vous m'en punissez !
C'est peu : vous insultez encore à ma tendresse ;
Vous jouissez des maux...

ROSÉIDE.

Non, monsieur. Je vous laisse.
Revenez à vous-même, et goûtez le bonheur ;
A mon repos enfin immolez votre ardeur ;
Que j'obtienne un ami dans l'amant le plus tendre,

Voilà ce que de vous Roséide ose attendre.
Je vous pardonne tout, si vous fuyez ces lieux.

VALÈRE.

Qui? moi! je vous suivrai...

ROSÉIDE.

Demeurez, je le veux.

SCÈNE VI.

VALÈRE, SEUL.

C'en est trop, et je veux vaincre sa résistance.
Le devoir bientôt cède à la persévérance.
J'ai fait le premier pas : par un dernier effort,
Faisons parler l'amour, et qu'il règle mon sort.

SCÈNE VII.

VALÈRE, FRONTIN.

FRONTIN.

Monsieur, monsieur!

VALÈRE, bas.

Va-t'en.

(Il rentre.)

FRONTIN.

Ma foi, mon très-cher maître,
S'il n'a perdu l'esprit... Mais, qui vois-je paraître!

SCÈNE VIII.

LÉANDRE, FRONTIN.

LÉANDRE, lisant une lettre.
Si l'on m'écrit le vrai...

FRONTIN.
C'est l'oncle!.. Ah! ventrebleu!
Nous voilà découverts.

LÉANDRE.
Je crois que mon neveu...
Ah! te voilà, Frontin.

FRONTIN.
C'est moi-même.

LÉANDRE.
J'espère
Apprendre enfin de toi qu'est devenu Valère.

FRONTIN.
Nous nous sommes quittés pour certaine raison...

LÉANDRE.
Enfin tu l'as laissé?

FRONTIN.
Mais... à sa garnison;
Toujours rempli de vous et de votre tendresse,
Et servant de modèle à toute la jeunesse.

LÉANDRE.
Mais on m'écrit pourtant...

FRONTIN.
On vous trompe.

LÉANDRE.

Frontin ?

FRONTIN.

Monsieur ?

LÉANDRE.

Tu m'as bien l'air d'être un hardi coquin.

FRONTIN.

Vous ne le croyez pas.

LÉANDRE.

Je sais tout le mystère ;
Mais par toi je prétends être instruit de l'affaire.

FRONTIN.

Mon maître me souffrait avec peine chez lui.
Il ne se prête pas aux faiblesses d'autrui.
Formé par votre exemple en l'art de la sagesse,
Évitant de l'amour la dangereuse ivresse,
Il n'a pu supporter mes imperfections.
Moi qui suis, par malheur, en butte aux passions,
Qui ne me sens pas fait pour imiter un sage,
J'ai demandé mon compte, et j'ai plié bagage.

LÉANDRE.

Le fourbe !... Eh ! quel sujet peut t'arrêter ici ?
Autour d'une maison doit-on rôder ainsi ?

FRONTIN.

Gardez-moi le secret. Un objet adorable,
Et qu'à force de soins j'ai su rendre traitable,
Sert depuis ce matin le maître du logis.

LÉANDRE.

Oh ! je veux t'obliger : vous serez réunis.
Le maître qu'elle sert est mon ami Nicandre,

SCÈNE VIII.

Et je vais l'engager moi-même à te la rendre.

FRONTIN.

(A part.)   (Haut.)

En voici bien d'une autre... Eh! monsieur, s'il vous plaît,
Prenez à notre sort un peu moins d'intérêt.

LÉANDRE.

Tu fus de mon neveu le serviteur fidèle.
Dans cette occasion je veux payer ton zèle,
Je verrai ta future.

FRONTIN, à part.

Il s'en va tout gâter.

(Haut.)
Non, vous êtes trop bon. Je n'ai pu mériter...
Je ne prétends, monsieur, à nulle récompense.

LÉANDRE.

Le premier des devoirs est la reconnaissance.

FRONTIN.

Dispensez-vous, monsieur... Vous ruineriez Frontin.

LÉANDRE.

Chez mon ami souffrir un amour clandestin!
Je dois le prévenir...

FRONTIN, à part.

Mais voyez quelle rage!

(Haut.)
De grace, encore un mot : monsieur, quoique très-sage,
N'a donc jamais senti ces brûlantes ardeurs
Qui font et le tourment et le charme des cœurs?
A vous voir cependant on ne soupçonne guère....

LÉANDRE.

Tu voudrais détourner mon soupçon de Valère,

5.

Mais je suis éclairé. Va, mon pauvre garçon,
Raconte-moi le fait, et sois sûr du pardon.

FRONTIN.

S'il est ainsi, monsieur, je vais donc vous apprendre
Le plus brillant exploit qu'amour puisse entreprendre :
Mon maître est travesti.

LÉANDRE.

Je l'avais deviné.

FRONTIN.

Ce sublime projet fut si bien machiné,
Que, malgré tous ses soins, le bonhomme Nicandre
Dans nos filets enfin vient de se laisser prendre.

LÉANDRE.

Et j'en suis enchanté ! Depuis quel temps, Frontin,
Valère est-il chez lui ?

FRONTIN.

Mais, depuis ce matin.

LÉANDRE.

A merveilles. Je crois que le cœur le plus tendre,
Pendant un jour au moins peut très-bien se défendre.
Le mal n'est pas fort grand. Va-t'en. C'est le moment
De tirer mon ami de son aveuglement.
Du repentir toujours une faute est suivie :
Je vais le rendre sage, et pour toute sa vie.

(Il va frapper chez Nicandre.)

SCÈNE IX.

LÉANDRE, NICANDRE.

NICANDRE.

Encore dans ces lieux ! deux visites par jour !

SCÈNE IX.

Quoi! que me voulez-vous?

LÉANDRE.

C'est donc enfin mon tour,
Et me voilà compris dans la loi trop sévère
Qui de chez vous exclut....

NICANDRE.

Ceux dont je n'ai que faire.

LÉANDRE.

Je me flattais pourtant que l'amitié, les soins....

NICANDRE.

En ne nous voyant plus, nous aimerons-nous moins?
A présent, plus d'honneur, plus d'amitié ni d'ame,
Et l'ami de monsieur veut l'être de madame.
Épargnez-vous un zèle et des soins superflus;
Abandonnez un titre auquel je ne crois plus.
Sachez que d'un époux l'œil perçant et rapide
Vaut mieux que vos conseils, et qu'un ami perfide
Qui, bientôt abusant de ma facilité,
M'immolerait sans honte à sa duplicité.

LÉANDRE.

Un sort inévitable enchaîne tous les hommes :
Ce que nous devons être, à la fin nous le sommes.

NICANDRE.

Je vous entends, monsieur, et votre esprit fécond
Semble prévoir pour moi le plus cruel affront.
Eh bien! si quelque jour ma femme s'humanise,
S'il faut, avec le temps, qu'un amant la séduise,
Je gémirai de voir sa vertu trébucher;
Mais je n'aurai du moins rien à me reprocher.
Dites-moi promptement quel sujet vous ramène.

LÉANDRE.
Mon vieux ami, je veux alléger votre chaîne.
D'un exemple frappant votre esprit a besoin,
Et mon zèle, je crois, ne le prendra pas loin.

NICANDRE.
Au nom de Dieu, mon cher et très-zélé compère,
Pour la seconde fois je vous le réitère,
Éloignez-vous d'ici, laissez-moi vivre en paix.
Je mettrai cette grace au rang de vos bienfaits.

LÉANDRE.
Je ne vous quitte plus : je me ferais scrupule
De vous laisser ainsi couvrir d'un ridicule....

NICANDRE.
Mais que prétendez-vous?

LÉANDRE.
Je prétends vous montrer
Que l'homme soupçonneux finit par s'égarer;
Qu'en croyant éviter un mal imaginaire,
Souvent sa jalousie a fait tout le contraire;
Je voulais vous parler d'un exemple frappant.
J'ai mon neveu, beau, jeune, et vraiment séduisant,
Fait pour plaire, et charmer le cœur le plus rebelle.

NICANDRE.
Et qui sans doute a l'art de vaincre une cruelle?
Après, à quel propos ce discours étranger?...

LÉANDRE.
Par vous-même, tenez, vous en allez juger.
Je viens de recevoir une certaine lettre
Qui peut vous regarder; je vais vous la remettre.

SCÈNE IX.

NICANDRE, lit.

« Votre neveu, monsieur, a quitté ce séjour.
« On dit que dans sa fuite il entre un peu d'amour;
« Qu'il est allé chercher dans les lieux où vous êtes
« L'objet cher et caché de ses ardeurs secrètes;
« Que sa belle est liée au sort d'un vieux jaloux....

LÉANDRE.

J'ai jugé que cela ne regardait que vous.

NICANDRE.

« Qui, pour accroître encor ses désirs et sa flamme,
« A mis sous les verroux son honneur et sa femme. »
L'écrivain est un sot; vous, un mauvais plaisant.

LÉANDRE.

Et vous ne sauriez pas où serait mon parent?

NICANDRE.

Il est peut-être ici? Morbleu! le cruel homme!

LÉANDRE.

Je le croirais assez.

NICANDRE.

Oh, son flegme m'assomme!
Pour être sûr du fait, ne voudriez-vous pas
Visiter ma maison du haut jusques en bas?

LÉANDRE, souriant.

Cette recherche-là serait fort agréable.

NICANDRE.

Ah! vous êtes, monsieur, un homme abominable!
Vous osez de ma femme attaquer la vertu,
Et me dites, à moi, que l'on me fait....

LÉANDRE.

J'ai cru

Vous obliger. Pardon, votre femme est fidèle ;
Mais enfin mon neveu peut bien être avec elle,
Voilà tout.

NICANDRE.
Apprenez que nul audacieux
Ne peut, à mon insu, pénétrer dans ces lieux.
Ma femme est sous les yeux d'une duègne fidèle ;
Je fais dans ma maison une garde éternelle ;
Il n'est point de galant qui me puisse échapper,
Et je défie ainsi l'amour de me tromper.

LÉANDRE.
Vous moquez-vous, mon cher, de parler de la sorte ?

NICANDRE.
Il a perdu la tête, ou le diable m'emporte.

LÉANDRE.
Si vous êtes trompé, surtout ne dites mot :
Quand on l'est par sa faute, on passe pour un sot.

NICANDRE.
Que vous êtes cruel ! Eh ! monsieur, je vous prie,
Cessez de vous complaire à tourmenter ma vie.
Ah ! si vous connaissiez un peu le cœur humain,
Viendriez-vous répandre en mes sens le venin
De ces jaloux transports dont je ne suis pas maître ?
Au lieu de les calmer, vous les faites renaître ;
Vous portez ma fureur aux excès les plus grands,
Et vous faites encore un jeu de mes tourmens.
Rien ne peut altérer la paix de son visage.
Il rit.

LÉANDRE.
De voir un fou s'emporter contre un sage.

SCÈNE IX.

Ne rougissez-vous pas de vos égaremens ?
Votre cœur est en proie aux plus cruels tourmens,
Quand vous êtes certain qu'une épouse tremblante
Baise, en cachant ses pleurs, la main qui la tourmente.
Que deviendriez-vous, si la fatalité
Sur les pas du soupçon eût mis la vérité ?
Votre aveugle fureur armerait la nature
Pour punir Roséide et venger votre injure.
Je veux vous éclairer ; mais point d'emportement :
Le bonheur de vos jours dépend de ce moment.
Une heure, seulement, apprenez à vous vaincre,
Et si vous m'écoutez, je saurai vous convaincre
Que les lâches soupçons qu'un jaloux entretient
Font rougir l'honnête homme, et ne servent à rien.

NICANDRE.

J'écoute. Allons, parlez.

LÉANDRE.

Cette austère suivante,
De vos sages projets la digne confidente....

NICANDRE.

Qu'a-t-elle fait ? voyons.

LÉANDRE.

Elle est précisément
Celui dont je parlais.

NICANDRE.

Finette ?...

LÉANDRE.

Est mon parent.
Aimable, entreprenant, comme on l'est au bel âge,
Il voulut être heureux : le reste est votre ouvrage.

LE JALOUX CORRIGÉ.

NICANDRE.

Quoi ! monsieur, vous osez...

LÉANDRE.

Vous apprendre, entre nous,
Qu'en ses propres filets l'amour prend un jaloux.

NICANDRE.

Dans ma juste fureur....

LÉANDRE.

Que pouvez-vous prétendre ?
Avez-vous à vous plaindre ?

NICANDRE.

Oui, je vais la surprendre ;
Me venger de tous deux.

LÉANDRE.

Eh ! de quoi, s'il vous plaît ?
Que lui reprochez-vous ?

NICANDRE.

Comment ! un tel forfait !
Écouter un amant sans crainte, sans colère ;
Sans venir dans mes bras l'accuser la première !

LÉANDRE.

Patience, attendez.

NICANDRE.

J'y cours sans balancer.
Eh ! qui sait à présent ce qui peut se passer ?
Que vois-je ?

SCÈNE X.

NICANDRE, LÉANDRE, VALÈRE, en uniforme.

VALÈRE.
Votre épouse, aussi sage que belle,
Me donne mon congé, je suis chassé par elle.
Vous ne le croirez point, à peine je le crois ;
Mais le fait est constant : vous l'emportez sur moi.
NICANDRE.
Me voilà donc certain de toute ma disgrace.
VALÈRE.
Je viens vous supplier de me remettre en grace.
LÉANDRE.
Valère, respectez....
VALÈRE.
Mon cher oncle est ici !
J'en suis ravi. Pour moi vous parlerez aussi.
LÉANDRE.
Monsieur, quittez ce ton de pure étourderie.
Un autre ordonnerait ; mais moi je vous en prie.
VALÈRE.
Tout ce qu'il vous plaira. Je sais parler raison.
Eh bien ! qu'est-ce, monsieur ? Traitez-moi sans façon.
Allons. Quoi ! mon aspect vous glace jusqu'à l'ame !
Là, là, remettez-vous. Soyez sûr que madame,
Qui sait trop qu'un époux est un triste régal,
S'en tient absolument à l'amour conjugal.

C'est heureux !

NICANDRE.
Je l'échappe, ô ciel !

VALÈRE.
Elle m'abhorre,
Et malgré sa rigueur, je sens que je l'adore.
Je vous en fais l'aveu ; vous êtes bien vengé.
Pour prix de mon amour, j'ai reçu mon congé.
Vous riez, votre cœur jouit de ma défaite :
Jouissez-en, monsieur, elle est, ma foi, complète.

NICANDRE.
Quoi ! serait-il bien vrai ?...

VALÈRE.
Très-vrai, sur mon honneur,
Et quand je parle ainsi, je ne suis pas menteur,
Car j'ai toujours eu soin de rendre très-notoire
Ce que le sexe a fait en faveur de ma gloire.
A l'honneur marital il n'est arrivé rien ;
Mais ce n'est pas ma faute, et souvenez-vous bien
De ce mot de quelqu'un qui connaissait la femme :
C'est que monsieur jamais ne doit tenter madame.

NICANDRE.
Ah ! je suis trop heureux, je me rends, mon ami.
Oui, mon ame n'est plus convaincue à demi.
Mes yeux sont dessillés, et je vois la lumière.
Daignez guider mes pas dans une autre carrière.
Je rougis de mes torts, je veux les réparer ;
Aux pieds de mon épouse allons les abjurer.

LÉANDRE.
Ah ! je te reconnais et te rends mon estime.

Ton erreur te plongeait dans le fond de l'abîme.
En vain l'hymen en pleurs invoquait la raison :
Il fallait à ton cœur cette utile leçon.
Roséide paraît, dissipez ses alarmes,
Et que ce jour heureux voie essuyer ses larmes

NICANDRE.

Roséide, à tes pieds j'abjure mes erreurs ;
Pardonne à ton époux ses jalouses fureurs.
Son amour, son grand âge, un bouillant caractère...

SCÈNE XI.

NICANDRE, LÉANDRE, VALÈRE, ROSÉIDE.

ROSÉIDE.

En faisant des heureux, à tout âge on sait plaire.
Pour fixer à jamais le bonheur avec nous,
Oubliez comme moi les torts de mon époux,
Et quoi qu'ose entreprendre une folle jeunesse,
Croyez à nos vertus plus qu'à notre faiblesse.

VALÈRE.

Sur l'erreur d'un moment ne me condamnez pas.
J'ai cédé, je l'avoue, à vos divins appas ;
Mais j'impose à mes feux un éternel silence.
Mon respect vous répond de mon obéissance.

LÉANDRE.

Allons, sur ta moitié règne par la douceur ;
Sur ses pas à jamais enchaîne le bonheur ;
Par les plus grands égards prouve-lui ta tendresse.
L'époux en cheveux blancs doit aimer sans ivresse ;

Il en reçoit un prix mille fois plus flatteur,
L'estime de sa femme et le repos du cœur.
NICANDRE.
Mon ame a recouvré sa première énergie.
L'amour et l'amitié vont embellir ma vie.
Dans ce système enfin je demeure affermi,
Qu'il faut croire à sa femme ainsi qu'à son ami.

FIN DU JALOUX CORRIGÉ.

LE PESSIMISTE,

OU

L'HOMME MÉCONTENT DE TOUT,

COMÉDIE

EN UN ACTE ET EN VERS.

PERSONNAGES.

M. DUPRÉ, Pessimiste.	M. Monvel.
AMÉLIE, pupille de M. Dupré.	M\ve Saint-Clair.
VALCOURT, amant d'Amélie.	M. Saint-Clair.
DUPONT, intendant de M. Dupré.	M. Duval.
Madame DUPONT.	M\ve Prieur.
Un FERMIER.	M. Genet.

La scène est chez M. Dupré.

Représentée, pour la première fois, sur le théâtre du Palais-Royal, au mois d'avril 1789.

Nota. Le rôle de Dupré est un premier rôle.

LE PESSIMISTE,

COMÉDIE.

SCÈNE I.

VALCOURT, AMÉLIE.

AMÉLIE.

Quoi ! toujours indécis !

VALCOURT.

Eh ! mais.... quel parti prendre ?

AMÉLIE.

Parler à mon tuteur.

VALCOURT.

Il ne veut rien entendre.
Quoi qu'on puisse lui dire, on n'a jamais raison,
Et ma timidité....

AMÉLIE.

Devient hors de saison.
Si mon tuteur est brusque, il est d'un caractère
Excellent.

VALCOURT.

Et pour rien il se met en colère ;
Il condamne toujours le sentiment d'autrui.
Pour bien faire, il faudrait que cela vînt de lui.

AMÉLIE.
Il faudrait qu'il vous dît, d'une façon civile :
Daignez, mon cher Valcourt, épouser ma pupille ;
Elle est jeune, elle est riche, elle vous conviendra.
Vous n'aimez pas encor? non, mais cela viendra.
VALCOURT.
Que vous êtes injuste! Il connaît ma tendresse;
Mais l'amour lui paraît ou folie ou faiblesse.
Irai-je, en étourdi, heurter ses sentimens?
AMÉLIE, s'en allant.
Si vous pensez ainsi, vous attendrez long-temps.
VALCOURT.
De grace, écoutez-moi. Je peux tout pour vous plaire ;
Mais.....
AMÉLIE.
   Vous avez raison, monsieur, de n'en rien faire.
Je n'abuserai pas de la docilité
Qui vous exposerait à sa sévérité.
Je suis loin d'exiger le moindre sacrifice.
Que l'amour nous sépare, ou bien qu'il nous unisse,
Peu m'importe, après tout.
VALCOURT.
      Un hymen assorti.....
AMÉLIE.
Rester fille est, je crois, le plus sage parti.
VALCOURT.
Quel plaisir trouvez-vous à causer mes alarmes?
Pour vous faire adorer, vous faut-il d'autres armes
Que ces traits séduisans qui pénètrent mon cœur,
Ces talens, ces vertus, gages de mon bonheur?

SCÈNE XI.

Faut-il jouer encor la froideur, le caprice?
Ah! ce n'est pas à vous d'employer l'artifice.

AMÉLIE, riant.

Je n'en ai pas besoin, je le sais, et sur vous
Je ne veux exercer qu'un empire plus doux.
Vous m'aimez, je le crois, je me plais à le croire.
C'est à vous rendre heureux que je borne ma gloire,
Et j'abjure à jamais tous ces petits détours,
Ce manége honteux des belles de nos jours.
Quand on a, comme moi, tout ce qu'il faut pour plaire,
On n'a jamais recours à ce moyen vulgaire.
Je sais très-bien cela; mais puis-je hautement
Publier de mon cœur le tendre sentiment?
Dire qu'en vous j'ai mis le bonheur de ma vie,
Et pour vous obtenir faire quelque folie?
Cela n'est pas dans l'ordre, et c'est à votre ardeur
A parler, à presser, à vaincre mon tuteur.

VALCOURT.

Eh bien, je parlerai, j'en aurai le courage.
Je me sens rassuré.

AMÉLIE.

C'est d'un heureux présage.
Plus de faiblese, au moins.

VALCOURT.

Non, je vais de ce pas,
Soutenu par l'amour, mériter vos appas.

6.

SCÈNE II.

AMÉLIE, seule.

Mon bon ami Valcourt est vraiment bien aimable,
Et l'hymen avec lui peut être supportable.
Il est docile en tout, mes désirs sont ses lois,
Et mon bonheur, un jour, justifira mon choix.

SCÈNE III.

DUPONT, AMÉLIE.

AMÉLIE.
Voici notre intendant : quel hasard me l'amène ?
Qu'avez-vous, mon ami, vous paraissez en peine ?
DUPONT.
Ah ! je souffre en effet, et l'excès du malheur
Me force d'implorer vos soins, votre faveur.
AMÉLIE.
Vous m'effrayez, Dupont. Faites-moi donc entendre....
DUPONT.
Tôt ou tard à l'amour, madame, il faut se rendre.
AMÉLIE, à part.
Oui, je l'éprouve bien.
DUPONT.
    J'ai cru me rendre heureux,
Et sans rien consulter, j'ai contracté des nœuds...
AMÉLIE.
Vous êtes marié ?

SCÈNE III.   85

DUPONT.

Depuis sept ans, madame.

AMÉLIE.

Et nous l'ignorons tous !

DUPONT.

J'ai craint d'ouvrir mon ame
Au maître que je sers depuis plus de vingt ans.
Je n'en aurais reçu que des refus constans ;
Il aurait condamné mon choix et ma tendresse.
De céder à mon cœur, hélas ! j'eus la faiblesse.

AMÉLIE.

Vous en repentez-vous ?

DUPONT.

Je m'en repentirais,
Si, depuis notre hymen, nos deux cœurs satisfaits
Avaient eu quelqu'instant de mésintelligence.
Notre amour s'est accru dans l'ombre et le silence ;
Le temps, comme l'éclair, s'est écoulé pour nous,
Et le jour qui renaît est toujours le plus doux.

AMÉLIE.

Quels sont donc vos chagrins ?

DUPONT.

Je suis dans l'indigence....
J'ai combattu long-temps, cédant à l'espérance
De pouvoir surmonter un destin rigoureux ;
Mais vous seule aujourd'hui pouvez me rendre heureux.
Au moment où je parle, un barbare, peut-être....
Pardon, de ma douleur je ne suis pas le maître....
Peut-être en ce moment je suis exécuté.
Si d'un frivol espoir je ne suis pas flatté,

Vous daignerez parler....
AMÉLIE.
Il me déchire l'ame.
Oui, je vous le promets.
DUPONT.
Vous me plaignez, madame!
Voilà bien votre cœur.
AMÉLIE.
Mais, vos appointemens....
DUPONT.
N'ont pu fournir qu'à peine à nos besoins urgens,
Et forcé d'emprunter, on me contraint de rendre.
AMÉLIE.
Avez-vous des enfans?
DUPONT.
Oui, l'amour le plus tendre
M'a rendu deux fois père, et c'est là mon malheur.
La mère et les enfans vivent dans la douleur;
Ils vont manquer de tout, et trop malheureux père,
Je n'ai plus que des pleurs à porter à leur mère.
AMÉLIE.
Ils seront essuyés, et peut-être aujourd'hui
Votre sort changera : comptez sur mon appui.
Vous faudrait-il beaucoup?
DUPONT.
La somme est assez forte
Pour craindre que monsieur ne veuille pas....
AMÉLIE.
N'importe;
Dites, que vous faut-il?

SCÈNE V.

DUPONT.

Bien près de huit cents francs.

AMÉLIE, à part.

C'est beaucoup trop pour moi.

(Lui donnant sa bourse.)

Voilà pour vos enfans.
Mon tuteur donnera le reste de la somme.
Il est un peu bouillant; mais enfin il est homme.
D'un cœur tel que le sien on peut tout obtenir.
Dès qu'il sera rentré vous viendrez m'avertir,
Et s'il me refusait ce léger sacrifice,
Je trouverais quelqu'un qui vous rendrait service.

(Dupont sort en faisant une profonde révérence.)

SCÈNE IV.

AMÉLIE, SEULE.

Je ne peux rien pour lui dans ce besoin pressant!
Ah! je connais enfin tout le prix de l'argent.
Il m'eût été bien doux de lui donner moi-même....

SCÈNE V.

VALCOURT, DUPRÉ, AMÉLIE.

DUPRÉ, en dedans.

Non, ne m'en parlez plus. Quelle folie extrême!

AMÉLIE.

Ah! voilà mon tuteur.

DUPRÉ, entrant.

Mais quel acharnement!

AMÉLIE.

Bonjour, monsieur.

DUPRÉ, grondant.

Bonjour.

AMÉLIE, sortant, à Valcourt.

Ce n'est pas le moment.

SCÈNE VI.

VALCOURT, DUPRÉ.

DUPRÉ.

Il ne s'en ira pas!

VALCOURT.

Mais, monsieur....

DUPRÉ.

Quel martyre!
Il parlera toujours! Je n'ai rien à vous dire.

VALCOURT.

Quoi, toujours mécontent des hommes et du sort!

DUPRÉ.

Oui, ventrebleu, toujours. En effet, j'ai grand tort!
Je ne peux faire un pas dans les champs, à la ville,
Qu'un objet, quel qu'il soit, ne m'aigrisse la bile.

VALCOURT.

Mais écoutez du moins....

DUPRÉ.

Je n'écouterai rien.

SCÈNE VI.

VALCOURT.

Je pourrais vous prouver....

DUPRÉ.

L'existence du bien ?
Cessez donc de défendre un absurde système.
J'interroge mon cœur, c'est mon juge suprême,
Et les plats argumens de la froide raison,
Pour gagner mon esprit, ne sont plus de saison.
Malgré tous vos efforts, je cède à l'évidence.
Je ne vois en tous lieux qu'erreur, extravagance,
Malignité, fureur, et, physique ou moral,
Dans ce triste univers, je sens que tout est mal.

VALCOURT.

Moi, je ne conçois rien à l'aveugle manie
Qui depuis si long-temps tourmente votre vie.
Avec tant de moyens de couler d'heureux jours,
Et vraiment fortuné, vous vous plaignez toujours.

DUPRÉ.

Vous me croyez heureux ! Mais il faudrait, pour l'être,
De mes justes transports pouvoir me rendre maître ;
D'un œil indifférent voir souffrir les humains ;
De leurs persécuteurs seconder les desseins ;
De tant de parvenus approuver l'impudence ;
Avec un cœur d'airain repousser l'indigence,
Et d'erreur en erreur parvenant aux forfaits,
Imiter ces mortels qui n'ont rougi jamais.
Non, qui peut se livrer à ce désordre insigne,
Du titre d'honnête homme est à jamais indigne.
Sous les traits du méchant dussé-je être abattu,
Je brave le pervers, et cède à la vertu.

VALCOURT.

Mais elle existe donc, cette vertu sublime,
A qui vous prodiguez vos vœux et votre estime?

DUPRÉ.

Elle existe, monsieur; mais son culte est éteint,
Son front défiguré, son langage contraint.
Le vice est triomphant dans le siècle où nous sommes,
Et, malgré sa laideur, c'est l'idole des hommes.

VALCOURT.

Mais quel nouveau sujet excite ce courroux?
Vous parliez ce matin d'un air tranquille et doux.

DUPRÉ.

Un incident fatal a rouvert ma blessure,
Et je n'ai plus qu'horreur pour toute la nature.
Écoutez-moi. Je sors pour calmer mes ennuis;
Je marchais au hasard, rêvassant, indécis.....
J'entends des cris perçans; j'approche, j'examine....
Deux enfans presque nus; leur douceur enfantine,
Leur mère dans les pleurs, rien ne peut désarmer
Un créancier cruel qui va les opprimer.
Tout annonçait en lui l'excessive opulence....
Il voyait leur misère avec indifférence;
Leur état douloureux excitait son mépris....
Mes pleurs coulaient déja, mes regards attendris
S'attachaient tour à tour sur la mère et ses filles.
Je sauverai, disais-je, une de ces familles
Qui tombent tous les jours sous les coups du plus fort,
Et du moins aujourd'hui j'adoucirai mon sort.
La mère me regarde, et voit couler mes larmes;
Dans mon sein palpitant vient cacher ses alarmes;

SCÈNE VI.

Me montre ses enfans, implore mon secours ;
Remet entre mes mains son destin et leurs jours ;
Me supplie à genoux de ménager leur père,
Et croit en ce moment voir un dieu tutélaire.
Vos maux seront, lui dis-je, effacés par ma main.
Jamais les malheureux ne m'implorent en vain :
Je vais payer. Alors ce créancier barbare
Ose approcher de moi, tend une main avare,
Et reçoit, sans frémir, ce malheureux métal
Qui tient tout asservi sous son pouvoir fatal.
Vous êtes, me dit-il, dupe de ce manége !
C'est ainsi que ces gueux trouvent qui les protége.
Les propos de cet homme allument mon courroux.
On ne vous doit plus rien, criai-je, éloignez-vous,
Et laissez respirer cette triste victime,
Que votre barbarie entraînait dans l'abîme.
Il sort en me lançant un regard furieux.
Mais quel autre tableau se présente à mes yeux !
La mère est à mes pieds, et sa bouche est muette ;
Un coup d'œil expressif est son seul interprète ;
Elle presse mes mains, les porte sur son cœur ;
Elle voudrait parler.... Une horrible pâleur
A chassé de son front son ame défaillante....
Je veux la relever.... elle tombe mourante.
Je vais.... je viens.... j'appelle, éperdu, plein d'effroi,
Et pour la secourir je ne vois près de moi
Que deux infortunés qui vont perdre leur mère,
Et sur qui le destin épuise sa colère....
On accourt à mes cris, et des soins bienfaisans
Lui rendent à la fin l'usage de ses sens,

Et de sauver ses jours me laissent l'espérance.
Pour moi, je me dérobe à sa reconnaissance;
Je m'éloigne, à grands pas, de ce lit de douleur,
Et reviens me livrer à toute mon humeur.

VALCOURT.

Oubliez-la plutôt, monsieur : votre existence
Est marquée en ce jour par votre bienfaisance.
Si la vie est un mal, on peut ainsi jouir
Du plaisir consolant de savoir l'adoucir.

DUPRÉ.

Si le bonheur n'était un être fantastique,
Il ne serait, pour moi, qu'une ressource unique
Contre les noirs chagrins qui dévorent mon cœur.
Ce serait des humains d'être le bienfaiteur ;
De tarir de leurs maux la source renaissante ;
Calmer leur propre rage et la rendre impuissante.
Mais jamais les mortels peuvent-ils être heureux !
On les voit opprimés dès qu'ils sont vertueux ;
Le vice corrompt tout, et l'altière opulence
Écrase de son poids l'honorable indigence.
En vain l'homme pensant voudrait la secourir :
Tout être infortuné finit par s'avilir.
Je distingue pourtant de la classe commune,
Ceux dont j'ai ce matin corrigé la fortune.
Ils sont vraiment aimés, on m'en a dit du bien,
Et pour les secourir je n'épargnerai rien.
Ils ont des qualités; l'épouse est douce, belle;
Son époux la chérit, et paraît digne d'elle.
Il est, dit-on, placé chez un original
Qui lui donne très-peu, qui le traite assez mal,

SCÈNE VI.

Et qui de ses revers est la première cause.
Cet homme, assurément, doit valoir peu de chose;
Mais je lui parlerai; je saurai l'attendrir;
De son inaction je le ferai rougir.

VALCOURT.

Si de votre dégoût vous vous rendez le maître,
Vous connaîtrez bientôt tout le prix de votre être.
Vous ne verrez enfin que des cœurs satisfaits
Jouir de votre ouvrage, et bénir vos bienfaits.

DUPRÉ.

Peut-être, je serai trompé dans l'apparence.
Serai-je convaincu de leur reconnaissance?
Irai-je en exiger de pénibles combats.....

VALCOURT.

Il est toujours flatteur de faire des ingrats.
Dans leur nombre, monsieur, gardez-vous de comprendre
Celle que vous aimez, une pupille tendre,
Que son père mourant mit dans votre maison;
Dont vos soins, chaque jour, cultivent la raison.....

DUPRÉ.

Si dans son jeune cœur j'ai porté la lumière,
D'un père j'ai rempli la volonté dernière.

VALCOURT.

A ses désirs, du moins, vous avez répondu.

DUPRÉ.

Il était mon ami; j'ai fait ce que j'ai dû.
Passons.

VALCOURT.

Mais vous pouvez couronner votre ouvrage.

DUPRÉ.

M'en préserve le ciel! ce n'est point à cet âge
Qu'on doit se marier. Parlons net désormais :
Le moment de l'hymen arrive-t-il jamais?
Pour un être pensant ce n'est qu'un esclavage.
N'espérez pas, monsieur, que ce soit mon ouvrage.
Qui sait combien de temps votre amour durera?
Un instant l'a vû naître, un instant l'éteindra.

VALCOURT.

Il doit être éternel. Jugez mieux de ma flamme,
Et connaissez l'objet qui règne sur mon ame.

DUPRÉ.

Voilà les jeunes gens! ils ne doutent de rien ;
L'imagination leur fait tout voir en bien.
Si je n'arrêtais pas votre inexpérience,
Bientôt vous sentiriez toute votre imprudence.
Quel serait, dites-moi, le fruit de votre amour ?
Vous auriez des enfans qui maudiraient le jour ;
Vous les verriez souffrir, et leur père et leur mère,
Sans pouvoir l'adoucir, pleureraient leur misère.
Eh! les hommes, d'ailleurs, sont leurs propres bourreaux;
De leurs mains, chaque jour, ils creusent leurs tombeaux.
Les femmes et le jeu, le vin, la bonne chère,
D'une façon sensible abrégent leur carrière.
Par les plus tendres soins on croit s'assurer d'eux;
L'influence du mal les rend plus que douteux.
J'ai toujours observé le plus sage régime,
Je n'ai pas cinquante ans, et je suis cacochyme.
L'homme par la douleur, hélas! parvient au port,
Et son plus heureux jour est celui de sa mort.

SCÈNE VI.

VALCOURT.

Monsieur, si votre père eût suivi ce système,
Aurait-il eu raison?

DUPRÉ.

Oui, la prudence même
Aurait dû l'arrêter, et contre vos discours,
En ce moment, monsieur, j'emprunte son secours.
Comme un fardeau la vie à l'homme fut donnée;
Aux chagrins renaissans elle est abandonnée.
L'espérance du bien l'amuse en son berceau;
Sans trouver sa chimère il atteint le tombeau.
Soyez de bonne foi, vous conviendrez vous-même
Que le bonheur possible est encore un problème.

VALCOURT.

Non, le mien est certain, si vous y consentez.

DUPRÉ.

Il est dans votre tête.

VALCOURT.

Ah! du moins permettez
Qu'on pense que l'amour, en dépit de l'envie,
Peut jeter quelques fleurs sur cette courte vie.

DUPRÉ.

Ces fleurs sont un poison qui trompe les mortels.
Les aveugles qu'ils sont! ils dressent des autels
Au dieu qui les abuse, et sa flamme funeste
Leur ôte en un instant la raison qui leur reste;
Les égare à son gré, trompés par le désir;
Sur les pas du dégoût traîne le repentir,
Et souvent, pour combler son injustice extrême,
Aux maux qu'il a causés il insulte lui-même.

VALCOURT.
Pour vous plaire il faut donc renoncer à son cœur?
DUPRÉ.
Mais... il faudrait du moins combattre votre ardeur.
VALCOURT.
Vous n'avez point aimé?
DUPRÉ.
Si, parbleu! dont j'enrage.
J'ai payé le tribut à la fougue de l'âge.
Dans ses plus tendres vœux mon amour fut trompé,
Et mon aveuglement soudain s'est dissipé.
Si je me suis vaincu, ne pouvez-vous de même
Éviter les dangers de ce désordre extrême?
Lorsque j'aime quelqu'un, ce n'est pas à demi,
Et pour vous marier, je suis trop votre ami.
VALCOURT.
Vous n'estimez donc pas cette pupille aimable?...
DUPRÉ.
Je n'estime personne.
VALCOURT.
Il est incontestable
Qu'elle a des qualités bien dignes de l'amour
Que je conserverai jusqu'à mon dernier jour.
Et son cœur vertueux....
DUPRÉ.
Vertueux comme un autre.
Je n'en connais pas un.
VALCOURT.
Quoi! pas même le vôtre?

SCÈNE VI.
DUPRÉ.
Le mien, à chaque instant, excite mon mépris.
Cent défauts opposés en moi sont réunis ;
Je les vois, je les sens, et je ne puis les vaincre,
Et mon expérience a trop su me convaincre
Que, frondant les méchans, Aristarque nouveau,
Je dois me mettre au moins en tête du tableau.
VALCOURT.
Vous m'aimez, dites-vous, et la tendre Amélie....
DUPRÉ.
Je vous aime tous deux ; mais c'est une folie.
Je suis certain qu'un jour je m'en repentirai,
Et vous verrez enfin que je vous haïrai.
VALCOURT.
Connaissez mieux nos cœurs.
DUPRÉ.
     Ho ! finissons, de grace
Si vous parlez encor, je vous cède la place.
VALCOURT.
Je vais me retirer.
DUPRÉ.
    Vous me ferez plaisir.
Jusqu'au revoir, monsieur.
VALCOURT.
     Je ne puis vous fléchir ?
DUPRÉ.
Non.
VALCOURT.
  Je vous laisse.

DUPRÉ.
Adieu.

VALCOURT.
Sa fermeté m'accable.

SCÈNE VII.

DUPRÉ, seul.

Il se plaint à présent! quel esprit intraitable!
Il n'a pas de soucis : il veut se marier!
Je m'oppose à des nœuds.... Ah! voilà mon fermier.

SCÈNE VIII.

Un FERMIER, DUPRÉ.

DUPRÉ.
Eh bien! que voulez-vous?

LE FERMIER.
J'occupe votre ferme.

DUPRÉ.
Je le sais bien, parbleu.

LE FERMIER.
Je viens payer mon terme.

DUPRÉ.
Allez trouver Dupont.

LE FERMIER.
Monsieur, il est sorti.

DUPRÉ.
Jamais ce coquin-là ne peut rester ici.

SCÈNE VIII.

Vous reviendrez demain.
LE FERMIER.
Écoutez-moi, de grace.
Je le voudrais en vain : j'éprouve une disgrace....
DUPRÉ.
Vous allez m'ennuyer; vous vous plaignez toujours.
LE FERMIER.
Si vous saviez, monsieur....
DUPRÉ.
Abrégeons ces discours.
Qu'avez-vous? dites-moi.
LE FERMIER.
Monsieur, votre colère....
DUPRÉ.
N'est jamais dans mon cœur; mais dans mon caractère.
Expliquez-vous, voyons.
LE FERMIER.
Je vais vous affliger.
DUPRÉ.
Cet homme-là, je crois, veut me faire enrager.
Parlerez-vous, enfin?
LE FERMIER.
On rebâtit ma grange.
Mes grains étaient auprès; par un malheur étrange,
La foudre a tout brûlé.
DUPRÉ.
Quand?
LE FERMIER.
Monsieur, cette nuit.

DUPRÉ.
Et tu veux me payer, quand le sort te réduit....
Tu viens pour m'éprouver. Voyez l'effronterie!
Si la foudre eût, du moins, brûlé ma métairie....
Je pouvais aisément supporter ce malheur.
Ma fortune n'est pas le fruit de mon labeur;
Je la dois au hasard, aux travaux de mes pères.
Un peu plus, un peu moins ne m'importerait guères,
Et ce malheureux-ci perd un an de travaux.
Remporte ton argent. Des accidens nouveaux,
Avant qu'il soit deux jours, le rendront nécessaire.

LE FERMIER.
Mais, monsieur, je vous dois.

DUPRÉ.
      Commence par te taire.
Fais ce que je te dis. Lorsque tu le pourras,
Je prendrai ton argent, et tu t'acquitteras.

LE FERMIER.
Croyez, monsieur...

DUPRÉ.
  C'est bon.

LE FERMIER.
      Que ma reconnaissance...

DUPRÉ.
C'est bon.

LE FERMIER.
  Est infinie.

DUPRÉ.
      Eh! va, je t'en dispense.

SCÈNE IX.

DUPRÉ, seul.

Je sens de plus en plus s'accroître mon humeur.
Le chagrin m'environne, et l'on croit au bonheur !

SCÈNE X.

AMÉLIE, DUPRÉ.

DUPRÉ.
Ce nouvel incident m'indigne et me révolte.
Qu'a fait ce malheureux pour perdre sa récolte ?
Et pourquoi suis-je, moi, plus fortuné que lui ?
AMÉLIE.
C'est pour le secourir.
DUPRÉ.
Qui vous demande ici ?
Je crois votre présence assez peu nécessaire,
Et je ferai sans vous tout ce qu'il faudra faire.
AMÉLIE.
Vous me parlez d'un ton....
DUPRÉ.
Je ne suis pas poli.
AMÉLIE.
Vous avez très-grand tort.
DUPRÉ.
Vous le croyez ainsi ?
J'aime assez vos leçons. Il faut donc à mon âge

Des manières du temps faire l'apprentissage ;
A l'homme que je hais aller tendre la main ;
L'embrasser tendrement en lui perçant le sein ;
Sous des dehors mielleux cacher ma perfidie ;
M'avilir, pour charmer la cohorte étourdie
D'un tas de freluquets, et me mettre à leur rang ?
Le méchant est poli, l'homme de bien est franc.

AMÉLIE, souriant.

Monsieur l'homme de bien....

DUPRÉ.

Enfin j'aspire à l'être,
Si je ne le suis pas.

AMÉLIE, souriant.

Je mérite peut-être
Qu'avec moi l'on oublie, on le peut aisément,
La sagesse future et l'humeur du moment.

DUPRÉ.

Je n'aime pas du tout que l'on me contrarie,
Et ce n'est pas l'instant de la plaisanterie.

AMÉLIE.

Je me garderai bien, monsieur, de plaisanter.
Quand je veux, je raisonne, et je vais débuter.

(Elle s'assied.)

Causons paisiblement.

DUPRÉ.

Parbleu ! mademoiselle....

AMÉLIE.

Oh ! vous m'écouterez.

DUPRÉ.

Quelle folle cervelle !

SCÈNE X.

AMÉLIE.

Folle? oui, quelquefois, selon l'occasion,
Je me permets de l'être, et la réflexion
Trop souvent, je le crois, attriste notre vie :
J'aime mieux l'égayer par un grain de folie.

DUPRÉ.

Le beau raisonnement !

AMÉLIE.

Est-il de votre goût ?

DUPRÉ.

D'un enfant de votre âge on doit excuser tout.

AMÉLIE.

Oh ! vous pouvez blâmer, si cela vous amuse ;
Je n'en rirai pas moins, et l'erreur qui m'abuse
Vaut bien, vous l'avoûrez, cette âcre dureté
Où se livre sans cesse un homme dégoûté,
Qui veut tout voir en mal, et qui, dans sa manie,
Proscrit le genre humain, le hait, le calomnie.
Tous les hommes, je crois, sont diversement fous,
Et, puisqu'il faut opter, j'aime mieux, entre nous,
M'amuser que gémir. Une folie aimable
A vos brusques chagrins me semble préférable.

DUPRÉ.

Ah ! voici du nouveau. Voyons, beau précepteur,
Qu'allez-vous ajouter ?

AMÉLIE.

Tenez, mon cher tuteur,
Si je croyais qu'un jour vos principes sévères
Opérassent un bien, libre dans vos chimères,
Vous pourriez à loisir suivre votre penchant,

Et de votre éloquence atterrer le méchant ;
Mais sa conversion étant plus qu'incertaine,
Vivez pour vos amis et laissez-lui sa chaîne.
Apprenez comme on rit, chantez, imitez-moi,
Et du plaisir enfin suivez la douce loi.

DUPRÉ.

Cela serait charmant !

AMÉLIE.

Eh bien ! que vous importe ?
La raison du besoin est toujours la plus forte.
Égayez-vous, sortez de votre accablement :
Il n'est pas de chagrin qui vaille un sentiment.
Vous le saurez bientôt, si vous voulez me croire.
Combattez avec moi, vous aurez la victoire.
Mettez la honte à part, et sacrifiez-nous
Le pitoyable orgueil d'être seul contre tous.

DUPRÉ.

Est-ce fait ?

AMÉLIE.

Oui, monsieur.

DUPRÉ.

J'en suis, ma foi, bien aise.
Mais vous êtes mordante, au moins, ne vous déplaise.
Vous abusez parfois d'un excès de bonté....

AMÉLIE, riant.

Ah ! ah ! ah !

DUPRÉ.

Vous prenez un ton d'autorité....

AMÉLIE.

Qui me va tout au mieux.

SCÈNE X.

DUPRÉ.

Pourquoi, je vous supplie?
Quels titres avez-vous?

AMÉLIE.

Je suis femme, et jolie.

DUPRÉ.

Ma foi, tant pis pour vous. Qu'est-ce que la beauté?
La fraîcheur du moment. Si l'œil en est flatté,
Si le faible se prend à sa funeste amorce,
Qu'est-ce qui le séduit? le brillant de l'écorce.
Et je vais vous prouver....

AMÉLIE.

Monsieur, n'achevez pas.
Un peu de charité. Sur nos faibles appas
Nous avons établi le plus charmant empire :
Vous êtes trop galant pour vouloir le détruire.
Oui, vous serez discret. Si vous aimez Valcour,
Vous n'arracherez pas le bandeau de l'amour.

DUPRÉ.

Ah! vous m'allez encor parler de mariage!

AMÉLIE.

Pas du tout. J'ai l'honneur d'entretenir un sage.
Je sais ce que je dois à son opinion,
Et je veux m'en remettre à sa décision.
Je venais simplement vous parler d'une affaire
Que vous arrangerez, si vous voulez me plaire.

DUPRÉ.

Une affaire!... Ah! je vois.... quelques colifichets.
Je ne m'occupe pas de ces sortes d'objets.

AMÉLIE.

Les femmes, selon vous, sont toujours occupées
De ces jolis chiffons dont on les voit drapées.
C'est l'avis général de tous les esprits forts ;
Mais, pour nous abaisser, ils font de vains efforts.
Nous avons nos défauts ; mais, telles que nous sommes,
Pour faire des heureux nous valons bien les hommes.

DUPRÉ.

C'est assez bavarder. Tenez, restons-en là.
Je suis las, à la fin, d'entendre tout cela.

AMÉLIE.

Laissez-moi donc finir. Ayez la complaisance
D'écouter jusqu'au bout.

DUPRÉ.

     Ah! quelle patience!

AMÉLIE.

Quoique l'homme soit sot et qu'il ne vaille rien,
Avouez qu'il est beau de lui faire du bien.

DUPRÉ.

Au fait.

AMÉLIE.

   De consoler et d'aider son semblable.

DUPRÉ.

Au fait.

AMÉLIE.

   Et de lui faire un destin supportable.

DUPRÉ.

Au fait, au fait, au fait.

AMÉLIE.

     Sans sortir de chez vous,

SCÈNE X.

Vous jouirez, monsieur, de ce plaisir, si doux
Pour un être pensant, pour un homme sensible.

DUPRÉ.

Un indigent chez moi! cela n'est pas possible.
Mes gens sont tous aisés, et j'y donne mes soins.
Quoiqu'ils me servent mal, je veille à leurs besoins.
S'ils se trouvent gênés, c'est à leur inconduite
Qu'il faut l'attribuer.

AMÉLIE.

    Vous allez un peu vite.
Celui dont je vous parle a des appointemens
Qui, pour sa femme et lui, ne sont pas suffisans.

DUPRÉ.

Un mariage encore! Eh! quel est l'imbécille
Qui, fatigué du bien, quitte un état tranquille,
Pour prendre des liens de peines et d'ennuis?
C'est sa faute, après tout, et qu'il s'en prenne à lui.

AMÉLIE.

Quoi! vous ne ferez rien, monsieur?

DUPRÉ.

      Je l'abandonne.
Aller se marier sans consulter personne,
Sans mon consentement! Ensuite à mes bienfaits
On croit avoir des droits! Ne m'en parlez jamais.

AMÉLIE.

Je le sens comme vous, il est vraiment coupable;
Mais sa femme, monsieur?

DUPRÉ.

      Elle est aussi blâmable,
Je crois, que son époux. Elle aurait dû prévoir

Les suites d'une erreur....

AMÉLIE.

Ah! dans son désespoir,
Il vous attendrirait, si vous voyiez ses larmes.

DUPRÉ.

Oui, l'on connaît mon faible, et l'on s'en fait des armes
Qu'on tourne...

AMÉLIE.

Mais, monsieur...

DUPRÉ.

Vos soins sont superflus.
Je ne céderai pas, je ne le verrai plus.

AMÉLIE.

Et vous le dépouillez de ce peu qui lui reste....

DUPRÉ.

Oui.

AMÉLIE.

Vous le chassez?

DUPRÉ.

Oui.

AMÉLIE.

Dans quel état funeste
Vous allez le réduire! Il peut être arrêté.
Au moment où je parle, il est exécuté,
Probablement.

DUPRÉ.

Tant pis.

AMÉLIE.

Vous êtes si sensible!
Vous le pardonnerez.

SCÈNE X.

DUPRÉ.
>Cela n'est pas possible.

AMÉLIE.

Ce pauvre infortuné sera donc sans appui ?
Quel avenir affreux se prépare pour lui !
Je ne peux presque rien, vous connaissez ma bourse ;
Mais il me reste encore une faible ressource :
Je vendrai ce que j'ai.

DUPRÉ.
>Non, je vous le défends.

AMÉLIE.

Et je soulagerai ses malheureux enfans.

DUPRÉ.

Il a donc des enfans ?

AMÉLIE.
>Qui sont dans la misère.

Doivent-ils expier les fautes de leur père ?

DUPRÉ.

Qu'on les amène ici, je les éleverai.
Ce seront des ingrats encor que je ferai ;
Mais, n'importe.

AMÉLIE.
>Ah ! monsieur... mais ce vieux domestique

Qui, par un long service, un zèle presque unique,
Mérita vos bontés, l'estimable Dupont
Sortira de chez vous pour entrer en prison.

DUPRÉ.

C'est Dupont ?

AMÉLIE.
>Hélas ! oui.

DUPRÉ.

Son procédé m'accable.
Je n'aurais jamais cru qu'il se rendît coupable
D'une faute pareille.

AMÉLIE.

Hélas! qui n'en fait pas?
Il paîra cher la sienne. On l'arrache des bras
D'une épouse qu'il aime, et la honte et l'outrage,
Pour un moment d'erreur, deviendront son partage.
Il mourra dans la peine, et son triste destin
Accablera sa femme, et hâtera sa fin.

DUPRÉ.

Qu'il reste dans l'hôtel.

AMÉLIE.

Vous paîrez donc ses dettes?

DUPRÉ.

Je ne prétends payer que celles qui sont faites.
S'il s'égarait encor....

AMÉLIE.

Je vous réponds de lui.

DUPRÉ.

Dites-lui de ma part qu'à compter d'aujourd'hui....

AMÉLIE.

Ah! vous êtes charmant!

DUPRÉ.

Je lui double ses gages.

AMÉLIE.

Le bon cœur!

DUPRÉ.

C'est fort bien.

SCÈNE XII.
AMÉLIE.

                    Si contre nos usages
Vous criez un peu haut, on ne peut vous blâmer.
On n'a plus de défauts, quand on se fait aimer.
Ah! que vous m'êtes cher!

DUPRÉ.
Bon.
AMÉLIE.

                    Que je vous embrasse....
Quoi! vous me refusez? Allons, de bonne grace,
Recevez le tribut que vous offre mon cœur,
Et je cours à Dupont annoncer son bonheur.

SCÈNE XI.
DUPRÉ, SEUL.

On peut lui pardonner un peu d'inconséquence :
Elle possède encor les vertus de l'enfance.
Mais avec les humains ce cœur se gâtera;
L'exemple la séduit, il la pervertira;
Je ne le vois que trop. Ma triste prévoyance
Sur le sort qui l'attend me fait gémir d'avance.

SCÈNE XII.
MADAME DUPONT, DUPRÉ.

DUPRÉ.
Que me veut-on encor?

MADAME DUPONT.
Je viens à vos genoux
Payer de vos bienfaits....
DUPRÉ, la relève et l'assied.
Comment vous trouvez-vous?
MADAME DUPONT.
Beaucoup mieux à présent.
DUPRÉ.
Les forces, le courage?
MADAME DUPONT.
Vous m'avez tout rendu.
DUPRÉ.
Je ferai davantage.
Je suis encor peiné de la scène d'horreur
Qui troubla ce matin....
MADAME DUPONT.
Ah! pour notre bonheur
Vous avez fait beaucoup.
DUPRÉ.
Non, pas assez, madame.
Il vous faut des secours, votre état en réclame :
Je ferai mon devoir.
MADAME DUPONT.
Nos cœurs reconnaissans....
DUPRÉ.
Vous ne me devez rien. Comment vont les enfans?
MADAME DUPONT.
Bien.
DUPRÉ.
Je veux élever, protéger leur enfance;

SCÈNE XII.

Je veux voir votre époux ; le mettre dans l'aisance.
Je veux le consulter, et chercher le moyen
Le plus avantageux de lui faire du bien.

MADAME DUPONT.

Ah ! j'ai connu trop tard votre ame bienfaisante !

DUPRÉ.

Bienfaisante ? pas trop.

MADAME DUPONT.

          Le remords me tourmente.
Je ne mérite pas.... Quand vous me connaîtrez,
Vous punirez mes torts, et vous me haïrez.

DUPRÉ.

Quand j'ai payé pour vous dans votre humble retraite,
Je ne m'attendais pas à vous trouver parfaite.
Vous avez vos défauts, j'en suis bien convaincu :
Pour juger autrement, j'ai trop long-temps vécu.
Qui vous dispenserait de la règle commune ?
En plaignant vos erreurs, j'aide à votre infortune.
Si vous vous ressentez de la contagion,
Je n'en ferai pas moins une bonne action.
Moi-même, comme vous, j'ai besoin d'indulgence ;
J'ai des défauts cruels, et mon expérience
M'a prouvé mille fois, à toute heure, en tous lieux,
Que l'homme le plus sage est le moins vicieux.
Amenez votre époux.

MADAME DUPONT.

          Aura-t-il le courage
De paraître à vos yeux ?

DUPRÉ.

          Celui qui le soulage

Peut-il l'intimider?

MADAME DUPONT.

Hélas! depuis long-temps
Il vous aime et vous craint.

DUPRÉ.

Qu'il pense à ses enfans,
A leur affreux destin, à celui de leur mère :
Il ne craindra plus rien du sombre caractère
Qui me rend malheureux, qui m'égare souvent.
Son état est celui de mon pauvre intendant.
Dupont a de grands torts, et je les lui pardonne.
Je suis dur quelquefois ; mais je ne hais personne.

MADAME DUPONT, avec transport.

Quoi! vous lui pardonnez?

DUPRÉ.

Comment! que dites-vous?

MADAME DUPONT.

Cet être infortuné, Dupont, est mon époux.

SCÈNE XIII.

MADAME DUPONT, DUPRÉ, DUPONT, conduit par AMÉLIE et VALCOURT.

DUPRÉ.

Eh! viens donc, malheureux, viens recevoir ta grace.

DUPONT.

Ah! je tombe à vos pieds.

DUPRÉ.

Et ton maître t'embrasse.

SCÈNE XIII.

Tu m'as manqué, Dupont.
DUPONT.
Vous m'en voyez confus.

DUPRÉ.
Va, je t'ai pardonné, je ne m'en souviens plus.
Mais, dis-moi, mon ami, d'où nait la défiance
Qui t'a fait si long-temps observer le silence?
As-tu craint d'éprouver quelques momens d'humeur?
Je suis né violent; mais tu connais mon cœur.
Si j'avais pu prévoir ton état, ta misère,
Je t'aurais prévenu.

DUPONT.
Vous oubliez, mon père,

Des torts multipliés! Le plus cruel de tous,
C'est de vous avoir craint, d'avoir douté de vous.
Mais quand on commença d'accabler ma compagne,
Quand je voulus parler, vous étiez en campagne,
Et revenu d'hier....

DUPRÉ.
Quoique je fusse absent,

Tu devais éviter un éclat indécent;
Éloigner de chez toi ce créancier avare;
Te servir de ta caisse, et payant ce barbare,
Finir, en m'attendant, ce malheureux procès.

DUPONT.
Ma caisse est un dépôt, je dois mourir auprès.

DUPRÉ, à part.
Et voilà les mortels que l'orgueil humilie!
On cherche leurs défauts, et le reste on l'oublie.
Cet homme me ferait croire à la probité.

VALCOURT.

Dupont doit triompher de l'incrédulité.
Cœur vertueux et droit, bon père, époux fidèle,
Je ne rougirai pas d'en faire mon modèle.

DUPRÉ.

Ah ! je vous vois venir : vous allez m'excéder.
Croyez-vous que des mots puissent me décider ?
Si j'ai tout oublié, si je viens à son aide,
C'est qu'il est marié : c'est un mal sans remède.

AMÉLIE.

Il ne s'en repent pas.

DUPRÉ.

Eh ! vous n'en savez rien.

AMÉLIE.

Lui-même, il me l'a dit.

DUPRÉ.

Mais, il vous convient bien
De publier ainsi vos désirs, votre flamme.
Les femmes d'autrefois renfermaient dans leur ame
Leurs sentimens secrets. On les voyait, morbleu !
Faire, pendant trente ans, désirer un aveu.
Les temps sont bien changés, et...

AMÉLIE.

Que voulez-vous dire ?

DUPRÉ.

Qu'à chaque instant du jour dans vos yeux il peut lire.

AMÉLIE.

Je ne crois pas, monsieur, mériter la leçon.
On peut vous proposer l'exemple de Dupont,
Qui prouve que l'hymen n'est pas toujours à craindre

SCÈNE XIII.

Tout est dit. Je suis loin de vouloir vous contraindre
A cimenter des nœuds que vous désapprouvez :
Il n'en sera, monsieur, que ce que vous voudrez.
Je peux vous immoler mon amour, ma jeunesse.
Je dois ce sacrifice aux soins, à la tendresse
Dont vous m'avez comblée, et je veux désormais
Oublier mon amant, et n'en parler jamais.

DUPRÉ.

Vous ai-je demandé ce cruel sacrifice ?

AMÉLIE.

J'y suis déterminée ; il faut qu'il s'accomplisse.

DUPRE.

Vous me poussez à bout. Quel esprit singulier !
Est-ce pour le plaisir de vous contrarier
Que j'éloigne le jour de votre mariage ?
Dans tout ce que je fais, je veux votre avantage ;
Votre bien seul m'occupe, et je ne fais de vœux
Que pour votre bonheur.

VALCOURT.

     Mais Dupont est heureux.

DUPRÉ.

Vous me citez Dupont, un homme presqu'unique.

VALCOURT.

Le bonheur n'est donc pas un être chimérique,
Et pourquoi, plus que lui, serais-je malheureux ?

DUPRÉ.

Pourquoi ?.... pourquoi ?....

(A Dupont et à sa femme.)

     Répondez-moi tous deux.
Depuis combien de temps êtes-vous en ménage ?

MADAME DUPONT.

Depuis près de sept ans. Jamais aucun nuage
N'a troublé de nos jours le cours pur et serein.
Quand nous manquions de tout, l'espoir du lendemain
Adoucissait nos maux. Notre seule tendresse
Nous fait depuis long-temps supporter la détresse.
Les cœurs vraiment épris sont toujours courageux.

DUPRÉ.

Vous avez bien souffert?

MADAME DUPONT.

      Oui, mais nous étions deux.

VALCOURT.

De l'amour fortuné voilà bien le langage.
Nous nous aimons comme eux.

DUPRÉ.

      L'exemple m'encourage;
Mais je crains.....

M. ET MADAME DUPONT.

    Rendez-vous, couronnez leur amour.

DUPRÉ.

Et leurs cœurs détrompés m'accuseront un jour
D'avoir donné les mains.....

VALCOURT.

      Notre tendresse est pure.
Est-ce au sein du bonheur, monsieur, que l'on murmure?

DUPRÉ.

Malgré moi je me rends, et je sens que j'ai tort;
Mais, pour vous résister, je fais un vain effort.
Allons, mariez-vous, faites-en la folie,
Et puisse votre ardeur n'être point affaiblie

SCÈNE XIII.

Par les suites du nœud dont je vais vous unir !
De ma facilité n'allez pas me punir.

VALCOURT.

Cœur noble et vraiment bon !

DUPONT.

                Mon respectable maître !

MADAME DUPONT.

Ah ! nous vous bénissons.

VALCOURT.

              Ah ! je me sens renaître.

DUPRÉ.

Cessez de caresser ma sotte vanité :
J'ai tout fait pour la triste et faible humanité.

FIN DU PESSIMISTE.

LA JOUEUSE,

DRAME

EN TROIS ACTES ET EN VERS.

A Monsieur MONVEL.

Mon ami,

En vous offrant un ouvrage que vous faites si bien valoir, je satisfais à la reconnaissance, et je cède à l'impulsion des sentimens d'estime et d'amitié que vous m'inspirez déja. Puissiez-vous, pour l'intérêt du public et pour le mien, exercer long-temps ce talent qui séduit à si juste titre! Il assure les plaisirs de l'un et les succès de l'autre.

LEBRUN.

PERSONNAGES.

M. DE LIMEUIL.	M. Monvel.
Madame DE LIMEUIL.	Me Roubaud.
ANGÉLIQUE, fille de M. de Limeuil,	Me Saint-Clair.
VALVILLE, amant d'Angélique.	M. Saint-Clair.
Le MARQUIS DE MONTFORT,	M. Chatillon.
MARTON, femme de chambre de madame de Limeuil.	Mlle Semper.
Un LAQUAIS.	

La scène est à Paris, chez M. de Limeuil.

Représentée, pour la première fois, sur le théâtre du Palais-Royal, au mois de mai 1789.

LA JOUEUSE,

COMÉDIE.

ACTE PREMIER.

Le théâtre représente un salon. A la droite est un secrétaire, sur lequel sont des restes de bougies allumées. M. de Limeuil est enfoncé dans un fauteuil, et marque son impatience et son inquiétude.

SCÈNE I.

DE LIMEUIL, SEUL.

ELLE ne revient pas.... déja la nuit s'avance!...
Je compte les momens, et mon impatience
Appelle en vain l'objet qui règne sur mon cœur.
Son funeste penchant a détruit la douceur
De ces premiers momens dont le souvenir même
Calmerait mes chagrins, si le péril extrême
Où l'expose le jeu ne me désolait pas.
Elle est sage, il est vrai, mais elle a tant d'appas!...
Il est tant de dangers pour l'inexpérience!
Mon épouse au tombeau, je crus que la prudence,
Ma fille encore enfant, mon bonheur personnel,

Sur les pas de l'hymen m'entraînaient à l'autel.
L'amour fixa mon choix. O toi qui m'es si chère,
Je croyais te donner une seconde mère ;
Je me suis bien trompé, je le sens, je le vois....
Mais le devoir, au moins, n'a pas perdu ses droits,
J'ose encor l'espérer.... Modère tes alarmes ;
Ne préviens pas les coups, et renferme tes larmes,
Commande à ta tendresse, époux infortuné ;
Sers-toi de ton pouvoir.... Combien il est borné,
Quand il faut l'exercer sur une épouse aimable
Qu'on chérit tendrement...! je m'en trouve incapable.
Fatal amour du jeu, dans le plus droit des cœurs
Comment ont pénétré tes désirs, tes fureurs ?
Que deviendront les fruits d'un second hyménée,
Si par les passions leur mère est entraînée ;
Qu'elle s'oublie au point de dissiper leur bien ?
Pour assurer leur sort, je dois n'épargner rien.
Armons-nous de courage, et d'un esprit plus ferme,
A ses erreurs enfin osons poser un terme.
Sachons dans son principe arrêter le poison,
Et par les sentimens la rendre à la raison.

SCÈNE II.

De LIMEUIL, ANGÉLIQUE.

ANGÉLIQUE.

Quoi ! vous veillez encor ? Qu'avez-vous donc, mon père ?

DE LIMEUIL.

Ma fille, je n'ai rien.... j'attendais votre mère.

ACTE I, SCÈNE II.

ANGÉLIQUE, avec intérêt.

Vous l'attendez souvent.

DE LIMEUIL.

Il est vrai.

ANGÉLIQUE.

Si j'osais.
M'expliquer librement....

DE LIMEUIL.

Parlez.

ANGÉLIQUE.

Je vous dirais
Que je tremble qu'enfin....

DE LIMEUIL, cherchant à détourner la conversation.

Ton père te devine.
Valville aura parlé, le délai le chagrine;
Pour attendre long-temps il est trop amoureux.
Tu voudrais....

ANGÉLIQUE.

Je voudrais que vous fussiez heureux.
Je le désire en vain. Vos veilles et vos craintes....

DE LIMEUIL.

Mes craintes!

ANGÉLIQUE.

Oui, monsieur, sur votre front empreintes,
Elles percent déja malgré tous vos efforts:
Les chagrins que l'on tait sont toujours les plus forts.
Vous me les confîriez s'ils étaient ordinaires,
Et c'est leur excès seul....

DE LIMEUIL.

Ce sont quelques affaires

Qui m'occupent un peu.
    ANGÉLIQUE, peinée.
        Vous voulez me tromper.
Vous retenez l'aveu prêt à vous échapper !
Daignez ouvrir votre ame à votre tendre fille.
Si vous me la fermez, à qui dans la famille
Donnerez-vous le droit de calmer votre cœur?
Quand ma mère mourut, votre vive douleur
Fut, j'ose m'en flatter, par moi seule adoucie.
Rappelez-vous mes soins.
    DE LIMEUIL.
      Ah! je les apprécie.
Mais je n'avais que toi, mon enfant, et convien
Que les temps sont changés.
    ANGÉLIQUE.
       Eh, ne suis-je plus rien,
Parce que vous avez une seconde épouse?
Pour la première fois, ah! je serais jalouse
Des tendres sentimens qu'elle sait inspirer,
Si vous souffrez des maux que je doive ignorer.
    DE LIMEUIL.
Non, je ne souffre pas. Gardez-vous de le croire.
    ANGÉLIQUE.
Vous vous cachez de moi. Ma cruelle mémoire
Me retrace toujours ces plaintes, ces soupirs
Qu'arrache à votre cœur.... Cédez à mes désirs ;
C'est le plus tendre amour, hélas! qui vous implore.
    DE LIMEUIL, à part.
Ah! je vais me trahir, si je l'écoute encore.

ACTE I, SCÈNE II.

(Haut.)
Je voudrais être seul, ma fille, laissez-moi.

ANGÉLIQUE.

Vous voulez être seul? Ah! je vois bien pourquoi.
Vous craignez que mon cœur, trop tendre et trop sensible,
Ne l'éprouve avec vous ce sentiment pénible
Dont vous a pénétré l'aveugle amour du jeu.
Vous ne répondez pas.... Se taire est un aveu.
Permettez que du moins je partage vos peines.
Votre silence encore ajouterait aux miennes.
Parlez à votre fille; elle est à vos genoux.
Par grace, parlez-lui.

DE LIMEUIL.

Ma fille, levez-vous.
Je sens ce que je dois à cet amour si tendre
Qui vous guide vers moi. Si je pouvais m'y rendre,
J'aurais déja parlé : gardez-vous d'insister.
Peut-être ai-je un secret qu'il vous faut respecter.
Si vous voulez enfin obliger votre père,
Quels que soient vos soupçons, ménagez une mère.
A vos égards, ma fille, elle a des droits sacrés.
Les cœurs justes et bons sont toujours modérés :
Ne l'oubliez jamais. Si je souffre en silence,
Vous devez m'imiter. Souvent une imprudence
A causé bien des maux. Dans cette occasion
Vous n'avez qu'un parti, c'est la discrétion.
Allez, et si je peux croire à votre prudence,
Vous me la prouverez par votre obéissance.

ANGÉLIQUE.

Si vous me l'ordonnez.....

(Son père lui fait signe se sortir.)
Je me retire donc?

DE LIMEUIL.

Oui, vous m'obligerez. Faites venir Marton.

SCÈNE III.

DE LIMEUIL, SEUL.

Je brûlais de parler. J'ai dû, je dois me taire.
Un époux, honnête homme, est le dépositaire
De l'honneur de sa femme. Il faut être insensé
Pour découvrir le trait dont son cœur est blessé ;
Pour livrer au mépris la moitié de soi-même,
Et doubler ses tourmens par ceux de ce qu'on aime.

SCÈNE IV.

DE LIMEUIL, MARTON.

MARTON.

Monsieur veut me parler?

DE LIMEUIL.

Oui.

MARTON.

Que me voulez-vous?

DE LIMEUIL.

Madame va rentrer.

MARTON.

Mais, soit dit entre nous,

Elle rentre un peu tard.
DE LIMEUIL.
N'importe, il faut l'attendre.
MARTON.
Eh bien, je l'attendrai.
DE LIMEUIL.
Quelqu'un l'est venu prendre?
MARTON.
Le marquis de Montfort.
DE LIMEUIL.
Ce joli cavalier
Qui raisonne de tout?
MARTON.
Il devient familier.
DE LIMEUIL.
Puisqu'il plaît à madame, il doit être estimable.
MARTON.
Oh! sans difficulté.
DE LIMEUIL.
Si vous étiez capable
De vous imaginer....
MARTON.
Je n'imagine rien.
DE LIMEUIL.
Taisez-vous.
MARTON.
Je me tais.
DE LIMEUIL.
Et vous faites fort bien.
Je n'aime pas du tout que chez moi l'on s'ingère

De vouloir pénétrer....
MARTON.
Vous êtes bien sévère !
(A part.)
Madame est plus facile, elle me répondra.
DE LIMEUIL.
Montfort l'est venu prendre; il la ramènera.
MARTON.
Je le crois comme vous.
DE LIMEUIL.
Dès qu'il l'aura laissée,
Vous viendrez m'avertir.
MARTON, à part.
Dussé-je être chassée,
Mon devoir me l'ordonne, et je veux l'avertir....
DE LIMEUIL.
Si vous parliez plus haut, vous me feriez plaisir.
MARTON.
Tout comme il vous plaira. Mais dites-moi, de grace,
Pour obtenir la paix, ce qu'il faut que je fasse?
Si je parle trop haut, soudain vous m'arrêtez;
Si je parle trop bas, vous vous inquiétez:
Moi, je ne sais que faire.
DE LIMEUIL.
Obéir et répondre.
MARTON.
Tenez, mon cher monsieur, je ne puis me refondre.
Vous voulez que je parle, eh bien, je parlerai,
Et, si vous l'exigez, après je me tairai;
Mais je serai contente.

ACTE I, SCÈNE IV.

DE LIMEUIL.

Eh bien, parlez.

MARTON.

Madame....

DE LIMEUIL.

Voyons, qu'a-t'elle fait?

MARTON, à part.

Je vais lui percer l'ame.
Dois-je lui découvrir....

DE LIMEUIL.

Enfin, parlerez-vous?

MARTON.

C'est que je crains vraiment d'affliger un époux
Si sensible et si bon.

DE LIMEUIL.

Parlez, je vous l'ordonne.

MARTON.

Je ne résiste plus; mais ne vient-il personne?

DE LIMEUIL.

(A part.) (Haut.)
Que va-t-elle m'apprendre? Eh, personne ne vient.
Après?

MARTON.

Je ne sais pas, monsieur, s'il me convient
D'oser vous révéler.....

DE LIMEUIL.

Ce que je sais peut-être,
Et beaucoup mieux que vous.

MARTON.

Cela pourrait bien être,

Les hommes sont si fins!
DE LIMEUIL.
Je ne me pique pas
D'être très-pénétrant.
MARTON.
La comtesse, en ce cas,
Vous a tout avoué, n'est-il pas vrai?
DE LIMEUIL.
Sans doute.
MARTON.
Je ne l'aurais pas cru.
DE LIMEUIL.
Pourquoi?
MARTON.
C'est qu'il en coûte
De faire un tel aveu, surtout à son époux.
DE LIMEUIL.
Ma femme me connaît, je ne suis pas jaloux.
MARTON.
Aussi, n'avez-vous pas, monsieur, sujet de l'être.
DE LIMEUIL.
(A part.) (Haut.)
Bon. Et je suis très-loin, Marton, de le paraître.
Nos cœurs sont trop unis....
MARTON.
Je vous réponds du sien.
Si comme votre honneur ménageant votre bien....
DE LIMEUIL.
Ma femme joue? Eh bien, il faut qu'elle s'amuse.
Elle perd. Que veux-tu? son âge est son excuse.

ACTE I, SCÈNE IV.

Je me fais une loi de remplir ses désirs.

MARTON.

C'est qu'ils sont un peu chers.

DE LIMEUIL.

Il lui faut des plaisirs.
J'épargne, elle dépense.

MARTON.

Ah! quel cœur! Si madame....

DE LIMEUIL.

Je suis fait pour payer les dettes de ma femme.

MARTON.

Vous avez tout payé?

DE LIMEUIL.

Oui, Marton.

MARTON.

Quand?

DE LIMEUIL.

Ce soir.

MARTON.

Le marquis de Montfort....

DE LIMEUIL.

Exprès m'est venu voir.

MARTON.

On lui devait beaucoup.

DE LIMEUIL.

Non, une bagatelle.

MARTON.

Quarante mille francs!

DE LIMEUIL, à part.

Grand Dieu! que m'apprend-elle!

(Haut.)
Quarante mille francs, qu'est-ce donc que cela ?
Je ne m'affecte point de ces vétilles-là

MARTON.

Vous êtes généreux!

DE LIMEUIL.

Non, je suis équitable.
Je commence à vieillir; ma femme est jeune, aimable :
Je ne peux, mon enfant, lui tenir lieu de tout.
Le jeu lui fait plaisir, qu'elle suive son goût.

MARTON piquée.

Je croyais seule avoir toute sa confiance.

DE LIMEUIL.

J'avais aussi mes droits à cette confidence.

MARTON.

Je le vois bien, monsieur.

DE LIMEUIL.

Écoute-moi, Marton.
Depuis quinze ans et plus, tu sers dans ma maison.
Tu m'as toujours trouvé bon et généreux maître :
A mes premiers bienfaits j'ajouterai peut-être.
Ton sort est dans tes mains ; c'est à toi d'y penser.
Si de ce que j'ai dit, un mot vient à percer,
Je te chasse à l'instant.

MARTON.

La belle récompense!

DE LIMEUIL.

Mais aussi je saurai reconnaître un silence....

MARTON.

Ah! j'entends; ce secret....

DE LIMEUIL.
Non, ce n'en est pas un ;
Mais je veux t'éprouver. Je chargerai quelqu'un
De te veiller de près.

MARTON.
Monsieur, je suis muette.

DE LIMEUIL.
A madame, surtout, tiens la chose secrète.

MARTON.
Madame.... Elle sait tout.

DE LIMEUIL.
Sans doute elle le sait ;
Mais je suis singulier, le silence me plaît.
Pour la première fois, je prétends t'y contraindre.

MARTON.
Mais si l'on m'interroge?

DE LIMEUIL.
Il est aisé de feindre.

MARTON.
Oui, monsieur, fort aisé.

DE LIMEUIL.
Je compte donc sur toi?

MARTON.
Oui, monsieur.

DE LIMEUIL.
A ce prix tu peux compter sur moi.

SCÈNE V.

MARTON, SEULE.

Je l'ai dit mille fois, j'ai vraiment un bon maître.
Mais est-il aussi gai qu'il voudrait le paraître ?
C'est un homme sensé qui rit très-rarement.
Le bonheur du marquis l'égaie en ce moment.
Je n'y conçois trop rien. N'importe, il faut me taire :
Ma fortune en dépend. D'ailleurs je veux lui plaire,
Et puisque tout ceci cesse d'être secret,
Quel plaisir d'en parler?... Mais madame paraît.

SCÈNE VI.

MARTON, Le MARQUIS, Madame de LIMEUIL.

LE MARQUIS.
La séance, madame, est vraiment désastreuse.
MADAME DE LIMEUIL.
Éloignez-vous, Marton.
(Marton se retire dans le fond du théâtre.)

LE MARQUIS.
Vous n'êtes pas heureuse,
Il faut en convenir.
MADAME DE LIMEUIL.
Le destin me poursuit.
J'ai perdu constamment pendant toute la nuit.
Oui, je dois renoncer au penchant qui m'abuse.
Malheur à qui s'y livre!

ACTE I, SCÈNE VI.

LE MARQUIS.

Heureux qui s'en amuse.
De pareils accidens peuvent se réparer.
Un seul instant heureux....

MADAME DE LIMEUIL.

Il faut le rencontrer,
Et je n'y compte plus.

LE MARQUIS.

Ayez de la prudence.
Qui fait les frais du jeu? c'est l'inexpérience.
Perd-on, on se modère, on attend le moment.
Quand on est toujours calme, on gagne sûrement.
Écoutez mes conseils, et vous verrez vous-même...

MADAME DE LIMEUIL.

Je les ai trop suivis. Ce dangereux système
M'a mis dans l'embarras, et je veux m'en tirer.
Entre vos mains, marquis, voyez-moi l'abjurer
Ce fol amour du jeu. Pour jamais j'y renonce.

LE MARQUIS.

L'arrêt est un peu dur.

MADAME DE LIMEUIL.

Gaîment je le prononce.

LE MARQUIS.

Vous renoncez au jeu, parce que vous perdez;
Mais ce n'est qu'en jouant que vous regagnerez.
Abandonnerez-vous une somme aussi forte?
Vous savez....

MADAME DE LIMEUIL.

Oui, je sais que je vous dois. N'importe,
Je ferai face à tout, et je ne joûrai plus.

Épargnez-vous, marquis, des efforts superflus.
LE MARQUIS.
(A part.) (Haut.)
Ce n'est pas là mon compte. Et vous êtes capable
De résister long-temps ?
MADAME DE LIMEUIL.
Je suis inébranlable ;
Je vous le ferai voir.
LE MARQUIS.
Mais vous avez promis
De déjeuner demain avec tous nos amis :
Vous n'irez pas ainsi leur manquer de parole.
Que dirait-on de vous ? Ce prétexte frivole,
Ce projet de réforme est-il bien imposant ?
Aux yeux de bien du monde il paraîtra plaisant.
Quoi! vous prétendriez, à la fleur de votre âge,
Rompre avec les plaisirs, vivre avec votre sage,
Aux yeux de l'univers ainsi vous afficher ?
Non, vous n'en ferez rien. Dussiez-vous vous fâcher,
Je viens, midi sonnant, enlever ma comtesse.
MADAME DE LIMEUIL.
Oh! non pas, s'il vous plaît : je connais ma faiblesse.
Elle est rare, entre nous, et j'y succomberai.
On joûra de nouveau, de nouveau je perdrai.
C'est un parti bien pris, je ne veux pas vous suivre.
LE MARQUIS.
On peut se réformer; mais il faut savoir vivre.
On compte les momens où l'on ne vous voit pas.
La fête est un tribut offert à vos appas.

ACTE I, SCÈNE VI.

MADAME DE LIMEUIL.

Vous êtes séduisant, marquis; mais si je cède,
Je prétends composer.

LE MARQUIS.

     Pourvu qu'on vous possède,
On sera trop heureux. Voyons, expliquons-nous.

MADAME DE LIMEUIL.

N'est-il pas des plaisirs moins dangereux, plus doux,
Que ces amusemens créés par l'imposture?
Tôt ou tard on revient à la bonne nature.
Dans le fracas du monde on cherche la gaîté :
Elle est l'enfant chéri de la simplicité.

LE MARQUIS, ironiquement.

Je le sens comme vous, la nature est sublime,
Et le premier des biens est notre propre estime.
Oui, vous exercerez un pouvoir absolu,
Et l'on ne joûra pas, c'est un point résolu.

MADAME DE LIMEUIL.

A ces conditions je serai de la fête.

LE MARQUIS.

Et vous l'embellirez.

MADAME DE LIMEUIL.

     Vous êtes trop honnête.
Je ne joûrai donc plus. Il faut au moins compter.
Quel temps me donnez-vous, marquis, pour m'acquitter?

LE MARQUIS.

Vous pensez à cela! mais, vous êtes trop bonne.
J'oblige, quand je peux; je ne gêne personne.

MADAME DE LIMEUIL.

Il faut pourtant finir.

LE MARQUIS.

Eh bien! nous finirons.

MADAME DE LIMEUIL.

Mais je voudrais compter.

LE MARQUIS.

Eh bien! nous compterons.

MADAME DE LIMEUIL.

Encore, que vous dois-je?

LE MARQUIS.

Oh! finissez, de grace.
Un tel empressement annonce une disgrace.
On ne compte jamais avec ses vrais amis.

MADAME DE LIMEUIL.

C'est pourtant le moyen d'être toujours unis.

LE MARQUIS.

Oui, quand on veut fixer des ames ordinaires.
Je n'ai jamais suivi les usages vulgaires.
J'ai ma façon de voir, et vous en conviendrez.

MADAME DE LIMEUIL, finement.

Pour mon repos, monsieur, vous me l'expliquerez.

LE MARQUIS.

(A part.)   (Haut.)

L'instant est presque sûr. Lisez donc dans mon ame.
Le plus pur sentiment la soutient et l'enflamme.
La raison le confirme, et mon attachement,
Quelque force qu'il ait, croît à chaque moment.

MADAME DE LIMEUIL.

C'est assez, brisons là.

LE MARQUIS.

Vous rejetez l'hommage

ACTE, I, SCÈNE VI.

Que l'on rend à des yeux....

MADAME DE LIMEUIL.

Pensez-vous au langage
Que vous tenez, marquis? Ai-je pu mériter....

LE MARQUIS.

Vous ne m'entendez pas.

MADAME DE LIMEUIL, finement.

Non?

LE MARQUIS.

Daignez m'écouter.
On n'est pas criminel pour être né sensible.
Des talens, des vertus l'empire irrésistible
Dès mon enfance empreint dans le fond de mon cœur...

MADAME DE LIMEUIL.

Cela peut-être vrai.

LE MARQUIS.

Vous me faites honneur.

MADAME DE LIMEUIL.

Mais, tout éloge outré devient une ironie :
Laissons mes qualités.

LE MARQUIS.

C'est une tyrannie.
N'importe, vous parlez, on vous obéira.
S'il le faut, en silence on vous admirera.

MADAME DE LIMEUIL, gaiment.

En silence, d'accord. Reprenons notre affaire.

LE MARQUIS.

Mais tout est arrangé, ce me semble.

MADAME DE LIMEUIL.

Au contraire,

Nous n'avons rien fini.

LE MARQUIS.

Mais convenez du moins
Qu'il est de vrais amis, de qui les tendres soins
Peuvent nous consoler de toutes nos disgraces;
Que c'est au sentiment d'en effacer les traces.

MADAME DE LIMEUIL.

Après ?

LE MARQUIS.

Que c'est au sein d'une tendre amitié
Que le malheur finit, et peut être oublié;
Que sa touchante voix parle, subjugue, entraîne.
Heureux qui s'y soumet !

MADAME DE LIMEUIL.

Oui, je le crois sans peine.
Vous peignez à merveille.

LE MARQUIS.

Ah ! je peins le bonheur,
Un bonheur pur et vrai. Livrez donc votre cœur
A ces sensations que j'ose vous dépeindre.

MADAMF DE LIMEUIL.

J'en conçois la douceur; mais j'ai tout lieu de craindre
Que mes torts répétés, ma dissipation,
Ne troublent les douceurs d'une telle union.
Vous peignez un ami si tendre, si sensible....

LE MARQUIS.

On peut le rassurer.

MADAME DE LIMEUIL.

Le croyez-vous possible ?

ACTE I, SCÈNE VI.

LE MARQUIS.

Et quel est le mortel qui ne fût trop heureux
De vous offrir sa bourse et de combler vos vœux?
(A part.)
Elle se rend enfin.

MADAME DE LIMEUIL.

Ah! si j'osais vous croire,
Que mon sort serait doux!

LE MARQUIS.

Douter de la victoire,
Madame, est une erreur....

MADAME DE LIMEUIL.

Mais, vraiment, croyez-vous
Que je trouverai grace aux yeux de mon époux?

LE MARQUIS.

Quoi, c'est de votre époux dont vous parlez, madame?

MADAME DE LIMEUIL.

De qui donc, s'il vous plaît?

LE MARQUIS, à part.

Je crois que cette femme
S'amuse à mes dépens.

MADAME DE LIMEUIL.

Parlez, rassurez-moi:
Soyez mon confident.

LE MARQUIS.

Ah! le charmant emploi!

MADAME DE LIMEUIL.

Vous avez commencé, finissez votre ouvrage.

LE MARQUIS.

Je ne me mêle pas d'affaires de ménage.

MADAME DE LIMEUIL.
Vous m'assurez, marquis, d'un entier dévoûment,
Et...
LE MARQUIS.
Mais... j'ai tout à coup changé de sentiment.
MADAME DE LIMEUIL, sérieusement.
Vous prenez, croyez-moi, le parti le plus sage :
Vous auriez tort, monsieur, d'espérer davantage.
Vos feux sont très-légers, un jour les calmera.
Ma note, s'il vous plaît.
LE MARQUIS, à part.
Le jeu me vengera.
(Il tire ses tablettes, et remet un papier à madame de Limeuil.)
MADAME DE LIMEUIL.
Très-inutilement, marquis, je vous arrête.
Au plus tard à midi vous me trouverez prête.
(Le marquis salue, et sort avec Marton.)

SCÈNE VII.

MADAME DE LIMEUIL, SEULE, lisant la note du marquis.

Ai-je pu jusque-là me laisser aveugler !
La somme m'épouvante.... Il faut pourtant parler....
Oui, je lui dirai tout ; j'en aurai le courage.
En avouant ses torts, un cœur droit se soulage.
Il verra mes regrets, et me pardonnera.
De mes fautes enfin mon bonheur renaîtra.
Me fallait-il, hélas ! cette épreuve cruelle
Pour soumettre au devoir une femme, rebelle

Aux conseils d'un époux, à sa tendre amitié,
Et pour que devant lui mon front humilié....

SCÈNE VIII.

M. ET Madame de LIMEUIL.

MADAME DE LIMEUIL, avec aménité.

Vous ne reposez pas?

DE LIMEUIL.

Eh! le puis-je, madame?
Il n'est pas de repos quand on craint pour sa femme.
C'est un malheur cruel que de savoir aimer.
Que je plains un vieillard qui se laisse enflammer!

MADAME DE LIMEUIL.

Arrêtez, mon ami, vous me faites outrage.
Vous m'êtes toujours cher. Eh! que m'importe l'âge?
C'est par ses qualités que l'on sait s'embellir.
Un estimable époux peut-il jamais vieillir?

DE LIMEUIL.

Que je serais heureux, si vous étiez sincère!
Votre conduite, hélas! me prouve le contraire.
Non, vous ne m'aimez pas, je le sens; mais enfin
Je saurai me soumettre aux rigueurs du destin.
Tandis que loin de moi votre mérite brille,
Je me vois solitaire au sein de ma famille,
Et je n'ai nul appui qui soutienne mon cœur.

MADAME DE LIMEUIL.

Calme-toi, cher époux; un penchant séducteur,
Je l'avoue à regret, a surpris ma jeunesse.

Dans tes bras, mon ami, j'abjure ma faiblesse.
Tu peux te confier à ma sincérité :
Pardonne mes erreurs, j'implore ta bonté.

DE LIMEUIL.

Tu dois, ma chère amie, être sans défiance,
Et, d'après tes regrets, croire à mon indulgence...
Remettons-nous tous deux... Parlons tranquillement.
Comment l'amour de l'or peut-il un seul moment
Te tenter, te soustraire à ma vive tendresse?
Formes-tu des souhaits, que mon cœur ne s'empresse
A voler au-devant de tes moindres désirs?
Je connais la jeunesse, il lui faut des plaisirs;
Je me prête à tes goûts; qu'ils soient du moins honnêtes.
Laisse les insensés affronter les tempêtes;
Que, sans frein, sans pudeur ils bravent les regards:
Qui n'a rien à risquer s'abandonne aux hasards.
Mais toi, toi que le ciel plaça dans l'abondance,
Tu ne peux excuser ta fatale imprudence.
Elle a fait ton malheur, elle assurait le mien :
Sans le repos du cœur il n'est pas de vrai bien.
Ce repos précieux est bien loin du supplice
Qui tourmente un joueur.

MADAME DE LIMEUIL.

      Ah, que le mien finisse!
J'ai trop long-temps du sort éprouvé le courroux.
J'ai vécu pour jouer; je veux vivre pour vous.

DE LIMEUIL.

Il est donc arrivé l'instant qui nous rassemble!

MADAME DE LIMEUIL.

Dans le sein de la paix nous allons vivre ensemble.

ACTE I, SCÈNE VIII.

Ta bonté me confond; je veux la mériter,
En renonçant au monde.

DE LIMEUIL.

Avant de le quitter,
N'as-tu besoin de rien? Si j'en crois l'apparence...

MADAME DE LIMEUIL.

Oui, tu peux ajouter à ma reconnaissance.

DE LIMEUIL.

Ce n'est pas à présent qu'il faut dissimuler.
Tu dois...

MADAME DE LIMEUIL.

Mais...

DE LIMEUIL.

Je paîrai.

MADAME DE LIMEUIL, à part.

Comment lui dévoiler..

DE LIMEUIL.

Tu balances; pourquoi?

MADAME DE LIMEUIL.

Monsieur...

DE LIMEUIL.

Allons, courage.

MADAME DE LIMEUIL.

Ah! mon cœur est si plein!

DE LIMEUIL.

. Que ce cœur se soulage.
Si tu veux te soustraire à de nouveaux malheurs,
Il faut à ton ami confesser tes erreurs.

MADAME DE LIMEUIL.

La crainte me retient.

DE LIMEUIL.

Que ta vertu la dompte :
C'est à se dégrader qu'on doit mettre la honte.
Trop heureux les mortels qui se sont égarés,
Par leurs propres erreurs lorsqu'ils sont éclairés!
On gagne, chère amie, à faillir de la sorte.
Les fautes d'un ami, l'amitié les supporte.
Elle seule soutient la triste humanité,
Et ne s'indigne pas de sa fragilité.
Eh! qui saurait, hélas! où placer sa tendresse,
S'il ne fallait aimer que des cœurs sans faiblesse?
Ouvre-moi donc le tien, tu le dois, je le veux.

MADAME DE LIMEUIL, à part.

Qu'avec un tel époux ce moment est affreux !

(Lui donnant la note du marquis.)

Tenez, lisez, monsieur, et jugez ma conduite.

DE LIMEUIL, après avoir lu.

Elle est folle, entre nous; mais l'amour en profite
Pour te rendre à l'honneur, pour rétablir ses droits,
Jouir de ton retour, retrouver à la fois
Une épouse fidèle, une mère sensible
Rendue à ses devoirs.

MADAME DE LIMEUIL.

Comment ! est-il possible
Qu'un époux, des enfans oubliés, méconnus...

DE LIMEUIL.

Depuis trois jours entiers tu ne les as pas vus;
Mais leur sort changera, j'en reçois l'assurance.

MADAME DE LIMEUIL.

Croyez-en mes sermens.

DE LIMEUIL.

     L'exacte bienséance
Nous défend de devoir plus long-temps au marquis :
Par le moindre délai nous serions compromis.
Je crois présentement connaître à fond cet homme.
Demain à ton réveil je te porte ta somme,
Si tu le trouves bon.

MADAME DE LIMEUIL.

     C'est combler mes souhaits.

DE LIMEUIL.

Ainsi donc, nous voilà tous les deux satisfaits.
Tu vois de quoi dépend le bonheur de la vie ;
D'un moment de raison.

MADAME DE LIMEUIL.

     Ah ! mon ame ravie
Bénira le destin dont j'éprouvai les coups :
Sans lui je n'aurais pas retrouvé mon époux.
Toute entière à l'erreur, j'ignorerais encore
Ces touchantes vertus dont mon sexe s'honore.
On ne les acquiert pas dans un monde trompeur.
Sans elles il n'est pas de solide bonheur ;
Tu viens de m'en convaincre... A propos, ta prudence
Peut seule me sauver de mon inconséquence.
J'ai promis au marquis...

DE LIMEUIL.

    Quoi ?

MADAME DE LIMEUIL.

      De l'accompagner
Chez la jeune comtesse, où l'on doit déjeûner,
Et je voudrais pouvoir retirer ma parole.

Je me suis avancée, et cela me désole.
DE LIMEUIL.
Mais il doit s'y trouver quelques honnêtes gens?
MADAME DE LIMEUIL.
Oui, monsieur, et beaucoup.
DE LIMEUIL.
Soyons donc indulgens.
On doit beaucoup, ma chère, au monde qu'on méprise;
On ne peut le changer, et le fuir est sottise :
Il faut le fréquenter avec précaution.
Un dédain trop marqué n'est qu'affectation.
Je ne suis pas du tout pour les partis extrêmes.
Peut-être vos amis m'accuseraient eux-mêmes
D'être trop exigeant, de contraindre vos goûts,
Et leur malignité retomberait sur vous.
Votre société paraît dispendieuse;
Même, à certains égards, je la crois dangereuse.
Rompez, c'est mon avis, mais rompez par degrés :
Vos motifs et les miens doivent être ignorés.
Il faut dans tous les temps agir avec prudence,
Et dans un ami sûr mettre sa confiance.
MADAME DE LIMEUIL.
Quoi? sérieusement...
DE LIMEUIL.
Madame, vous irez.
MADAME DE LIMEUIL.
Mais, je crains qu'on y joue.
DE LIMEUIL.
Eh bien, vous y joûrez.
Il est un jeu permis pour une femme honnête,

Qui repose l'esprit, sans échauffer la tête ;
Qui proscrit les fureurs, les aveugles désirs,
Et qu'on peut mettre au rang des innocens plaisirs.
Je compte incessamment augmenter ma famille.
Valville est honnête homme, il prétend à ma fille ;
C'est sans doute un hymen que vous approuverez.
Dès qu'il sera conclu, sans crainte vous pourrez
Rompre avec vos amis. Vous leur ferez entendre
Que vous devez vos soins à ma fille, à mon gendre.
Allez, et livrez-vous avec sécurité
Aux douceurs du repos... que vous m'aviez ôté.

FIN DU PREMIER ACTE.

ACTE SECOND.

SCÈNE I.

VALVILLE, ANGÉLIQUE.

VALVILLE.

Oui, monsieur de Limeuil, sensible à mon amour,
Me permet d'espérer qu'il fixera le jour
Où vous partagerez la plus pure tendresse.
Je ne peux y penser sans être dans l'ivresse !
Nous serons donc unis ! les plus doux sentimens
Formeront ce lien, dicteront mes sermens...!
Mais... ne puis-je être utile à l'homme respectable
A qui je devrai tout ?

ANGÉLIQUE.
    Cette idée est louable,
Et bien digne de vous.

VALVILLE.
    Je le crois malheureux.

ANGÉLIQUE.

Il est des sentimens, tristes ou douloureux,
Que détruisent les soins d'une amitié sincère,
Et je ne doute pas que vous n'aimiez mon père.

VALVILLE.

Ah ! je l'aime en effet, et je veux aujourd'hui.

Si vous me secondez, m'acquitter envers lui.
ANGÉLIQUE.
Sur son pénible état il m'impose silence.
VALVILLE.
Laissez un libre cours à ma reconnaissance.
Vous en avez trop dit pour ne pas achever,
Et si je vous suis cher, il faut me le prouver.
ANGÉLIQUE.
Non, ses moindres désirs sont une loi suprême
Que je dois révérer : j'en appelle à vous-même.
Voyez, et jugez-moi.
VALVILLE.
    Je ne peux vous blâmer :
Son secret est à lui. Vous devez renfermer
Au fond de votre cœur ce que sa confiance
Vous a permis de voir ; mais c'est à ma prudence
A lire dans son ame, y chercher ses chagrins,
De leur malignité détruire les venins,
Rappeler son courage en effaçant ses peines,
Ou supporter ma part du fardeau de ses chaînes.
Il paraît.

SCÈNE II.

VALVILLE, DE LIMEUIL, ANGÉLIQUE.

DE LIMEUIL.
  Eh! bonjour, mes chers, mes vrais amis.
En tiers dans l'entretien ne pourrais-je être admis?
Si je devine juste, en vous trouvant ensemble,
Ce n'est pas la froideur qui tous deux vous rassemble :

Les cœurs indifférens ne se cherchent jamais.
Aimez-vous, mes enfans, vous pouvez, désormais,
A vos tendres désirs vous livrer sans partage.
L'hymen et ses douceurs conviennent à votre âge :
Je viens, mon Angélique, en presser le moment.
Les jours que nous perdons renaissent rarement.
Il faut de ton amant couronner la constance,
Et par votre bonheur doubler mon existence.

ANGÉLIQUE.

Quoi que vous décidiez, c'est à moi d'obéir.

DE LIMEUIL.

Ce n'est pas là le mot dont tu dois te servir.
Angélique jamais n'a pu craindre son père :
Avec un ami tendre on doit être sincère.

ANGÉLIQUE.

Ah! vous êtes bien sûr de ma soumission.

DE LIMEUIL.

Cela ne suffit pas dans cette occasion.
Se marier n'est rien, c'est tout que d'être heureuse.
Ta réserve envers moi peut être dangereuse.
Prononce, mon enfant, sans feinte et sans détour;
Fais taire le devoir, laisse parler l'amour :
Qu'il décide entre nous... tu gardes le silence?

ANGÉLIQUE, avec modestie.

C'est vous en dire assez.

DE LIMEUIL.

    Ah! mon impatience
Attendait cet aveu.

ANGÉLIQUE.

    Vous pouviez le prévoir.

Valville est vertueux.
>### DE LIMEUIL.
>>Qu'il soit heureux ce soir :

Je vais tout préparer.
>### VALVILLE.
>>Souffrez que ma tendresse

Ose exiger de vous, monsieur, une promesse
Qui doit mettre le comble à des bienfaits si doux.
>### DE LIMEUIL.
Puis-je refuser rien, Valville, à son époux ?
>### VALVILLE.
Ah ! ce mot seul suffit à mon ame ravie !
Je veux, dès ce moment, vous consacrer ma vie;
N'exister que pour vous ; prévenir vos souhaits;
Porter dans votre cœur le bonheur et la paix.
Je ne vous quitte plus, et mon aimable épouse
Partagera mes soins, sans en être jalouse.
>### DE LIMEUIL.
Voilà des sentimens nobles et généreux :
Ils ne m'étonnent pas, je vous connais tous deux.
Mais êtes-vous certains que la froide vieillesse
Ne rebutera pas l'amour et la jeunesse ?
Votre âge, mes enfants, est celui des plaisirs :
Il ne me reste plus que quelques souvenirs.
Ce cœur flétri bientôt, ne pourra vous entendre;
Vous ne vous devez pas en tribut à sa cendre.
>### VALVILLE.
Je connais mes devoirs, et je les remplirai :
Je ferai plus encor, et je les aimerai.
Cessez de m'opposer vos tristes destinées :

D'un bon père jamais compte-t-on les années?
DE LIMEUIL.
Je me livre sans peine à cette illusion;
Mais j'y mets à mon tour une condition
Nécessaire entre nous; la raison l'autorise.
Promettons-nous tous trois d'agir avec franchise.
Un jour viendra, peut-être, où nous nous gênerons.
ANGÉLIQUE.
Si ce jour vient jamais, oui, nous en conviendrons.
DE LIMEUIL.
Vous me le promettez?
ANGÉLIQUE.
     Bien aisément, mon père,
Et sans nous exposer.
DE LIMEUIL.
    Tu le crois?
ANGÉLIQUE.
       Je l'espère.
DE LIMEUIL.
J'en accepte l'augure, et je vais, mes enfans,
Fixer par votre hymen le sort de mes vieux ans.

SCÈNE III.
VALVILLE, ANGÉLIQUE.

ANGÉLIQUE.
Et voilà le mortel qu'a choisi mon estime!
Il m'honore à mes yeux, et le feu qui m'anime
Peut, dans sa pureté, paraître devant vous:
On ne doit pas rougir d'adorer son époux.

ACTE II, SCÈNE IV.

VALVILLE.

Nous allons donc enfin exister l'un pour l'autre ?
Quel bonheur, chère amie, égalera le nôtre ?
Pour deux tendres amans, ah, que l'hymen est doux !
Il faut, pour le sentir, s'aimer autant que nous.

ANGÉLIQUE.

Tout ce que vous sentez, comme vous je l'éprouve ;
Les vœux que vous formez, la vertu les approuve.
Quel père que le mien ! Je lui dois la douceur
De donner à la fois et ma main et mon cœur.

VALVILLE.

Son épouse trompée, et toujours estimable,
Des fautes de l'esprit seulement est coupable.
Pour bannir le marquis unissons nos efforts :
Les amis les plus vrais sont toujours les plus forts.

SCÈNE IV.

VALVILLE, MARTON, ANGÉLIQUE.

MARTON, avec la plus grande gaité.

Ah ! vous voilà, monsieur... C'est vous, mademoiselle ?
J'accours pour vous apprendre une grande nouvelle.
On vous marie, enfin.

VALVILLE, souriant.

      Quoi, sérieusement ?

MARTON.

Il n'est rien de plus sûr : monsieur en un moment
Vient de tout ordonner à son homme d'affaires.
« Dépêchez-vous, dit-il, allez chez les notaires...

« Habits, modes, bijoux, équipages nouveaux,
« Tout cela dans les goûts les plus frais, les plus beaux ;
« Courez, n'épargnez rien pour ma fille et mon gendre.»
J'avais tant de plaisir à le voir, à l'entendre
Se livrer sans réserve à toute sa bonté,
Que je ne bougeais pas, quoiqu'il m'ait répété
Deux ou trois fois, au moins : Eh ! va donc, va leur dire
De me venir trouver.

VALVILLE.

Mais, où ?

MARTON.

C'est pour vous lire
Les articles qu'il veut insérer au contrat.
Vous pouvez avec lui finir sans avocat.
Allez, il vous attend.

VALVILLE.

Où ?

MARTON.

C'est que sa tendresse
Lui rend toute l'ardeur qu'il eut dans sa jeunesse.
La gaîté dans le cœur, le plaisir dans les yeux...
Ce mariage-là fera bien des heureux.
Mais allez donc, allez.

VALVILLE.

J'admire cette fille.

MARTON.

La tête doit tourner à toute la famille.
Pour moi, je n'en ai plus, je vous le dis tout net.

VALVILLE, criant.

Mais, où nous attend-il ?

MARTON.
>   Ah!... dans son cabinet.

SCÈNE V.

MARTON, SEULE.

Je brûle de vous voir avec votre parure.
Qu'on a raison d'unir les arts à la nature!
Ils ajoutent un charme à la simple beauté ;
Font briller la laideur d'un éclat emprunté ;
Inspirent le plaisir, embellissent la vie,
Et font naître les fleurs sous les pas de l'envie.
Ai-je tort, répondez?... Ils sont déja bien loin,
Et ma description s'est faite sans témoin.

SCÈNE VI.

MARTON, MADAME DE LIMEUIL.

MADAME DE LIMEUIL.
Je rentre en frémissant.
>   MARTON.
>   Livrons-nous à la joie.
MADAME DE LIMEUIL.
Que vais-je devenir?
>   MARTON, à part.
>   Le jeu nous la renvoie.
Prêtons un peu l'oreille.
MADAME DE LIMEUIL, se jette dans un fauteuil.
>   Oui, le sort en fureur

Épuise contre moi tous les coups du malheur...
Soixante mille francs.... Quel excès... Quelle perte !

MARTON, à part.

Soixante mille francs !

MADAME DE LIMEUIL.

      Pas une bourse ouverte.
Le marquis me refuse ; il semble qu'avec lui
La rage et ses serpens conjurent aujourd'hui.

MARTON, à part.

L'accès est violent.

MADAME DE LIMEUIL.

      Contiens-toi, malheureuse,
Et n'impute qu'à toi ta destinée affreuse.
Tu trahis tes enfans, tu ruines ton époux,
Et tu voudrais couler des jours calmes et doux !

MARTON, à part.

Ah ! bon dieu !

MADAME DE LIMEUIL.

     Le bonheur n'est pas fait pour le vice...
Contemple ton ouvrage, homme plein d'artifice ;
Jouis de mon état, souris de mes douleurs ;
Que ta férocité s'abreuve de mes pleurs...
Eh ! pourquoi l'accuser ? C'est ma fatale ivresse...

MARTON.

(A part.)   (Haut.)
La force l'abandonne... Ah ! ma chère maîtresse !

MADAME DE LIMEUIL.

Laissez-moi, laissez-moi.

MARTON.

     Tout peut se réparer.

ACTE II, SCÈNE VI.

MADAME DE LIMEUIL, *après avoir fixé Marton.*
Se réparer, dis-tu?

MARTON.
J'ose vous l'assurer,
Et monsieur de Limeuil est trop heureux, madame,
Pour qu'il fasse éprouver un refus à sa femme.

MADAME DE LIMEUIL.
Moi, m'adresser à lui! j'aimerais mieux mourir.
Qu'il soit heureux, Marton, et me laisse souffrir.

MARTON.
Hélas! que je vous plains!

MADAME DE LIMEUIL.
Ta plainte m'importune,
Et ne saurait changer mon cœur ni la fortune.
De l'encre, du papier.

MARTON, *allant au secrétaire.*
En voici.

MADAME DE LIMEUIL.
J'écrirai.
C'est un homme, après tout, et je le toucherai.
Son amour me déplaît; mais le marquis est tendre.
La voix du désespoir saura se faire entendre...
Que dis-je? si j'écris, je lui donne des droits;
Du plus saint des devoirs je méconnais les lois.
Non, je peux me soumettre à mon destin funeste;
Mais je prétends, au moins, que ma vertu me reste.

MARTON, *montrant le secrétaire.*
Voulez-vous....

MADAME DE LIMEUIL.
C'est assez. Dans ce besoin urgent

Je ne peux me sauver qu'en trouvant de l'argent.
Qui sait si le hasard...

MARTON, avec timidité.

Je vous offre ma bourse.

MADAME DE LIMEUIL.

C'est, ma chère Marton, une faible ressource.
J'accepte cependant.... Mais, non, garde ton or.
Je ne peux à ce point me dégrader encor.

MARTON.

Si madame voulait être un peu plus tranquille,
J'irais trouver quelqu'un....

MADAME DE LIMEUIL.

Qui?

MARTON.

Monsieur de Valville.
Il va se marier, il est sensible et doux;
Du plaisir d'obliger il se montre jaloux.
S'il vous voit rarement, il aime son beau-père.
Et d'Angélique enfin il sauvera la mère.

MADAME DE LIMEUIL.

Moi, sa mère, Marton! ah! je le voudrais bien.
Je pouvais l'être, hélas! et je ne lui suis rien.
Valville le sent trop, et mon extravagance
Ne lui peut inspirer que de l'indifférence.
Ils vont tous me haïr; je le sens, j'en frémis,
Et je n'ai plus le droit de trouver des amis.

MARTON.

Vous en aurez toujours.

MADAME DE LIMEUIL.

Il me vient une idée,

ACTE II, SCÈNE VI.

Et je vais la saisir... Oui, j'y suis décidée.
Volez à mon bureau, prenez mes diamans.

MARTON.

Madame, la raison...

MADAME DE LIMEUIL.

    Point de froids argumens.
Cela me déplairait, et je vous le déclare.
Mon malheur vient du jeu; que le jeu le répare.
Obéissez.

MARTON.

   Madame... Ah! daignez m'avouer....

MADAME DE LIMEUIL.

Je vais les engager, les vendre, les jouer.

MARTON.

Pour la dernière fois, madame permet-elle...

MADAME DE LIMEUIL.

Pour la dernière fois, marchez, mademoiselle.

MARTON.

Je résiste à regret; je tombe à vos genoux.

MADAME DE LIMEUIL.

Prenez mes diamans, allez, m'entendez-vous?...
On peut tout employer dans un besoin extrême.
Prenez-les sans témoin, donnez-les-moi de même.
 (Voyant Marton rester.)
Vous finirez, Marton, par vous faire haïr.
Votre devoir ici se borne à m'obéir.
    (Marton prend un air suppliant, madame de
    Limeuil la renvoie avec un geste d'autorité.)

SCÈNE VII.

Madame de LIMEUIL, seule.

D'un sentiment secret j'éprouve la puissance ;
Le sort, pour nous calmer, nous laisse l'espérance.
Flatteuse illusion, viens consoler mon cœur :
L'infortune a son terme, ainsi que le bonheur.
Je peux en un moment oublier mes disgraces ;
Aux yeux de l'univers en effacer les traces ;
Vivre heureuse et tranquille au sein de l'amitié,
Et renverser l'autel où j'ai sacrifié.
Marton revient deja... Que vois-je !... C'est la foudre !...
A paraître à ses yeux il faut donc me résoudre.

SCÈNE VIII.

De LIMEUIL, et Madame de LIMEUIL.

DE LIMEUIL.

Ah !... je suis enchanté que vous soyez chez vous.
Partagez avec moi les transports les plus doux.
J'ai retrouvé ma femme, et j'établis ma fille.
Vous souperez ici ? Nous serons en famille,
Et vous ajouterez à la félicité
De nos jeunes époux.

MADAME DE LIMEUIL, contrainte.

C'est votre volonté...

DE LIMEUIL.

Ce n'est point là du tout ce que je vous demande,
Et la gaîté du cœur jamais ne se commande.

On doit signer ce soir, et nous serons joyeux.
Nous rirons entre nous comme nos bons aïeux.
J'ai banni l'importun, la triste indifférence,
Les amis simulés et la sotte importance :
On gêne un sentiment qu'on ne partage pas.
Je cherche le plaisir, j'évite l'embarras,
Et déja je crois voir l'amour et la jeunesse
Se livrer sans contrainte à leur touchante ivresse.

MADAME DE LIMEUIL.

Oui.... vous avez raison.

DE LIMEUIL.

      Ce tableau vous plaira.
Valville est agréable, il vous amusera.

MADAME DE LIMEUIL.

Oui, beaucoup.

DE LIMEUIL.

      Vous verrez mon aimable Angélique,
Tendre avec modestie... Oh! c'est un couple unique.

MADAME DE LIMEUIL.

Oui.

DE LIMEUIL.

Je donne deux jours au cérémonial :
Il faut s'y conformer, quoique ce soit un mal.
Ces deux jours écoulés, je pars pour la campagne...
Angélique, mon gendre, une sage compagne...

MADAME DE LIMEUIL.

Ah!

DE LIMEUIL.

Rempliront mon cœur, combleront mes désirs,
Et toujours plus aimés, charmeront mes loisirs.

C'est là que tu verras l'étonnante nature
Ouvrir son sein fécond, céder à la culture,
Et l'honnête homme heureux recueillir ses trésors.
Si pour les arracher il fait quelques efforts,
Il en jouit en paix dans son obscur asile,
Et les simples vertus ornent son domicile.
(Ici madame de Limeuil s'attendrit par degrés.)
Les paysans sont vrais, nous les rechercherons ;
Nous leur ferons du bien, et nous les aimerons :
Un prince vertueux nous en donne l'exemple. (*)
La France le chérit, l'Europe le contemple.
A ses yeux paternels ses sujets sont égaux ;
Il respire pour eux, il efface leurs maux ;
Il règne par l'amour et par la bienfaisance,
Et c'est sur ses vertus qu'il fonde sa puissance.

MADAME DE LIMEUIL.

Vous avez pour bien peindre un talent enchanteur...
J'admire... de vos traits le coloris flatteur...
Mille objets... tour à tour... par ce touchant langage,
Brillent d'un nouveau lustre et le rendent au sage.

DE LIMEUIL.

D'estimables voisins sans doute nous verront,
Et je crois qu'à leur tour ils vous estimeront.
Vous êtes modérée, honnête, douce, affable,
Et voilà ce qui rend une femme agréable.
Vous n'aurez qu'à vouloir, et l'on vous chérira.
Le ton d'un campagnard d'abord vous ennuira ;

(*) Ces vers indiquent quelle était encore à cette époque l'opinion publique.

Mais si l'on ne voit pas les grands airs au village,
On y trouve des cœurs, et cela dédommage.
Eh, de quoi jouit-on dans un monde trompeur !
On s'égare sans cesse en cherchant le bonheur :
Vous l'éprouvez vous-même, et votre ame sensible
N'emporte du passé qu'un souvenir pénible.
(Madame de Limeuil fond en larmes.)

Tu pleures... J'aurais dû ne pas te rappeler...
C'est la dernière fois que je veux en parler :
Pardonne d'un époux la tendre inquiétude.
Ton retour est parfait, j'en ai la certitude,
Et je veux en silence en goûter les douceurs.
Oui, je te le promets. Allons, sèche tes pleurs.
De l'oubli de mes torts accorde-moi ce gage,
(Il l'embrasse.)
Et que ce jour heureux s'écoule sans orage.

UN LAQUAIS.

Monsieur, on vous demande.

DE LIMEUIL.

Allez, je suis vos pas.

SCÈNE IX.

Madame de LIMEUIL, seule.

Ah! quand je l'assassine, il m'ouvre encor ses bras!...
Avec lui je gardais un silence farouche ;
Je sentais mon secret s'échapper de ma bouche :
Je me suis contenue... Eh! comment m'excuser?
A de nouveaux dangers ai-je pu m'exposer..?
Que dis-je? il m'a poussée à cette horrible fête :

Je sentais ma faiblesse... Infortunée, arrête ;
Apprends à respecter un époux vertueux,
Et ne l'accuse pas de ton état affreux.
Lui reprocheras-tu jusqu'à sa confiance ?
Tu peignais les remords, il crut à leur puissance ;
Il crut pouvoir compter sur ta faible raison.
Ta plainte aggrave encor ta lâche trahison...
Celle qui s'est rendue une fois condamnable,
Toujours plus malheureuse et toujours plus coupable,
N'a pour se garantir de sa propre fureur,
Que les illusions de sa funeste erreur...
Jouons pour mon époux, pour les miens, pour moi-même :
Un moment de bonheur sauve tout ce que j'aime.

SCÈNE X.

MARTON, Madame de LIMEUIL.

MADAME DE LIMEUIL.

Ah, je revois Marton... je l'attends et pâlis.

MARTON, *lui donnant l'écrin.*

Je vous perds sans retour ; mais je vous obéis.

(Madame de Limeuil prend l'écrin en détournant la vue.)

Demeurez.

MADAME DE LIMEUIL.

Je ne peux.

MARTON.

Par pitié pour vous-même,
Souffrez qu'on vous arrache à ce péril extrême.

MADAME DE LIMEUIL.

C'est le plus digne époux que je dois conserver.

Il en mourrait, Marton, et je vais le sauver.
MARTON.
Cet espoir vous séduit.
MADAME DE LIMEUIL.
N'importe, j'y succombe.
Je reviens à la vie, ou je creuse ma tombe.

SCÈNE XI.

MARTON, seule.

Je ne sais où j'en suis... je cède à mon effroi,
Et ses fautes enfin vont retomber sur moi.
Quels moyens employer pour cacher sa faiblesse?
Un seul mot indiscret expose ma maîtresse.
On ne croira jamais ses regrets, ses combats,
Et l'époux indigné ne pardonnera pas.
Je ne vois qu'un parti, c'est celui du silence.
Il peut seul me sauver de mon inconséquence...
Si monsieur vient, que faire? eh, parbleu, m'en aller:
Cet homme, malgré moi, sait me faire parler.

SCÈNE XII.

MARTON, DE LIMEUIL, tenant un écrin.

DE LIMEUIL.
Oui, la richesse au goût se trouve réunie.
La belle eau! quel travail! cette aigrette est finie,
Et l'ensemble est charmant. Ah! te voilà, Marton?
Comment va la gaîté?

MARTON.

Mais... vous êtes bien bon.

DE LIMEUIL.

Et madame ?

MARTON.

Elle est...

DE LIMEUIL.

Où ?

MARTON.

Dans le jardin, je pense.

DE LIMEUIL.

A rêver ?

MARTON.

Je le crois.

DE LIMEUIL.

J'ai fait une imprudence.

MARTON.

Monsieur...

DE LIMEUIL.

Moi qui connais sa sensibilité !
Mon indiscrétion tient de la cruauté.
S'est-elle plaint de moi ?

MARTON.

Du tout.

DE LIMEUIL.

Quelle noblesse !
Ah ! la bonté n'est rien sans la délicatesse :
Ce sont les procédés qui lui donnent un prix.
Point de murmures ?

ACTE II, SCÈNE XII.

MARTON.
Non.

DE LIMEUIL.
Je n'en suis pas surpris.

MARTON.
(A part.)   (Haut.)
Ni moi non plus. Monsieur, je suis votre servante.

DE LIMEUIL.
Je veux te faire part d'une idée excellente.
(Lui donnant de l'argent.)
Reste. Voici d'abord pour ta discrétion.

MARTON.
Vous ne me devez rien dans cette occasion.
(Voulant sortir.)
Madame est au jardin...

DE LIMEUIL.
Tant mieux, j'en suis bien aise.
(Ouvrant l'écrin.)
Penses-tu, mon enfant, que cet écrin lui plaise ?

MARTON.
Il lui plaira beaucoup. Elle en a grand besoin.

DE LIMEUIL.
Ses diamans sont vieux.

MARTON, à part.
Je voudrais être loin.

DE LIMEUIL.
Je venais simplement offrir ceci moi-même :
Son absence me sert, usons d'un stratagème.
Tu connais tous les coins de son appartement ;
Personne ne nous voit, montes-y promptement.

Ménageons-lui, Marton, un instant de surprise :
Mets l'écrin sur sa table.

MARTON, à part.

Ah! je suis hors de crise.

DE LIMEUIL.

Elle s'habillera pour la fête du soir?

MARTON.

Sans doute.

DE LIMEUIL.

Adroitement tu les lui feras voir.

MARTON.

J'y cours.

DE LIMEUIL.

Descends l'ancien. Je veux faire un échange.

MARTON.

L'ancien!

DE LIMEUIL.

Eh, oui.

MARTON.

L'ancien!

DE LIMEUIL.

Cette fille est étrange!
Elle n'entend plus rien dans sa folle gaîté.
Descends ses diamans.

MARTON.

Lesquels?

DE LIMEUIL, avec impatience.

En vérité,
Marton...

MARTON, à part.

Je ne sais trop ce qu'il faut que je fasse.

DE LIMEUIL.

Que de ses diamans ceux-ci prennent la place.
Comprends-tu maintenant?

MARTON.

Monsieur, j'entends très-bien.
Ah! je n'ai pas les clefs.

DE LIMEUIL.

Cet obstacle n'est rien.
Madame est au jardin; trouve quelque prétexte.

MARTON, à part.

N'avoir pas un moment pour arranger mon texte!...
(Se fouillant.)
Non, je ne les ai pas.

DE LIMEUIL.

Eh, va donc au jardin.

MARTON.

Mais avant tout il faut...

DE LIMEUIL.

Il faut finir, enfin.
Si madame rentrait, elle pourrait entendre....

MARTON.

Ses diamans, monsieur? moi, je sais où les prendre...
Je viens de les donner dans ce même moment...
J'avais perdu la tête.

DE LIMEUIL.

On le voit aisément.
A qui donc, s'il vous plaît?

MARTON, à part.

     Je sens que j'extravague :
Je ne saurais mentir.

DE LIMEUIL, sévèrement.

    Point de réponse vague.
Parlons net, où sont-ils ?

MARTON.

     Chez votre bijoutier :
Ils sont très-mal en ordre.

DE LIMEUIL.

     Il est bien singulier
Qu'un oubli, quel qu'il soit, cause ce trouble extrême.

MARTON, l'interrompant avec vivacité.

Il doit venir demain les rapporter lui-même.

DE LIMEUIL.

Il est déja venu.

MARTON.

Comment ?

DE LIMEUIL.

     Il est ici.

MARTON.

Juste ciel !

DE LIMEUIL.

Et je vais m'arranger avec lui.

MARTON.

Il est ici, monsieur !

DE LIMEUIL.

    Oui, mon homme d'affaires
Vient de me l'amener avec les deux notaires.

ACTE II, SCÈNE XII.

MARTON, à genoux.

Ah! je n'ai plus d'espoir que dans votre bonté.

DE LIMEUIL.

Vous m'en imposez donc?

MARTON.

C'est ma docilité,
Mon entier dévoûment aux ordres de madame
Qui me perd.

DE LIMEUIL.

Vous osez compromettre ma femme!

MARTON.

Je dis la vérité, fiez-vous à ma foi.

DE LIMEUIL.

Non, vous m'avez menti : vous n'êtes plus à moi.
(A part.)
Tout ceci cependant cache quelque mystère.
J'ai d'horribles soupçons...

MARTON.

Calmez votre colère :
Écoutez-moi, du moins.

DE LIMEUIL.

Parlez, je vous entends.

MARTON.

J'ai voulu l'arrêter; j'ai résisté long-temps.
Elle n'écoutait rien, ni prières, ni plaintes :
Il a fallu céder, malgré mes justes craintes....
Le malheur la poursuit, son cœur est innocent,
Et l'on peut s'oublier dans un besoin pressant.
C'est un moment d'erreur....

DE LIMEUIL, *douloureusement.*

       Vous seule êtes coupable,
Et d'un pareil excès ma femme est incapable :
Elle conserve encor des sentimens d'honneur.

    MARTON.

Il faut que je l'accuse, et voilà mon malheur ;
Mais lorsque je ne puis vous cacher sa faiblesse,
Que l'arrêt soit dicté par la seule tendresse.
Pardonner à sa femme est-ce un si grand effort,
Et serez-vous, monsieur, plus cruel que le sort ?

   DE LIMEUIL, *de l'accent du désespoir.*

Éloignez-vous... Sortez... Non, reviens, malheureuse :
Achève de combler ma destinée affreuse.

  (Après un silence.)

Elle a perdu ?

  (Marton fait un signe d'approbation.)

     Combien ?

    MARTON.

     Soixante mille francs.

    DE LIMEUIL.

Elle a tout oublié.... Tout... jusqu'à ses enfans !
Ah ! je t'arracherai de ce cœur qui t'adore.

  (A Marton.)

A de nouveaux hasards elle s'expose encore ?

  (Même réponse de Marton.)

Et s'armant contre moi de mes propres présens,
Elle n'a plus de frein, et perd ses diamans ?

    MARTON.

Je le crains.

ACTE II, SCÈNE XIII.

DE LIMEUIL.

C'est assez.

MARTON.

Peut-être ma maîtresse....

DE LIMEUIL.

Eh, qu'en puis-je espérer, à ce point de bassesse?
Non, le coup est porté.

MARTON.

Monsieur...

DE LIMEUIL.

Retire-toi.

MARTON.

Non, je vous dois mes soins; permettez....

DE LIMEUIL.

Laisse-moi;
Laisse-moi, je le veux.

MARTON, sortant.

Mon zèle est inutile;
Mais je vais tout conter à monsieur de Valville.

SCÈNE XIII.

DE LIMEUIL, SEUL.

Il faut donc renoncer à ma tranquillité,
Quand je croyais toucher à la félicité.
Le réveil est affreux après un pareil songe.
Le bonheur ici-bas est prestige ou mensonge....
C'est trop long-temps souffrir, il faut prendre un parti,
Et rompre, mais trop tard, un nœud mal assorti.

(Il se met à son secrétaire, et écrit.)
« L'excessive bonté dégénère en faiblesse,
« Et j'abjure à jamais l'amour et son ivresse.
(Il écrit.)
« Qui peut braver l'hymen, la nature et l'honneur,
« S'interdit à jamais mon estime et mon cœur. »
(Il écrit.)
Elle vit pour jouer, elle n'aime personne.
Quels droits conserve-t-on sur ceux qu'on abandonne?
(Il plie sa lettre.)
Pour elle je ne vois qu'un avenir affreux,
Et je l'ai condamnée.... Arrête, malheureux !...
Non, j'ai suivi les lois de l'exacte justice,
Et si je l'épargnais, je serais son complice.
C'est porter le courage au degré le plus haut;
C'est le coup de la mort, mais je sens qu'il le faut.

SCÈNE XIV.

VALVILLE, De LIMEUIL, ANGÉLIQUE.

ANGÉLIQUE.

Mon père, calmez-vous, et daignez nous entendre.

DE LIMEUIL.

Tout est fini pour moi.

ANGÉLIQUE.

    C'est une fille....

VALVILLE.

        Un gendre,
Qui vous aiment tous deux.

ACTE II, SCÈNE XIV.

DE LIMEUIL.

Ma fille, approchez-vous.
Vous allez de mes mains recevoir un époux.
Songez qu'à des devoirs la femme est asservie,
Et que vous répondez du bonheur de sa vie.
C'est lui qui souffrirait de vos moindres erreurs.
Craignez les passions ; redoutez leurs fureurs.
Égalité d'humeur, bonté, douceur, courage,
Amour de l'ordre enfin, voilà votre partage.
C'est des bords du tombeau, mes amis, que ma voix
Se fait entendre à vous pour la dernière fois :
Le jour de votre hymen j'y descendrai peut-être....
Valville, chargez-vous de rendre cette lettre.

VALVILLE.

Qu'avez-vous dit, mon père? Ah! vous vivrez pour nous.
Peut-on croire au bonheur, s'il n'est pas fait pour vous!

DE LIMEUIL.

Je ne tiens plus qu'à vous dans la nature entière.
Je finirai sans peine une triste carrière,
Si vous me promettez d'adopter mes enfans.

(Angélique et Valville le serrent dans leurs bras.)

Des fautes de leur mère ils sont bien innocens.

FIN DU SECOND ACTE.

ACTE TROISIÈME.

SCÈNE I.

Le MARQUIS, seul.

Madame de Limeuil se livre à ses alarmes....
On ne peut lui parler.... Servons-nous de ses armes.
Elle m'a plaisanté long-temps hier au soir :
Je suis plaisant aussi, je le lui ferai voir.
Si je me suis trompé sur son inconséquence,
Je jouirai du moins d'un moment de vengeance.
Elle sait que j'attends, et m'enverra Marton ;
Alors j'aurai mon tour, je prendrai le grand ton.

SCÈNE II.

MARTON, Le MARQUIS.

MARTON, effrayée.

Quoi, vous ici, monsieur! Eh, qu'y venez-vous faire?

LE MARQUIS.

J'y viens, ma chère amie, arranger un affaire.

MARTON.

Oh, de grace, sortez.

ACTE III, SCÈNE II.

LE MARQUIS.

Ta maîtresse me doit,
Et m'évite à présent! cela n'est pas adroit.
Avec nos créanciers nous devons être honnêtes;
Mais comme en tous les temps j'ai des ressources prêtes,
Je ne m'affecte pas d'une incivilité
Qui me sert tout au mieux. Je connais la bonté
De monsieur....

MARTON.

Pourriez-vous... Non, je ne puis le croire.

LE MARQUIS.

Je vais tout simplement lui conter mon histoire.

MARTON.

Quel infernal moyen avez-vous trouvé là?

LE MARQUIS.

C'est le plus court, Marton, pour finir tout cela.

MARTON.

Vous ne savez donc pas que toute la famille
Est dans le désespoir? Femme, époux, gendre, fille,
Chacun est renfermé dans son appartement,
Et de vous présenter ce n'est pas le moment.

LE MARQUIS.

Va toujours m'annoncer; le mari doit m'entendre.

MARTON.

Il vous recevra mal.

LE MARQUIS.

Bon!

MARTON.

Il peut nous surprendre.

LE MARQUIS.

Eh, qu'importe?

MARTON.

Jugez, monsieur, de son courroux :
Il me chasse. A ce trait le reconnaissez-vous?

LE MARQUIS.

Il a tort, et je veux te rendre un bon office.
Je parlerai pour toi. Service pour service :
Allons, va m'annoncer.

MARTON.

Encore un coup, sortez ;

(Il s'assied.)

Ayez pitié de nous. Quoi! monsieur, vous restez?

LE MARQUIS.

Tu prétends me chasser, et moi je suis tenace :
Quinze jours, s'il le faut, je reste à cette place.
Je prétends voir monsieur; j'y suis déterminé.

MARTON, à part.

Ah! si j'osais parler à cet homme obstiné,
Je lui dirais son fait, et j'aurais de quoi dire.

(Haut.)

Ma prière, monsieur....

LE MARQUIS.

Je ne peux y souscrire.

MARTON, à elle-même.

Il faut toujours choisir le plus faible des maux.

LE MARQUIS.

Marton a, je le vois, des principes moraux.

MARTON, piquée.

Je n'en sais rien, monsieur; mais quoiqu'on en raisonne,

Jamais, savante ou non, je n'ai perdu personne.
(A elle-même.)
Oui, c'est le moindre mal qu'il faut toujours choisir.
(Au marquis.)
Vous demandez monsieur : madame va venir.

SCÈNE III.

LE MARQUIS, SEUL.

Marton m'a pénétré. Je sens que ma folie,
Portée au dernier point, moi-même m'humilie.
On ne réfléchit pas quand on est amoureux :
On ne connaît qu'un but, on ne veut qu'être heureux.
Ne pouvais-je prévoir, ayant autant d'adresse,
Que la légèreté n'exclut pas la sagesse ?...
Les remords, après tout, ne sont pas de saison ;
Il sera toujours temps d'écouter la raison.

SCÈNE IV.

LE MARQUIS, MADAME DE LIMEUIL.

MADAME DE LIMEUIL.
Serait-il vrai, monsieur....
LE MARQUIS.
Permettez, je vous prie,
Qu'on parle à votre époux. Cela vous contrarie
Jusques à certain point ; mais j'y suis obligé.
Il faut, si je me tais, que mon bien engagé
Vous tire d'embarras, et la raison m'arrête :

Pour l'exiger, d'ailleurs, vous êtes trop honnête.
MADAME DE LIMEUIL.
Vous parlez de raison et d'honnêteté?... Vous!
LE MARQUIS.
On a des sentimens.....
MADAME DE LIMEUIL.
      Vous les méprisez tous,
Et votre cœur dément ce que dit votre bouche.
Des plus simples vertus le détracteur farouche
Croit-il en imposer à ma simplicité ?
Non, mes yeux sont ouverts, et la crédulité
Qui m'a précipitée au fond de cet abîme,
Vous a seule livré votre triste victime.
Oui....
LE MARQUIS.
  L'on n'arrange rien en tenant des propos.
MADAME DE LIMEUIL.
Monsieur, point d'ironie, et laissons-là les mots.
Rappelons le passé, jugez votre conduite,
Et de vos procédés voyez quelle est la suite.
De ma tranquillité votre cœur fut jaloux ;
Vous m'avez dégradée aux yeux de mon époux ;
Aux plus saints des sermens vous me rendez parjure,
Injuste envers les miens, et sourde à la nature.
Mon époux, mes enfans s'élèvent contre moi,
Et si jusques ici j'ai respecté ma foi,
Si je respire encore en perdant mon estime,
C'est que ce cœur navré n'est pas fait pour le crime ;
Qu'il sait en repousser la honte et la noirceur ;
Que vos efforts sont vains, et que votre fureur

Trahit à chaque instant votre fatale adresse,
Me découvre le piége et soutient ma faiblesse ;
Que la voix du remords suffit pour m'éclairer,
Et que l'on peut me perdre, et non pas m'égarer.

LE MARQUIS.

Terminons, s'il vous plaît, ce brillant étalage :
Ce discours fastueux n'est pas fait pour cet âge.
Souffrez que j'en revienne à mon premier projet.
Demander mon argent est-ce encore un forfait ?
Faut-il sacrifier une somme aussi forte,
Près de cent mille francs, à quelqu'un qui s'emporte
Sans rime, ni raison, et veut de son malheur
Me rendre responsable ? Oh non, sur mon honneur.
Je fais beaucoup de cas d'une femme estimable ;
Mais je voudrais au moins une vertu traitable ;
Qu'on sût se modérer, et que l'on ne crût pas
Que l'on peut tout oser quand on a des appas.

MADAME DE LIMEUIL.

Ah ! ce sont ces appas qui causent mon supplice.
L'argent vous tente peu.

LE MARQUIS.

    Vous me rendez justice.
La fortune et ses dons ne m'ont jamais tenté,
Et je ne cède ici qu'à la nécessité.
Je passe chez monsieur.

MADAME DE LIMEUIL.

    Non pas, je vous arrête.

LE MARQUIS.

Sans doute vous avez une ressource prête ?

MADAME DE LIMEUIL.
Je n'en connais aucune en ce moment d'horreur :
Je n'ai, pour vous toucher, que l'excès du malheur.
LE MARQUIS.
Un semblable moyen, madame, est peu de chose.
MADAME DE LIMEUIL.
On ne compatit pas aux peines que l'on cause :
La mienne excite en vous le rire du méchant.
LE MARQUIS.
Moi, je vous plains beaucoup, mais j'ai besoin d'argent.
MADAME DE LIMEUIL.
Ah! si je m'en croyais, homme sans caractère....
LE MARQUIS, sortant.
J'ai toujours évité les femmes en colère.
MADAME DE LIMEUIL, l'arrêtant.
Tu penses m'échapper! tu ne sortiras pas.
LE MARQUIS.
La violence en est ?
MADAME DE LIMEUIL.
Je m'attache à tes pas.
Crains le juste courroux d'une femme outragée :
Je n'ai qu'à dire un mot, et je serai vengée.
Un seul mot te démasque, et ta perversité
Va paraître au grand jour.
LE MARQUIS.
Madame, en vérité....
Je n'entends pas du tout faire la guerre aux femmes,
Et je sais que l'on doit pardonner tout aux dames.
(A part.)
Du succès de mes feux je commence à douter.

(Sortant.)
Poursuivons cependant.
MADAME DE LIMEUIL.
Avant que d'éclater,
Accordez un moment à mes vives alarmes.
Sais-je ce que je dis? jugez-en par mes larmes....
Je ne rougirai pas d'embrasser vos genoux.
Voulez-vous immoler mon malheureux époux?
Ah! ce n'est pas pour moi que je demande grace.
Je saurai supporter ma honte et ma disgrace;
Mais que vous a-t-il fait pour lui donner la mort?
Quel est son crime enfin?... J'ai des enfans, Montfort...
Du bien de l'orphelin l'honnête homme est avare.
L'amour n'est-il en vous qu'un sentiment barbare?
Êtes-vous un tyran, sans honneur, sans pitié,
Sacrifiant l'objet qu'il a déifié?
Non, vous ne pourrez pas, si vous aimez la mère,
Frapper du même coup les enfans et le père.
Leur sort est dans vos mains, vous les ménagerez;
Je suis seule coupable, et vous m'épargnerez.
LE MARQUIS, à part.
La voix de la vertu se fait enfin entendre.
Mais, Valville paraît; que lui vient-il apprendre?

SCÈNE V.

LE MARQUIS, MADAME DE LIMEUIL, VALVILLE.

VALVILLE.
Madame, revenez de votre accablement:

Je viens en effacer le triste sentiment.
Oubliez la journée....
MADAME DE LIMEUIL.
Hélas ! elle est affreuse.
VALVILLE.
Vous la réparerez : vous êtes généreuse.
Reprenez votre écrin.
MADAME DE LIMEUIL, revenant à elle.
Ah ! je l'avais perdu.
VALVILLE.
Et je l'ai retiré sitôt que je l'ai su.
MADAME DE LIMEUIL, douloureusement.
Ce service n'est rien.
VALVILLE.
Quoi.... Que voulez-vous dire ?
MADAME DE LIMEUIL.
Savez-vous à quel point j'ai porté le délire ?
VALVILLE.
Il ne me convient pas de vous interroger :
Je vous respecte trop pour oser vous juger.
MADAME DE LIMEUIL.
Près de cent mille francs, perdus sur ma parole,
Vous dispensent, monsieur, de ce respect frivole.
Vos nobles sentimens, déplacés, superflus.....
VALVILLE.
Votre malheur, madame, est un titre de plus.
Peut-on savoir à qui vous devez cette somme ?
MADAME DE LIMEUIL, péniblement.
A monsieur.

LE MARQUIS.
Et je l'ai gagnée en galant homme.
VALVILLE.
Cela peut être vrai ; mais, sans rien déguiser,
Prenez garde, monsieur, qu'on pourrait supposer
A cet énorme gain quelque raison secrète.
LE MARQUIS.
Vous prétendez, monsieur....
VALVILLE.
La prudence m'arrête.
Je ne juge jamais sans de fortes raisons.
Je dirai seulement qu'il est des liaisons
Dont les dangers sont clairs, qui n'honorent personne,
Et dont l'issue enfin ne saurait être bonne.
L'honnête homme, monsieur, peut jouer quelquefois ;
Mais il sait se régler. Il respecte à la fois
De ses concitoyens l'honneur et la fortune ;
Loin de les égarer, il plaint leur infortune ;
Il n'abuse jamais d'un moment de malheur,
Ou pour le réparer il consulte son cœur.
C'est à ces traits, monsieur, qu'on peut le reconnaître,
Et qui pense autrement, à mes yeux n'est qu'un traître
Que l'on doit dénoncer à la société,
Comme ennemi des mœurs et de la probité.
LE MARQUIS.
Je n'imagine pas que ceci me regarde.
L'homme prudent, monsieur, jamais ne se hasarde
A risquer l'équivoque, à parler sur un ton
Que l'on ne souffre pas quand on porte un grand nom.

VALVILLE.

Je respecte un grand nom ; mais quand on en est digne.
Un vain titre flétri me révolte et m'indigne,
Et fussiez-vous issu du sang des demi-dieux,
Vous trahissez, monsieur, cette foule d'aïeux,
Lorsque vous ourdissez une odieuse trame,
Dont le succès dépend des larmes d'une femme.
Vos menaces, d'ailleurs, ne peuvent m'étonner :
Dès long-temps la raison m'apprit à dédaigner
Ces réputations par l'audace usurpées,
Qui traînent leur mérite au bout de leurs épées.

LE MARQUIS.

Vous m'insultez, monsieur, vous m'en ferez raison.

VALVILLE.

Oui ; mais il faut d'abord de cette trahison
Vous laver, assurer le repos de madame.
Nous différons un peu. Quand vous navrez son ame,
C'est son intérêt seul qui m'arme contre vous,
Et je défends ici ses droits et son époux.

MADAME DE LIMEUIL, à Valville.

Vous ne sortirez pas. Que prétendez-vous faire ?
Au destin qui m'attend croyez-vous me soustraire ?
Il veut vous immoler, ce sont là ses plaisirs....
Je ne mérite pas un seul de vos soupirs.
Conservez votre sang dont une autre est jalouse ;
Vous ne me devez rien, vivez pour votre épouse ;
Laissez-moi mourir seule, et ne m'exposez pas
A pleurer sur un fils expirant dans mes bras.

VALVILLE, au marquis.

Finissons. Vous avez des billets ?

ACTE III, SCÈNE V.

LE MARQUIS.

Mais.... j'espère
Que la précaution est assez nécessaire.

VALVILLE.

De semblables billets sont proscrits par la loi ;
L'honneur les reconnaît, et c'est assez pour moi :
Son intérêt sacré se réunit au vôtre.

(Bas.)

Arrangeons cette affaire, et nous finirons l'autre.
Avez-vous les effets ?

LE MARQUIS.

Non, je les ai laissés,
En passant, à l'hôtel.

VALVILLE.

Quant à vos déboursés,
Je les paîrai comptant ; c'est, je crois, peu de chose.
Pour le reste, voici ce que je vous propose :
De solder en quatre ans, et j'engage mon bien ;
Mais à condition que vous n'en direz rien.

MADAME DE LIMEUIL, transportée de joie.

Ah ! je bénis le jour qui vous joint à ma fille !
Vous conservez la vie à toute une famille....
Vous êtes mon sauveur.... vous me rendez l'espoir.

VALVILLE.

Obliger ses parens, madame, est un devoir.

(Au marquis.)

Eh bien, consentez-vous ?

LE MARQUIS.

Non, monsieur. La prudence
Me permet tout au plus, dans cette circonstance,

D'accorder quatre jours.

(Madame de Limeuil retombe sur son siége.)

VALVILLE.

L'effort est généreux !
C'est votre dernier mot ?

LE MARQUIS.

Jamais je n'en ai deux.

VALVILLE.

Puisque mon amitié ne peut sauver madame,
Soyez témoin du coup qui va lui percer l'ame.

(Bas.)

Nous nous verrons après.

LE MARQUIS.

Je l'entends bien ainsi.

VALVILLE, peiné.

Un pénible devoir m'avait conduit ici,
Et j'ai conçu d'abord la flatteuse espérance
D'apaiser votre époux, de garder le silence.....
Puisque monsieur l'exige, il faut enfin parler.
Il ne m'est plus permis que de vous consoler.
L'arrêt est prononcé. Recevez cette lettre....
C'est monsieur de Limeuil qui vous la fait remettre.

MADAME DE LIMEUIL lit, laisse tomber la lettre en jetant
un cri.

Ah ! mon dieu !

VALVILLE.

Quel destin ! sans doute il est affreux,
Et nous partageons tous son état douloureux.

(Au marquis.)

Prenez, monsieur, lisez, et voyez votre ouvrage.

ACTE III, SCÈNE VI.

LE MARQUIS, lisant bas d'abord.

. . . .
« Je vous livre au mépris; qu'il soit votre partage.
« Je ne veux plus vous voir. Oubliez un époux
« Qui, sans regrets enfin, se sépare de vous.
« Je garde vos enfans. Votre indigne faiblesse
« Ne vous permettrait pas d'élever leur jeunesse.
« Subissez votre sort, reconnaissez mes droits,
« Et ne me forcez pas à recourir aux lois. »

(Il rêve.)

MADAME DE LIMEUIL, sanglotant.

Je me soumets aux coups de sa juste colère;
Mais qu'il me laisse au moins la douceur d'être mère.

LE MARQUIS, rendant la lettre à Valville, et lui prenant la main.

Je vais jusque chez moi ; je reviens à l'instant
Terminer avec vous un double arrangement.

SCÈNE VI.

VALVILLE, MADAME DE LIMEUIL.

MADAME DE LIMEUIL, d'une voix étouffée.

L'arrêt est prononcé.... Je suis abandonnée....
Avant que de subir ma triste destinée,
Valville, en ma faveur élevez votre voix.
Que je le voie encor pour la dernière fois.

(Valville sort.)

SCÈNE VII.

Madame de LIMEUIL, seule.

A quel point, juste ciel, je me suis avilie !
Le meilleur des humains lui-même m'humilie !
Il ne veut plus me voir, il m'ôte mes enfans,
Il doute de mon cœur.... A la fleur de mes ans,
Je suis déshonorée, et je ne puis m'en plaindre !...
Partisans des plaisirs, voyez mes jours s'éteindre ;
Voyez-moi succomber sous le poids du malheur :
Que mon exemple enfin dissipe votre erreur.

SCÈNE VIII.

M. et Madame de LIMEUIL.

DE LIMEUIL.

Je ne m'attendais pas que votre indifférence,
Madame, en ce moment désirât ma présence.
Quand aux revers du sort on est accoutumé,
Le reste affecte peu. Qu'un époux, alarmé
Par de honteux écarts, consulte sa prudence ;
Que ses droits méconnus excitent sa vengeance,
Tout cela faiblement doit vous intéresser ;
Mais j'ai pris mon parti, vous devez le penser.
Vous désirez enfin et me voir et m'entendre :
A vos derniers désirs j'ai bien voulu me rendre.

MADAME DE LIMEUIL.

A mes derniers désirs, cruel, qu'avez-vous dit ?

Tout espoir de retour m'est-il donc interdit?
Pouvez-vous arracher des enfans à leur mère?
Vous devez me haïr; mais vous êtes leur père.
       DE LIMEUIL.
Oui, je le suis toujours, je vous le prouverai.
A vos séductions je les déroberai.
Vous, de former des cœurs vous vous croyez capable!
Rappelons les excès dont vous êtes coupable.
Vos regrets simulés ont attendri mon cœur;
Au moment du pardon, votre aveugle fureur
A de nouveaux hasards vous exposait encore;
Le destin vous accable, et votre époux l'ignore.
Le plus doux sentiment l'amène auprès de vous :
Vous l'en récompensez en jouant vos bijoux.
Vous trompez son amour par de vils artifices,
Et parmi vos valets vous cherchez des complices.
Qui peut trahir ainsi son honneur, son devoir,
N'est pas fait pour connaître un noble désespoir.
On ne m'abuse plus, madame, avec des larmes.
Je sais apprécier vos remords, vos alarmes.
Ils m'ont coûté trop cher pour me séduire encor,
Et je les calmerais en vous montrant de l'or.
Allez, et livrez-vous à votre frénésie;
Mais n'attendez plus rien de votre hypocrisie.
     MADAME DE LIMEUIL.
Ainsi vous soupçonnez jusques à ma candeur!...
Quand ma tendre amitié ménageait votre cœur,
Ne pleurait que sur vous, vous épargnait des peines,
Votre injuste soupçon vient ajouter aux miennes.
Je suis faible, monsieur; mais je ne peux tromper,

Et dans l'instant cruel où je me sens frapper,
Où le plus saint des nœuds à ma honte se brise,
Vous allez me connaître et juger ma franchise.
J'ai joué mes bijoux, et je les ai perdus.
Par monsieur de Valville ils m'ont été rendus.
Je dois cent mille francs, cet ami me console,
Et veut avec son bien dégager ma parole.
Le marquis le refuse; il brave le danger :
Pour mes seuls intérêts ils vont s'entr'égorger.
Prévenez un forfait, arrêtez votre gendre :
A vos ordres peut-être il daignera se rendre.

DE LIMEUIL.

Qu'entends-je!.. Holà, quelqu'un!.... Valville est-il ici?
Valville.... mon enfant!

SCÈNE IX.

M. et Madame de LIMEUIL, VALVILLE, ANGÉLIQUE.

VALVILLE.

Mon père, me voici.

DE LIMEUIL.

Près d'aller à l'autel, pouvez-vous entreprendre....
Vous ne sortirez pas.... j'ose vous le défendre.
Ménagez Angélique et son cœur et ses droits :
Qu'ils imposent silence à vos farouches lois.
C'est assez qu'au moment d'un si doux hyménée,
Il me faille pleurer sur cette infortunée.

SCENE X.

M. et Madame de LIMEUIL, VALVILLE, ANGÉLIQUE, Le MARQUIS, dans le fond du théâtre.

ANGÉLIQUE.

Ne pensons plus, mon père, à cet heureux moment :
Tout l'éloigne à la fois. Votre état alarmant,
Le danger de monsieur, les peines de ma mère,
Et la décence enfin veulent que l'on diffère
Un jour qui sans partage appartient au bonheur :
Celui qui nous éclaire est fait pour la douleur.
Dissipez avant tout ce présage funeste;
Cédez à mes désirs, mon cœur fera le reste.
 (Lui rendant son contrat de mariage.)
Je vous remets vos dons, ils sont tous annulés.
Qu'ils acquittent madame, et mes vœux sont comblés.
Le temps, l'économie et votre expérience
Releveront vos biens, et par notre constance
Nous attendrons enfin, sans peine et sans effort,
Le moment précieux de fixer notre sort.
Notre félicité n'affligera personne,
Et le bonheur commun formera ma couronne (*).

DE LIMEUIL.

A de pareils moyens je ne peux recourir.
Le mal est sans remède; il faut laisser souffrir
Ceux qui l'ont mérité. Ce noble sacrifice,

---

* Allusion au chapeau de mariée.

Si je l'autorisais, serait une injustice :
Jamais à votre père on n'en put reprocher.
De vous unir ce soir rien ne doit l'empêcher;
Il suivra son projet, et son cœur équitable
Ne sacrifiera pas l'innocent au coupable.

LE MARQUIS, s'approchant.

Je n'y résiste plus, il faut enfin parler.
Ses fautes sont de moi, je dois le révéler.
Elle coupable! non; madame ne peut l'être.
A vos yeux prévenus elle a dû le paraître;
Mais l'apparence abuse, et vous en conviendrez
Facilement, monsieur, quand vous me connaîtrez.
De vos communs malheurs l'amour est l'origine.
Mon aveugle penchant prépara sa ruine.
J'ai connu sa faiblesse, et je l'ai fait jouer.
J'attendais le moment, j'ose vous l'avouer,
Où la raison s'égare, où le malheur la dompte.
Mes persécutions n'ont tourné qu'à ma honte.
Je rougirais ici de mes lâches efforts,
Si l'on ne s'honorait en réparant ses torts.
Recevez ses billets que je crains de lui rendre :
C'est de vos mains, monsieur, qu'elle doit les reprendre.

(M. de Limeuil refuse les billets, le marquis les déchire.)

Et puissent mes regrets, mes pénibles aveux,
Dans le sein de la paix vous réunir tous deux;
Vous faire de l'hymen goûter encor les charmes.
Oubliez le passé; pardonnez-moi ses larmes,
Si vous m'en croyez digne et si vous le pouvez.
Rendez-lui votre estime, et vous la lui devez.

ACTE III, SCÈNE X.

ANGÉLIQUE.

Vous ne punirez pas une erreur passagère.
Son cœur est innocent ; pardonnez-lui, mon père.

VALVILLE, à monsieur de Limeuil.

Vous pouvez d'un seul mot faire bien des heureux :
Je tombe à vos genoux.

ANGÉLIQUE, à genoux.

Nous y sommes tous deux.

LE MARQUIS.

Je lis dans votre cœur : il brûle de se rendre.
Sa bonté vous trahit ; pourquoi vous en défendre ?

DE LIMEUIL.

Qu'on désarme aisément l'époux qui s'attendrit !
Oui, l'on peut oublier les fautes de l'esprit.
Je sens qu'il est cruel de frapper ce qu'on aime,
Et qu'en lui pardonnant on fait grace à soi-même.
Ne pensons plus aux maux que nous avons soufferts.
Viens, mon cœur et mes bras te sont toujours ouverts.

(Madame de Limeuil se jette dans ses bras.)

LE MARQUIS.

Mais il me reste encor quelqu'un à satisfaire.

(A Valville.)

Vous avez fait, monsieur, ce que vous deviez faire.
Fidèle à la nature et sensible à l'honneur,
Ces sentimens en vous trouvent un défenseur :
Un triomphe odieux n'a plus rien qui me tente.
Je respecte un bon fils ; je ménage une amante.
Nous ne sommes pas faits pour rester ennemis,
Et vous me compterez au rang de vos amis.

VALVILLE.

Vous m'avez prévenu ; je veux être le vôtre,
Et ce noble retour vous assure du nôtre.

DE LIMEUIL, au marquis.

Le mariage fait, monsieur, nous compterons.
Je vois, avec plaisir, que nous nous aimerons.
Vos derniers procédés sont d'un homme estimable.

(A madame de Limeuil.)

Puisse ce jour d'épreuve, à jamais mémorable,
Être toujours présent à votre souvenir !
Que ce jour de douleur vous fasse enfin sentir
Qu'il faut à la vertu joindre encor la prudence ;
Qu'on se perd à jamais par une inconséquence ;
Qu'un siècle séduisant distille le poison ;
Qu'on ne peut s'en sauver qu'à force de raison ;
Qu'on succombe souvent à sa coupable adresse,
Et qu'il confond toujours le crime et la faiblesse.

FIN DE LA JOUEUSE.

L'ORPHELINE,

COMÉDIE

EN TROIS ACTES ET EN PROSE.

PERSONNAGES.

L<small>A</small> COMTESSE D'ELMONT. — M^e G<small>ERMAIN</small>.
L<small>E</small> COMTE D'ELMONT, fils de la comtesse. — M. S<small>T</small>.-C<small>LAIR</small>.
L<small>E</small> COMTE DE VALBOURG, père de Julie. — M. M<small>ONVEL</small>.
JULIE.
L<small>E</small> MARQUIS DE VERVILLE. — M. C<small>HATILLON</small>.
PICARD, valet de chambre du comte d'El- mont. — M. M<small>ICHOT</small>.
LOUISON, femme de chambre de la com- tesse. — M^e S<small>EMPER</small>.
U<small>N</small> LAQUAIS.

La Scène, aux deux premiers actes, est à la campagne. Le troisième se passe à Paris.

Représentée sur le théâtre du Palais-Royal, au mois de juin 1789.

L'ORPHELINE,

COMÉDIE.

ACTE RREMIER.

Le théâtre représente un salon de campagne.

SCÈNE I.

PICARD, LOUISON.

LOUISON.

Nous voilà donc enfin commensaux du même hôtel.

PICARD.

Oui, ma charmante. Nous logeons sous le même toit, en attendant mieux.

LOUISON.

Ah! tu en reviens toujours à tes folies.

PICARD.

Est-ce être fou que vouloir t'épouser?

LOUISON.

Sans doute, quand la chose est impossible.

PICARD.

Impossible! Et pourquoi?

LOUISON.

Veux-tu que je te dise? le mariage n'est fait que pour les gens opulens. Nous autres pauvres diables, qui contractons au service l'habitude de l'aisance et de la paresse, sommes-nous propres à entrer en ménage?

PICARD.

L'aisance et la paresse! Sais-tu ce que le sort nous réserve? Qui t'a dit que nous ne ferons pas une fortune, et que tu ne pourras pas enfin te livrer à ta passion dominante?

LOUISON.

Je conviens que j'aime le repos, et que je ferais un cas particulier de l'être aimable qui m'en assurerait la jouissance; mais cela te paraît-il bien aisé?

PICARD.

Rien de plus facile, mon cœur. Pour faire fortune au service, il ne faut que connaître ses maîtres et flatter leurs passions. J'ai servi deux ans le marquis de Verville; je lui ai rendu de ces bons offices que les grands seigneurs n'oublient jamais, et qu'ils paient au poids de l'or.

LOUISON.

Monsieur Picard, vous n'êtes pas délicat.

PICARD.

Au contraire, mon enfant. C'est par excès de délicatesse que je n'y ai pas regardé de si près. J'ai envisagé comme excellens tous les moyens de me rapprocher de ma Louison.

LOUISON.

Je dois au moins te savoir gré du motif.

PICARD.

Je t'assure que si le comte d'Elmont, mon nouveau maître, a les goûts du marquis de Verville, je ne tarderai pas à en tirer parti, et à le rendre la cheville ouvrière de nos projets. Commençons par former une ligue offensive et défensive envers et contre tous. Tu pallieras mes fautes, je couvrirai tes sottises; tu me recommanderas à mon maître, je ferai valoir ton zèle auprès de ta maîtresse, et nous serons bien maladroits, si, dans deux ou trois ans, nous ne sommes pas en état de quitter honorablement le service.

LOUISON.

Voilà de grands desseins, mon ami.

PICARD.

Veux-tu te prêter à leur exécution?

LOUISON.

Volontiers, à condition toutefois que tu n'entreprendras rien sans me consulter.

PICARD.

Tope. Touche là, ma chère Louison, et qu'un baiser soit le sceau de notre petit traité.

LOUISON.

Doucement, monsieur Picard : vous n'avez pas encore fait fortune.

PICARD.

A la bonne heure; mais ne perdons pas de temps. Voyons, dépeins-moi les individus qui règnent sur nous par le droit du plus riche.

LOUISON.

D'abord, la comtesse d'Elmont, veuve intéressante, et jeune encore, idolâtre son fils unique, le jeune comte d'Elmont, dont tu as enfin l'honneur d'être le valet de chambre.

PICARD.

Elle l'idolâtre? Bon. Elle fournira à ses prodigalités.

LOUISON.

Pas du tout. Elle l'aime sensément.

PICARD.

Son genre de vie?

LOUISON.

Exemplaire dans toute la force du mot.

PICARD.

Diable! Ses liaisons?

LOUISON.

Elle les borne à la société de la présidente de Tourville, dont la campagne est à une lieue de ce château.

PICARD.

Ce n'est pas là ce que je te demande. N'a-t-elle pas quelqu'un qui.... que.... que diable, tu m'entends, un homme dont.... un bon ami, enfin?

LOUISON.

Depuis quatorze ans l'amitié la plus étroite l'unit au comte de Valbourg.

PICARD.

Ah! je commence à voir clair.

LOUISON.

Tu te trompes, mon cher Picard. Le comte de Valbourg est un seigneur généralement respecté, et, malgré l'amitié qui règne entre lui et ma maîtresse, leur réputation est demeurée intacte. D'ailleurs, on

ACTE I, SCÈNE I.

commence à lui soupçonner des desseins sérieux sur mademoiselle Julie, cette orpheline dont je t'ai déja parlé.

PICARD.

Des desseins, à la bonne heure; mais des desseins sérieux! ah! ah! ah! ah!

LOUISON.

Oui, sérieux, et très-sérieux. Le comte de Valbourg respecte trop son amie, pour en avoir d'autres sur une fille dont elle prend soin depuis quatorze ans, dont, à la vérité, on ignore la naissance; mais à qui sa beauté, ses talens et ses bonnes qualités tiennent lieu de bien des avantages.

PICARD.

A ce que je puis voir, les profits sont rares dans cette maison.

LOUISON.

Rares! non; mais ils sont proportionnés aux services, et comme personne n'en exige ici du genre de ceux que les grands seigneurs n'oublient jamais, et qu'ils paient au poids de l'or, on doit s'y interdire toute idée de fortune rapide et brillante.

PICARD.

Ah! voilà les petits esprits. Les moindres obstacles les effraient, et ils tombent dans le découragement.

LOUISON.

Je te dispense de faire les honneurs de mes facultés intellectuelles. Quelques avantages que te donne sur moi ton imagination vive et scintillante, souviens-toi que je dois te guider en tout : c'est le premier article de notre traité.

PICARD.

Et il tiendra, ma Louison, j'en atteste l'amour. Termine tes portraits par celui du jeune comte d'Elmont. Quel homme est-ce?

LOUISON.

Un jeune homme charmant, qui vient de finir ses exercices.

PICARD.

Et la petite Julie! hem? pas de droit du seigneur?

LOUISON.

Il chérit sa mère, et regarde sa protégée comme une sœur adoptive, qu'il aime de tout son cœur. Voilà tout.

PICARD.

Je vais donc habiter avec des êtres parfaits, et il faudra devenir hypocrite.

LOUISON.

Hypocrite! non; mais imiter les modèles que tu auras sous les yeux, et surtout oublier, s'il est possible, que tu as servi le marquis de Verville.

PICARD.

Mais à propos du marquis de Verville, il est l'intime ami de mon nouveau maître. Comment madame la comtesse s'accommode-t-elle de cette intimité?

LOUISON.

L'amitié du jeune comte pour le marquis est le seul défaut qu'on lui connaisse, et on espère qu'il en sentira les dangers.

ACTE I, SCÈNE I.

PICARD.

Oui; mais en attendant qu'il ouvre les yeux, nous tirerons parti de son aveuglement. Le marquis est de ces gens qui font circuler les vices sous l'enveloppe des graces. Un jeune homme, échappé des mains d'un gouverneur, a plus d'envie de copier ces importans freluquets, que de prudence pour se garantir de leurs séductions, et je vois que dans tous les temps le marquis de Verville doit être l'agent de ma fortune.

LOUISON.

Monsieur Picard, écoutez-moi bien. J'aime, j'estime, je respecte mes maîtres. Si vous voulez que nous soyons amis, vous partagerez mon dévouement pour eux. Loin de tendre des piéges au comte, j'espère que vous m'avertirez des folies où on pourrait l'entraîner. Souvenez-vous que je ne serai jamais la femme de quelqu'un qui, à la faveur d'un peu d'or mal acquis, me ferait épouser les vices et les ridicules d'un marquis de Verville.

PICARD.

Tudieu! ma princesse, quel flux de morale! Si je t'en croyais, de valet de chambre je deviendrais précepteur.

LOUISON.

Pourquoi non? La fortune t'a placé au dernier rang; mais tu peux tirer parti de ta situation. Un galant homme sait toujours se faire estimer.

PICARD.

Ah! voilà de la philosophie, à présent. Je vois

bien que dans ce château la conversation est souvent montée sur le ton sérieux.

LOUISON.

Paix. J'entends quelqu'un. C'est le comte de Valbourg. Levé si matin !

PICARD.

Effectivement à l'heure qu'il est, nous pouvions espérer de prolonger notre tête-à-tête. Il faut qu'il soit violemment épris. Celui-ci, du moins, nous sera bon à quelque chose.

SCÈNE II.

PICARD, LOUISON, VALBOURG.

VALBOURG, rêvant.

Ah! bonjour, Louison...... la comtesse est-elle visible?

LOUISON.

Non, monsieur le comte. Visible à six heures du matin !

VALBOURG, tirant sa montre.

Cela est vrai, il n'est que six heures....... Quel est ce garçon?

LOUISON.

C'est un jeune homme qu'on a placé hier, en qualité de valet de chambre, auprès de M. le comte d'Elmont.

VALBOURG.

Auprès du comte d'Elmont? D'où sortez-vous, mon ami?

ACTE I, SCÈNE II.

PICARD.

De chez le marquis de Verville, monsieur.

VALBOURG.

Le marquis de Verville! Je doute que vous conveniez ici.

PICARD.

Monsieur..... je.....

VALBOURG.

Si vous voulez mériter la bienveillance de vos maîtres, consultez Louison. C'est une fille estimable, attachée à ses devoirs, qui aime Julie...

LOUISON.

Eh, monsieur, qui ne l'aimerait pas?

VALBOURG, *tirant sa bourse.*

Tiens, mon enfant. Ce n'est pas ton zèle pour Julie que je paie; c'est une marque de mon amitié que je suis bien aise de te donner.

PICARD, *à part.*

Charmant début! Il en tient pour Julie.

LOUISON.

Ah! monsieur..... ma reconnaissance.....

VALBOURG.

C'est assez, c'est assez, mon enfant. (*Il se promène.*) Je ne croyais pas qu'il fût si matin..... Sans doute la comtesse repose..... Si cependant elle était éveillée..... mon cœur a besoin de s'épancher. Écoute.

LOUISON.

Monsieur?

VALBOURG.

Monte chez ta maîtresse; marche doucement, bien

doucement. Si elle ne dort plus, dis-lui que son vieil ami la prie de descendre.

LOUISON.

Oui, monsieur.

(Elle sort.)

SCÈNE III.

VALBOURG, seul.

Cœur sensible d'un père, cœur depuis si longtemps agité, n'auras-tu jamais de repos? Julie, enfant infortuné, que je vais voir peut-être marquée du sceau de l'infamie, ô ma fille, me pardonneras-tu ta naissance, si les lois te condamnent à l'oubli? Et toi, amie fidèle, qui élevas, sans le connaître, le fruit malheureux de l'amour le plus tendre, tu ne soupçonnes pas les alarmes qui me poursuivent. C'est aujourd'hui le jour. La mémoire de ma femme, mon sort, celui de ma fille, tout va, dans peu d'instans, être irrévocablement fixé. L'incertitude de mon avenir me tourmente. O vous, qui gémissez sous le poids de l'indigence et des calamités, voyez mon sort, et apprenez à bénir le vôtre! Une main barbare ne vous arrache pas vos femmes, vos enfans. Au milieu de vos peines, leurs caresses, leurs larmes même sont votre consolation......... Le pain trempé de vos sueurs perd son amertume entre la nature et l'amour. Et moi..... ma femme..... ma fille..... ma Julie.....

SCÈNE IV.
VALBOURG, LOUISON.

LOUISON.
Madame la comtesse était levée, monsieur; elle descend.

VALBOURG.
C'est bien...... Je vous remercie.

SCÈNE V.
VALBOURG, seul.

Effaçons, s'il se peut, la trace de nos larmes. Remettons-nous, et ménageons la sensibilité de nos amis.

SCÈNE VI.
VALBOURG, LA COMTESSE.

LA COMTESSE.
Vous voilà descendu bien matin, mon ami. Depuis que vous êtes chez moi, le sommeil semble vous fuir.

VALBOURG.
Il est vrai, madame, que depuis quelque temps je dors bien peu.... mais mon cœur serait moins tranquille encore à Paris qu'ici.

LA COMTESSE.
Qui peut troubler votre tranquillité? De la fortune,

de la santé, de la considération, vous avez tout ce qui rend la vie douce. L'amitié, la tendre amitié vient l'embellir encore, et vous ne seriez pas heureux! Que vous manque-t-il?

VALBOURG.

Le premier des biens; le repos de l'ame.

LA COMTESSE.

Vous m'inquiétez.

VALBOURG.

Mes peines ne sont pas nouvelles. Depuis quinze ans elles sont renfermées là.

LA COMTESSE.

Et pas un seul moment de confiance qui m'en ait rendu dépositaire! Ah! Valbourg!

VALBOURG.

Le triste plaisir de vous parler de mes chagrins m'aurait-il consolé de vous les voir partager? J'ai souffert; mais seul. J'ai vu mon amie heureuse, et j'ai quelquefois eu la satisfaction de contribuer à son bonheur.

LA COMTESSE.

Achevez donc, cruel homme, et prouvez-moi que je suis en effet votre amie. Quels sont ces chagrins?

VALBOURG.

Rappelez-vous, comtesse, les premiers temps de notre intimité. Elle commença lors de la mort de votre époux. Une même mélancolie s'était emparée de nos ames, et ce sentiment accrut et cimenta notre amitié. Nous étions tous deux victimes d'une douloureuse séparation.

ACTE I, SCÈNE VI.

LA COMTESSE.

Quoi! mon ami, vous fûtes époux?

VALBOURG.

Et je suis père. Une jeune personne, favorisée également par la nature et par la fortune, sut autrefois m'inspirer la passion la plus violente..... Ses parens me la refusèrent. J'étais jeune, ardent, persuasif; on m'aima, et on céda à mes instances. Un mariage secret, mais légal, me rendit enfin le plus heureux des hommes. Hélas! tant de félicité ne dura qu'un moment. Ma femme expira dans mes bras, en donnant le jour à l'enfant le plus désiré. Je mouillai de mes larmes les restes inanimés de mon épouse; j'effaçai les traces de ce funeste évènement; j'emportai mon enfant, et je le confiai à des mains sûres. Le père de ma femme ignora, ou feignit d'ignorer la cause de sa perte : tout se passa sans éclat. Je ne vous peindrai pas l'excès de ma douleur........ Vous fûtes frappée du même coup. Vous offrir le tableau de mes peines, ce serait vous rappeler les vôtres.

LA COMTESSE.

Je ne les ai que trop senties. Que serais-je devenue sans mon fils?

VALBOURG.

Et sans mon enfant, quel eût été mon sort? Si j'ai souvent déploré sa naissance, au moins je me suis quelquefois attendri à ses côtés. Il semble que ses premiers malheurs m'y attachent plus fortement encore.

LA COMTESSE.

Qu'est devenu cet enfant?

VALBOURG.

Il est bien, très-bien.... Ah! le père le plus tendre n'aurait pas fait plus que les mains bienfaisantes qui ont élevé son enfance; mais, mon amie, cet être infortuné ne tient encore à rien dans l'univers.

Le père de mon épouse mourut il y a un an. Je crus que c'était le moment de faire reconnaître un mariage, contre lequel l'autorité paternelle ne pouvait plus s'élever. Je jugeai ne devoir pas laisser perdre une fortune considérable que la nature accorde à cette enfant, qui ne me connaît pas encore, et qui me connaîtrait en vain, s'il doit être compté parmi les fruits d'un amour illicite. Je présentai mes titres, et des collatéraux avides et cruels osèrent les méconnaître. On attaqua la validité de mon mariage, et en première instance il fut déclaré nul. Concevez mon désespoir. J'appelai de ce jugement. Les plus célèbres jurisconsultes s'occupent sans relâche de ma cause, et me promettent un jugement avantageux; mais, plus l'instant approche, plus mes craintes augmentent, plus la constance et l'espoir m'abandonnent. C'est aujourd'hui que mon sort se décide.... Quand je pense que dans quelques heures je peux rougir devant les lois du titre sacré de père, et qu'une enfant adorée me reprochera peut-être de lui avoir donné l'existence...... Ah! mon amie, cette situation est affreuse; vous seule pouvez l'adoucir, soutenir mon courage, et ranimer mes espérances. Voilà le but d'une confidence trop tardive, peut-être; mais devenue nécessaire à mon cœur.

ACTE, I, SCÈNE VI.

LA COMTESSE.

C'est au bord du précipice que votre secret vous échappe, et vous me laissez ignorer le nom de votre enfant, et le lieu de sa retraite! doit-il avoir un autre asile que ma maison? Si c'est une fille, quelle autre que moi doit lui tenir lieu de mère, si la loi la condamne, ou si l'évènement est tel que nous le désirons, mademoiselle de Valbourg peut-elle être plus décemment que chez moi? Dans tous les cas, mon ami, vous me devez une confiance entière.

VALBOURG.

Dès que je saurai son sort, je vous l'apprendrai. S'il est conforme à mes vœux, avec quel plaisir je vous présenterai cette enfant chérie, qu'alors il me sera possible d'avouer sans rougir. Épargnez-moi, ma tendre amie, le chagrin et la honte de la faire paraître devant vous avant le moment décisif.

LA COMTESSE.

Je n'insiste plus. L'amitié ne doit pas être exigeante. Je me bornerai à des consolations, puisque vous refusez mes services. J'aurais cru cependant qu'après les obligations que vous a mon fils, vous auriez consenti à me devoir quelque chose.

VALBOURG.

Je vous dois plus que vous ne pen..... Et quant à votre fils, je n'ai consulté que mon inclination, en cultivant l'esprit et la raison d'un jeune homme aimable, qui répond si parfaitement à mes soins. Je vous avoue cependant que je suis affligé et surpris de son étroite liaison avec le marquis de Verville. Cet ami ne lui convient pas; il doit s'en être aperçu, et il vient l'établir dans votre château ! Nous penserons aux moyens de rompre ce commerce dangereux.

LA COMTESSE.

Vous me prévenez; je voulais vous en parler : nous nous en occuperons. Livrons-nous à l'idée consolante d'un jugement avantageux. Mais, voici ma Julie, cette enfant si digne de connaître ses parens, et de faire leur bonheur.

VALBOURG.

Je ne la vois jamais sans éprouver une émotion.....

LA COMTESSE.

Sa vue doit vous rappeler.....

VALBOURG.

Ah! tout, madame, tout.

SCÈNE VII.

Les Précédens, JULIE.

JULIE, embrassant la comtesse.

Bonjour, ma chère maman. Monsieur le comte, je vous salue.

LA COMTESSE.

Tu ne l'embrasses pas, Julie? tu sais qu'il est mon bon ami.

JULIE.

Oh! avec un sensible plaisir. (*Elle passe au milieu, et embrasse Valbourg.*) Mais, quoi, vous paraissez chagrin! Ah! monsieur le comte, je n'aurais

ACTE I, SCÈNE VII.

jamais cru qu'on pût être triste auprès de ma bonne maman.

LA COMTESSE.

Aimable enfant, tu m'aideras à le consoler.

JULIE.

De bien bon cœur. Mais de quoi?

LA COMTESSE.

Un procès qu'il craint de perdre, l'inquiète et l'afflige.

JULIE.

Hé, pourquoi le perdrait-il? Je suis bien sûre qu'il a bon droit.

LA COMTESSE.

Comment cela?

JULIE.

D'abord, parce qu'il est l'ami de ma bonne maman, et que tout ce qui l'approche doit avoir raison, et puis, c'est que monsieur le comte est si bon, si modéré! Tenez, maman, je l'aime presqu'autant que vous.

VALBOURG.

Quelle aimable ingénuité!

JULIE.

Vous vous attendrissez davantage? Je ne veux pas cela, monsieur le comte. Je suis chargée de vous consoler; je veux vous faire oublier vos peines. Allons, regardez-moi. Souriez, souriez donc, faites quelque chose pour Julie.

VALBOURG, *la pressant dans ses bras.*

Oui, ma chère enfant, vous avez droit de tout obtenir de moi; mais il est des chagrins que vous ne pouvez calmer, et qu'heureusement on ne connaît pas à votre âge.

JULIE.

Vous croyez cela, monsieur le comte? J'ai mes chagrins aussi; mais quand ils me tourmentent, je sais bien vite les oublier.

LA COMTESSE.

Eh, que fais-tu pour cela?

JULIE.

Je viens près de toi, ma petite maman; je t'embrasse, et je n'y pense plus.

VALBOURG.

Mais, ma chère Julie, quels sont ces chagrins? Je ne vois pas que vous puissiez en avoir de bien sérieux.

JULIE, *d'un ton fort piqué.*

Ce sont les vôtres, monsieur, qui ne devraient plus vous affecter, lorsque maman et moi nous vous en prions. Quand je suis triste, ce n'est pas un malheureux procès qui m'occupe, moi; ce sont des choses bien plus importantes; mais je me reprocherais de laisser voir mes larmes à maman: je sais qu'elles feraient couler les siennes. Vous n'êtes pas si délicat. Tenez, voyez, les vôtres redoublent........ Mais finissez donc; vous allez me faire pleurer aussi.

VALBOURG.

Ah! laissez-les couler ces larmes, dont je ne suis plus maître...... Mais, mon enfant, quels sont donc ces chagrins dont vous parlez avec tant d'intérêt?

ACTE I, SCÈNE VII.

JULIE, baissant les yeux.

Vous me le demandez! avec autant d'esprit, peut-on ne pas les pressentir?

LA COMTESSE.

Parle, parle, mon enfant. Tu en as trop dit pour ne pas achever.

JULIE.

Ah! ma bonne maman, quand je te vois serrer ton fils dans tes bras, lui donner les noms les plus tendres; quand je le vois répondre à ta tendresse, crois-tu que mon cœur ne me dise rien? Ah! maman, pourquoi n'ai-je pas aussi des parens? Je saurais si bien les aimer!

VALBOURG, à part.

Mon cœur se brise.

LA COMTESSE.

Ma Julie, tu peux te plaindre de la fortune; mais de mon cœur........

JULIE, l'embrassant.

Ah! ma bonne maman, je vous dois bien plus qu'à mes parens. Ils m'ont rejetée, abandonnée, peut-être encore qu'ils me haïssent. Je ne leur demande ni rang, ni fortune; mais ils me doivent leur tendresse; peuvent-ils m'en priver sans injustice? Je m'en rapporte à vous, monsieur le comte, à vous qui avez tant de probité.

VALBOURG, à part.

Mon secret est prêt à m'échapper. (*Haut.*) Julie!.... ah! croyez que vos parens..... s'ils existent..... s'ils vous ont vue....... s'ils vous connaissent..... combien ils doivent vous aimer...... combien ils doivent gémir! (*A la comtesse.*) Mon cœur est déchiré.... Cette enfant me rapelle à chaque instant...... Julie..... votre père........ Il faut sans doute que des raisons bien fortes.... Il faut que des obstacles invincibles...... Je ne puis retenir mes larmes..... Sortons, madame, sortons..... Ah! jamais votre ami ne fut plus agité, plus attendri, plus malheureux!

SCÈNE VIII.

JULIE, seule.

Je ne voulais pas les affliger. Voilà la première fois que je parle de mon état, et...... il faut donc souffrir en silence quand on a de vrais amis.... Voilà ma bonne maman sortie; son fils ne tardera pas à venir. Il me dit toujours qu'il m'aime, et je le crois; mais à quoi cela nous conduira-t-il? Je l'aime, moi, de tout mon cœur; mais je ne le lui dirai jamais, car je sens bien que ma bonne maman ne peut pas consentir.... Le voilà. (*Avec joie.*) Oh! je savais bien qu'il viendrait.

SCÈNE IX.

D'ELMONT, JULIE.

D'ELMONT.
Quoi! ma petite sœur, vous m'attendiez?

JULIE.
Moi, monsieur, pas du tout.

D'ELMONT.

Cependant j'ai cru entendre...... Craindriez-vous de me faire goûter un instant de bonheur?

JULIE.

Au contraire, monsieur; je serai toujours flattée de faire plaisir au fils de ma bonne maman. Ma reconnaissance me l'ordonne.

D'ELMONT.

Vous entendez bien ce que je veux dire, mademoiselle; mais votre cœur toujours insensible....

JULIE.

Insensible, monsieur? Pourquoi calomniez-vous mon cœur? Il est trop doux d'aimer pour que jamais il s'y refuse.

D'ELMONT.

Est-il bien vrai, ma Julie? Vous rendez donc enfin justice à ma tendresse...... Quoi, vous m'aimez?

JULIE.

Quelle question il me fait? Je vous aime, et je le dois. N'êtes-vous pas mon frère? J'aime tous ceux qui me veulent du bien, moi.

D'ELMONT.

Et surtout monsieur de Valbourg, n'est-il pas vrai?

JULIE.

Oh! oui. Je l'aime à la folie.

D'ELMONT.

Je le crois. On ne passe pas des journées entières avec quelqu'un qui nous serait indifférent, mademoiselle.

JULIE.

Pourquoi cet air piqué, monsieur? Combien en avez-vous passées avec lui, sans que je vous en aie rien dit!

D'ELMONT.

Je crois qu'il y a quelque distinction à faire, mademoiselle.

JULIE.

Je n'en vois aucune, monsieur.

D'ELMONT.

Pourquoi donc ne puis-je jouir du même avantage? Vous savez combien ces momens me seraient précieux.

JULIE.

Oui, je crois que cela vous plairait assez; mais la chose n'est pas possible.

D'ELMONT.

Eh, par quelle raison?

JULIE.

C'est que vous n'êtes pas monsieur de Valbourg.

D'ELMONT.

Me croyez-vous moins tendre, moins honnête, moins délicat que lui?

JULIE.

Je vous crois un petit être à peu près parfait : c'est pour cela que je vous aime tant.

D'ELMONT.

Ah! vous me plaisantez, à présent.

JULIE.

Vous savez bien, mon petit frère, que j'en suis incapable.

ACTE I, SCÈNE IX.

D'ELMONT.

Mais expliquez-vous donc, méchante fille que vous êtes, et ne me tourmentez pas davantage.

JULIE.

Voyez, je le tourmente à présent! Mais comment faut-il faire pour avoir la paix avec vous? C'est vous, monsieur, qui êtes tourmentant.

D'ELMONT.

Oui, quand je vous parle de ma tendresse, n'est-il pas vrai, mademoiselle?

JULIE.

En vérité, vous prenez tout de travers : je me brouillerai avec vous.

D'ELMONT.

Oh! non, ma chère petite sœur.... Mais c'est que vous avez quelquefois des caprices si piquans.....

JULIE.

Mais où prenez-vous vos expressions, monsieur? Vous êtes aujourd'hui d'une humeur insupportable.

D'ELMONT.

Je suis peut-être plus insupportable encore que mes expressions et mon humeur.

JULIE.

De mieux en mieux, monsieur. Vous avez une pénétration admirable.

D'ELMONT.

J'en ai assez pour lire au fond de votre ame.

JULIE.

Il n'en faut pas beaucoup pour cela, monsieur : j'ai grand soin de dire tout ce que je pense.

D'ELMONT.

Oui, à monsieur de Valbourg, mademoiselle.

JULIE.

A lui, à vous, et à tout le monde, monsieur.

D'ELMONT.

Oh! à moi? permettez que j'en doute. Au reste, il est assez naturel d'être réservé avec ceux qui auraient des reproches à nous faire.

JULIE.

Je ne vous entends plus.

D'ELMONT.

Ma chère Julie, écoutez-moi, je vous en supplie.

JULIE.

Eh! depuis une heure je ne fais que cela.

D'ELMONT.

Dites-moi sérieusement que vous m'aimez.

JULIE.

Je ne plaisante jamais là-dessus.

D'ELMONT.

M'aimez-vous, Julie?

JULIE.

De toute mon ame : je vous l'ai dit cent fois.

D'ELMONT.

Vous n'aimez donc pas monsieur de Valbourg?

JULIE.

Eh! pourquoi ne l'aimerais-je pas?

D'ELMONT.

La voilà qui m'échappe encore!

JULIE.

Vous voudriez donc que je n'aimasse que vous?

ACTE I, SCÈNE IX.

D'ELMONT.

Ce désir est assez naturel.

JULIE.

Et pourquoi?

D'ELMONT.

C'est que je vous ai donné mon cœur tout entier, et que vous me devez le vôtre; que l'amour est le seul prix qu'on puisse offrir à l'amour.

JULIE.

Eh bien, voyez que je suis simple. J'avais toujours cru que vous n'aviez pour moi que de l'amitié.

D'ELMONT.

Croyez-vous qu'on puisse long-temps s'en tenir à un sentiment aussi froid?

JULIE.

J'en connais qui s'en contentent.

D'ELMONT.

Et sont-ils heureux?

JULIE.

Oh! je ne sais pas.

D'ELMONT.

Il y a long-temps, ma chère Julie, que j'ai pour vous l'amour le plus tendre.

JULIE.

Vous êtes bien bon.

D'ELMONT.

Si je pouvais me flatter de vous le voir partager un jour?

JULIE.

C'est une autre affaire.

D'ELMONT.

Si, du moins, vous vouliez dissiper les craintes qui m'agitaient tout à l'heure.

JULIE.

Il va encore me parler de monsieur de Valbourg.

D'ELMONT.

Avez-vous de l'amour pour lui?

JULIE.

J'en suis bien éloignée.

D'ELMONT.

Puis-je le croire?

JULIE.

Vous savez bien que je ne mens jamais.

D'ELMONT.

Cette assurance me rend le repos.

JULIE.

Ah! tant mieux, mon petit frère.

D'ELMONT.

Je me livre à l'espoir de toucher votre cœur, et d'en être uniquement chéri : répondez-moi.

JULIE.

C'est mon secret.

SCÈNE X.

Les Précédens, VERVILLE.

VERVILLE, entrant étourdiment.

Charmant tête-à-tête, en vérité! Comment donc, cher comte, tu t'échappes de ton appartement....

(*Envisageant Julie.*) Mademoiselle, son empressement ne m'étonne plus; vos yeux le justifient.

JULIE.

Mes yeux, monsieur?

VERVILLE.

Je te sais bien bon gré de m'avoir conduit ici; mais j'ai à me plaindre de toi. Comment! tu possèdes un objet charmant, et depuis trois grands mois que nous nous connaissons, tu me l'avais caché! Oh, cela n'est pas bien. Mademoiselle, recevez au moins l'assurance de mes regrets. On ne peut vous voir sans être fâché de ne vous avoir pas vue plus tôt.

JULIE.

Monsieur... En vérité.... (*A part.*) Je ne sais que lui dire, à celui-ci.

D'ELMONT, bas à Verville.

N'est-il pas vrai, mon ami, qu'elle est charmante?

VERVILLE.

Oui, mon ami, charmante, c'est le mot. Mais je suis peut-être entré au moment intéressant de la conversation. Quelque plaisir qu'on trouve auprès de vous, mademoiselle, si je suis de trop, je me retire. Il est des sacrifices qu'il faut faire à l'amitié.

JULIE.

Mais.... je....

VERVILLE.

Mademoiselle ne répond-elle jamais que par monosyllabes? Il est bien doux de la voir; mais il faudrait aussi l'entendre. Serait-ce un excès de timidité qui tiendrait cette jolie bouche fermée? Il faut vous en défaire. Je n'ai pas encore de droits bien réels à votre confiance ; mais cela viendra dans peu, je l'espère, et vous n'aurez plus avec moi cette réserve affligeante. Allons, ma belle enfant, mettez-vous à votre aise : je ne crois pas mon aspect fort imposant.

JULIE.

Vous avez raison, monsieur.

VERVILLE.

Elle est naïve, au moins. C'est une fleur nouvellement sortie des mains de la nature ; mais qui a besoin d'être cultivée. Heureux le mortel que vous jugerez digne d'opérer votre métamorphose ! C'est la chère maman qui s'est chargée jusqu'ici de son éducation : je le vois à cet air excessivement décent. Mais, mademoiselle, un pareil précepteur ne vous convient plus : chaque chose a son temps. Vous m'entendez ?

JULIE.

Non, monsieur ; mais je vais rendre à madame la comtesse d'Elmont ce que vous m'avez fait l'honneur de me dire, et apprendre d'elle la manière dont je dois répondre à des plaisanteries qu'on ne s'était pas encore permises avec moi.

SCÈNE XI.

VERVILLE, D'ELMONT.

VERVILLE.

Elle est un peu revêche, ta jolie orpheline.

ACTE I, SCÈNE XI.

D'ELMONT.

Tu as été trop vite, mon ami. Je te prie de la ménager davantage.

VERVILLE.

Ah! fripon, vous m'avez bien l'air de vouloir être son unique instituteur.

D'ELMONT.

Je t'avoue qu'elle m'est infiniment chère.

VERVILLE.

Et où en es-tu avec elle?

D'ELMONT.

J'espère m'en faire aimer avec le temps.

VERVILLE.

Charmante perspective, en vérité! Tu vas donc brûler d'une belle passion, sur l'espoir d'un retour incertain, qu'on aura peut-être encore la cruauté de te cacher?

D'ELMONT.

Mais que veux-tu que je devienne?

VERVILLE.

Heureux, mon ami, heureux. C'est par là qu'il faut commencer.

D'ELMONT.

J'attenterais à son innocence! Je n'ai pas encore osé en concevoir l'idée.

VERVILLE.

Il est donc fort heureux que je sois venu ici pour te la donner.

D'ELMONT.

Tu trouveras bon que je la rejette.

VERVILLE.

Comme tu voudras. Mais crois-tu que tout le monde se piquera d'une semblable délicatesse? Tu m'as déja parlé d'un comte de Valbourg : c'est un égrillard ; je sais de ses nouvelles. On m'a dit qu'il avait fait des siennes autrefois. Il est vrai qu'il est un peu mûri depuis ce temps-là ; mais le diable est si fin, et une vertu de quinze ans est si faible!

D'ELMONT.

Ah! marquis, qu'oses-tu dire? Julie est aussi sage qu'elle est belle, j'en suis certain. Pour le comte, il m'avait vivement inquiété; mais Julie vient de me rassurer.

VERVILLE.

Comment cela?

D'ELMONT.

Elle m'a protesté qu'elle ne l'aime pas.

VERVILLE.

D'après cela, tu dois être tranquille. Ces petits êtres-là ne trompent jamais.

D'ELMONT.

Puis-je soupçonner qu'à son âge....

VERVIRLE.

Innocent! Son âge! en fait d'intrigue, une femme est toujours majeure.

D'ELMONT.

Tu n'as pas du sexe une idée bien avantageuse. Mais, mon ami, il est d'heureuses exceptions....

VERVILLE.

Oui, mon ami, et tu ne dois pas douter que la nature n'en ait fait une en ta faveur.

ACTE I, SCÈNE XI.

D'ELMONT.

Cessons de plaisanter, marquis : ne peux-tu être raisonnable un moment?

VERVILLE.

Raisonner un moment! oh! c'est bien dur. N'importe, il faut faire quelque chose pour ses amis. Raisonnons donc; mais soyons brefs. Voyons, consulte-toi bien, et quand la nature de ton amour sera constatée, nous aviserons aux moyens de le couronner.

D'ELMONT.

Oh! mon amour est tout ce qu'il peut être.

VERVILLE.

C'est-à-dire violent, dans toute la force du terme.

D'ELMONT.

Il est au-dessus de l'expression.

VERVILLE.

Le mal est sérieux, il faut le guérir. D'abord je ne suppose pas que tu veuilles faire la grande folie?

D'ELMONT.

Et laquelle?

VERVILLE.

Épouser.

D'ELMONT.

L'épouser.... Ah! si j'osais.... si ma mère....

VERVILLE.

J'entends. Si tu étais ton maître....

D'ELMONT.

Je ne balancerais pas.

VERVILLE.

Mais tu ne l'es pas, heureusement. Tu as un nom,

un état, une fortune considérable, et, par-dessus tout cela, une mère à ménager. Tu vois que je raisonne comme un autre, quand je veux m'en mêler.

D'ELMONT.

Ma mère m'aime tant! On pourrait la pressentir. Si tu voulais t'en charger?

VERVILLE.

Tu te moques de moi. Elle me rirait au nez, et me tournerait les talons : voilà probablement la réponse que j'en tirerais. J'irais lui proposer de t'unir à une petite fille, que tu ne regarderais seulement pas sans ce minois chiffonné qui te tourne la tête? Si elle avait de la naissance et cent mille livres de rente, je me chargerais de la commission, et je pourrais réussir; mais Julie, dénuée de tout cela, ne peut être ta femme. Faisons-en donc ta maîtresse.

D'ELMONT.

La dégrader! l'avilir! non, jamais.... Je voudrais savoir ce que pense ma mère. J'ai tant de ressources dans sa tendresse!

VERVILLE.

Sais-tu à quoi te mènera ton obstination? Je vais te le dire. Ta mère, une fois dans le secret, prendra de sages mesures, et fera bien. On te ménagera, on t'amadouera, et, un beau matin, on fera monter ta Julie en voiture, et on la conduira dans quelque province éloignée. Peut-être même l'officieux Valbourg se chargera-t-il de la conduire. Non, mon ami, ce n'est pas ainsi que se mènent les affaires.

ACTE I, SCÈNE XI.

D'ELMONT.

Je conçois que tu peux avoir raison.

VERVILLE.

C'est fort heureux. Il faut d'abord barrer le cher Valbourg dans ses projets, s'il en a, ce qui est très-possible. Je connais la marche de ces vieux garçons. Ils s'introduisent dans une maison sous le titre spécieux d'amis; peu à peu ils établissent leur empire; ils écartent les importuns, ne laissent voir qu'eux, se font voir souvent, rendent de fréquens services, éloignent la défiance par un extérieur réservé, austère même, ne présentent leur amour que sous l'innocente apparence de l'amitié, font naître enfin une sécurité parfaite, et, toujours maîtres de leurs sens, attendent le moment favorable, le saisissent sans qu'on ait prévu leur triomphe, et abandonnent ensuite la poulette à un jeune amant bien ardent, bien honnête, qui répare tout par un bon et solide mariage. Tu m'avoueras que ceci vaut la peine qu'on y pense.

D'ELMONT.

Je ne sais quel parti prendre. Ami cruel, si tu me montres le danger, indique-moi les moyens de m'y soustraire.

VERVILLE.

Voilà ce qui s'appelle parler. Dans l'état où je vois les choses, il n'y a qu'un expédient.

D'ELMONT.

Et c'est...

VERVILLE.

D'enlever.

D'ELMONT.

Grand Dieu! Tourmenter une infortunée à qui je ne dois que des hommages! manquer cruellement à ma mère!

VERVILLE.

Aimes-tu mieux te manquer à toi-même? L'homme est né pour le plaisir. Le rigoriste le laisse échapper ; le sage le fixe, et s'embarrasse peu de l'opinion des sots. Au reste, je ne prétends pas te forcer à être heureux. Que les Valbourg et ses semblables commencent l'éducation de Julie, tu la finiras ensuite. Cette issue n'est pas la plus flatteuse ; mais c'est au moins la plus sûre.

D'ELMONT.

Tu me fais frémir. Tes raisons ne me paraissent pas convaincantes ; cependant je n'ai rien de persuasif à leur opposer. Ton expérience, ton usage du monde, te donnent sur moi un ascendant que contredit ma raison, et auquel je ne peux me soustraire.

VERVILLE.

Laisse-toi donc conduire, et sache t'en rapporter à des yeux plus clairvoyans que les tiens. Je t'ai donné un certain Picard, qui doit te servir utilement dans ces sortes d'affaires. C'est un trésor dont je me suis privé pour toi. Pas de limier qui ait le nez aussi fin ; pas de gibier qui lui échappe. Ce drôle-là m'a rendu des services essentiels, et il est presque aussi capable que moi de guider ton inexpérience. Faisons-le venir, et donnons-lui ses instructions. Picard, Picard, Picard !

SCÈNE XII.

VERVILLE, DELMONT, PICARD.

PICARD.
Que veut monsieur le marquis ?
VERVILLE.
Écoutez-moi, monsieur Picard. Je vous ai ménagé l'occasion de prouver votre zèle à votre nouveau maître. Il faut avoir les yeux ouverts sur les démarches du comte de Valbourg, qui pourrait avoir des vues....
PICARD.
Oh ! il en a, monsieur le marquis : c'est moi qui vous l'assure.
D'ELMONT.
Que dis-tu ? Qu'as-tu vu !
PICARD.
Je n'ai pas besoin de voir les choses, moi, monsieur, pour être instruit : j'ai le tact fin. Quand on sort de chez monsieur le marquis, on possède la quintescence du métier.
D'ELMONT.
Qu'as-tu donc remarqué, enfin ?
PICARD.
Soupirs étouffés, regards furtifs, contenance embarrassée en présence de madame la comtesse ; teint

animé, œil perçant dans le tête-à-tête : voilà ce que j'ai saisi.

D'ELMONT.

Tout ajoute à mes alarmes. Faut-il la perdre? Ah! Julie, t'oublierais-tu à ce point!

PICARD.

Je viens d'entrer dans le cabinet de madame. Je n'y avais point affaire ; mais je savais que mademoiselle Julie et monsieur de Valbourg y étaient seuls, et j'aime à savoir ce qui se passe.

D'ELMONT.

Achève, parle. Qu'y faisaient-ils?

PICARD.

Ils sont assis l'un à côté de l'autre. Monsieur de Valbourg tient les mains de mademoiselle Julie dans les siennes. Mademoiselle Julie a la tête baissée, et ses larmes coulent sur les mains de monsieur de Valbourg.

D'ELMONT.

C'en est trop, c'en est trop! Il faut rompre leur entretien. Non ; cours, entre dans les antichambres, fais grand bruit, prends quelque prétexte pour rentrer dans le cabinet. Ne les perds plus de vue : tu me réponds de tout.

PICARD.

Mais si monsieur de Valbourg s'aperçoit que je l'observe, et qu'il se permette... là... vous m'entendez bien?

D'ELMONT.

Mes bienfaits t'en dédommageront. Obéis.

SCÈNE XIII.

VERVILLE, D'ELMONT.

VERVILLE.

Eh bien, mon ami, avais-je tort? Ta jeunesse, ta candeur te font tout voir en beau, et sans moi... Ah! voilà ta respectable maman.

SCÈNE XIV.

VERVILLE, D'ELMONT, La COMTESSE.

LA COMTESSE.

Voulez-vous bien me permettre, monsieur le marquis, d'avoir avec mon fils un entretien particulier?

VERVILLE.

Moi, madame, je ne me suis jamais opposé aux plaisirs de personne. D'ailleurs, la maternité a des droits sacrés. Je me retire, et vous laisse moraliser à votre aise.

SCÈNE XV.

D'ELMONT, LA COMTESSE.

LA COMTESSE.

Mon fils, je suis mécontente, et je pourrais vous faire des reproches : écoutez-moi. Vous vous êtes indiscrètement lié avec monsieur de Verville. J'ai combattu votre amitié naissante; vous n'avez pas écouté mes conseils. Bientôt cet homme est devenu votre unique ami, et vous avez négligé, pour lui, votre mère, et monsieur de Valbourg, à qui vous avez des obligations.

D'ELMONT, à part.

Ah! Valbourg!

LA COMTESSE.

J'ai renouvelé mes prières, et vous n'y avez répondu qu'en m'amenant monsieur de Verville dans mon château. Ayez des amis dignes de vous, mon fils, et je me ferai un plaisir de les mettre au rang des miens. Pour celui-ci, il ne convient ni à vous, ni à moi, ni à Julie. Comment vient-il de se comporter avec elle? De quelle façon vient-il de nous quitter? J'ai lieu de le croire aussi léger en morale qu'en procédés, et, si je vois juste, quels dangers ne courez-vous pas avec un tel homme? Que de larmes il prépare peut-être à votre mère?

D'ELMONT, embarrassé.

Ah! madame! vos craintes..... si vous connaissiez mon cœur.....

LA COMTESSE.

Je n'ai jamais douté de votre cœur; mais je crains tout de votre excessive facilité. Mon ami, votre âge est celui de la confiance : on ne songe pas à se garantir des vices qu'on ne connaît pas encore. Mais peu à peu on s'éloigne de ses devoirs, on les oublie, on les méprise; la perversité gagne, entraîne, et les remords restent seuls à celui qui n'aurait dû sentir que le témoignage d'une bonne conscience.

D'ELMONT.

Ah! ma mère, quel tableau vous m'offrez! Serait-il possible qu'en effet je devinsse vicieux? Ah! Verville, pourrais-tu m'égarer?

LA COMTESSE.

N'en doutez pas, mon fils. L'air que respire un homme sans mœurs est empoisonné, et la vertu la plus pure perd, en l'approchant de trop près, sa fraîcheur et son éclat. Quel peut être l'objet de vos longs et fréquens entretiens?... Vous vous taisez, mon fils : vous craignez de rougir devant moi. Il est des aveux pénibles qu'une mère ne doit pas entendre; mais nous avons un ami commun, sage, discret, à qui vous pouvez vous ouvrir. Monsieur de Valbourg....

D'ELMONT, avec indignation.

Me confier à lui, ma mère! Non, jamais.

LA COMTESSE.

Qu'entends-je? l'aurait-on déja calomnié près de vous? Tremblez. Si l'on cherche à vous rendre sa vertu suspecte, on a juré votre ruine.

D'ELMONT, hors de lui.

Sa vertu!.... malheureuse Julie!

LA COMTESSE.

Vous refusez de vous confier à moi, à monsieur de Valbourg? Votre réserve m'afflige, je ne vous le cache pas. Voilà le premier chagrin que vous me causez, d'Elmont : laissez-moi du moins espérer qu'il ne sera suivi d'aucun autre. J'exige que vous rompiez entièrement avec monsieur de Verville : c'est le seul moyen de m'assurer de vous. On s'y prendra de manière à ne pas vous compromettre. Si une lettre, que monsieur de Valbourg attend ce matin, ne rend pas ici ma présence nécessaire, j'irai dîner avec Julie au château de Tourville : vous nous donnerez la main. Monsieur de Valbourg restera avec le marquis. Il vous excusera facilement près de lui, et saura adroitement nous en défaire. Tu me feras ce sacrifice, n'est-il pas vrai, mon ami ? Tu le dois à ma tendresse. C'est le fatal ascendant que cet homme a pris sur toi, qui me ferme ton cœur ; mais son empire détruit, celui de la nature et de la vertu va renaître. Nous dînerons ensemble : Julie y sera. C'est ta petite sœur, tu l'aimes... viens mon fils, viens, mon ami.

(Elle l'embrasse, et sort avec lui.)

FIN DU PREMIER ACTE.

ACTE SECOND.

SCÈNE I.

JULIE, VALBOURG.

JULIE.

Oui, monsieur le comte, c'est d'amour qu'il m'aime, et il vient de me le dire.

VALBOURG.

Et c'est la première fois qu'il vous le dit?

JULIE.

Oui; mais je m'en étais bien aperçue.

VALBOURG.

Et l'aveu qu'il vous en a fait ne vous a pas déplu?

JULIE.

Au contraire. Il est si aimable!

VALBOURG.

Vous l'aimez donc aussi?

JULIE.

Oh! j'en suis folle.

VALBOURG.

Le sait-il?

JULIE.

Il ne le saura jamais.

VALBOURG.

Et pourquoi?

JULIE.

Voulez-vous que je chagrine ma bonne maman? Mais, tenez, si j'en dis davantage....

VALBOURG.

Parlez, parlez, mon enfant. Accordez-moi votre confiance : je n'en suis pas indigne.

JULIE.

Vous voyez bien que je ne vous cache rien. Ce n'est pas que je veuille avoir des secrets pour maman; mais si je peux lui épargner des inquiétudes.... Vous sentez bien, monsieur le comte, que je ne dois pas penser à être la femme de son fils.

VALBOURG.

Julie, vous ne vous connaissez pas encore.

JULIE.

Hélas! non. C'est ce qui me fait désespérer....

VALBOURG.

Un jour de plus peut apporter un grand changement dans votre situation.

JULIE, vivement.

Quoi! maman aurait-elle vu?... penserait-elle?... Ah! monsieur le comte, je vois bien que vous savez tout.... Dites-moi donc.... parlez, parlez, mon bon ami, soulagez mon cœur. Pense-t-on vraiment à me faire épouser mon petit frère? Quelle bonté! quelle générosité!

VALBOURG.

Je ne crois pas, mon enfant, qu'on en ait formé le

projet; mais la chose ne me paraît pas absolument impossible.

JULIE.

Mais quels moyens employer?... Je n'en vois aucun qui....

VALBOURG.

Je les vois pour vous, Julie, et je les mettrai en usage quand il en sera temps.

JULIE.

Quoi! vous me promettez....

VALBOURG.

Je ne promets rien. Je m'engage seulement à vous aider de tout mon pouvoir.

JULIE.

Mais cela sera-t-il bien long, monsieur le comte? Je voudrais déja que la chose fût faite.

VALBOURG.

Modérez-vous, mon enfant. Je crois qu'à quinze ans on peut attendre.

JULIE.

Oh! ce n'est pas pour moi que je suis pressée. J'attendrais tant qu'on voudrait.

VALBOURG.

Quel motif vous engage donc....

JULIE.

C'est l'intérêt de mon petit comte qui me détermine. Il voudrait être sans cesse avec moi, et je ne peux pas honnêtement me prêter à cela, n'est-ce pas, mon ami? Si nous étions mariés, je ne le quitterais pas un instant, et j'empêcherais monsieur de Verville, qui, avec sa permission, est un impertinent, je l'empêcherais bien d'obséder mon mari, et de chagriner sa bonne mère. Pauvre petit frère! je te rendrais la vie si douce, je t'aimerais tant, je te caresserais tant, que tu n'aurais pas une minute à donner à tes amis.

VALBOURG.

Chère enfant, tu me rendrais à la gaîté, si j'en étais susceptible. Conserve-là long-temps cette candeur, gage d'une ame sensible et pure. Espérons, ma Julie. Le ciel n'abandonnera pas l'innocence qu'il aime. O mon Dieu, dérobe-la à la malignité de ses ennemis!

JULIE, surprise.

J'ai donc des ennemis, monsieur le comte?

VALBOURG.

De bien cruels, mon enfant.

JULIE.

Je n'ai jamais fait de mal à personne.

VALBOURG.

Leur haine n'en est pas moins active.

JULIE.

Peuvent-ils empêcher mon mariage?

VALBOURG.

J'espère que non.

JULIE.

En ce cas, je leur pardonne. Mais allez donc, monsieur le comte, allez trouver ma bonne maman, et vous lui direz: Julie et d'Elmont s'aiment. Cette pauvre

ACTE II, SCÈNE I.

Julie n'est rien, n'a rien; mais elle a un bon cœur, et elle voudrait le partager entre vous et votre fils.

VALBOURG.

Je parlerai, Julie, je parlerai aujourd'hui, peut-être; j'ose m'en flatter. (*Ici d'Elmont et Verville paraissent dans le fond, et écoutent.*) J'approuve votre discrétion envers madame d'Elmont et son fils. Ne confiez à personne ce que nous venons de nous dire. Je ne négligerai rien, soyez-en persuadée, pour assurer votre bonheur.

JULIE.

Ah! comme je vous aimerai!

VALBOURG.

Comme nous nous aimerons!

JULIE.

Vous seul pouvez faire ma félicité.

VALBOURG.

Aimable enfant, c'est toi qui dois faire la mienne.

JULIE.

Ah! quand nous serons mariés....

VALBOURG.

Rien ne manquera à mes vœux.

JULIE.

Que vous êtes bon! que vous êtes aimable! embrassez-moi, mon ami.

(D'Elmont fait un mouvement; le marquis le retient et l'emmène.)

VALBOURG.

Ah! Julie, quels sentimens tu me fais éprouver! Pourquoi la plus pure des jouissances est-elle empoisonnée par des craintes.... Tu serais malheureuse!....

Ah! qui pourra prétendre au bonheur, s'il n'est pas ton juste partage?

SCÈNE II.

JULIE, seule.

Qu'il est honnête! qu'il est doux! quel intérêt il prend à moi! c'est bien le digne ami de ma bonne maman. Voilà mon petit d'Elmont. Oh! ce vilain marquis est encore avec lui. Il me déplaît. Personne ne l'aime ici.

SCÈNE III.

JULIE, VERVILLE, D'ELMONT.

VERVILLE.

Vous voilà seule, belle enfant. Je suis surpris qu'on vous ait sitôt quittée. J'aperçois dans vos yeux certaine langueur qui annonce le plus haut degré de sensibilité. La conversation était animée, selon les apparences..... Encore muette? Peu de gens, à ce qu'il me semble, ont l'art de vous faire parler.

JULIE.

Autant que je le peux, monsieur, je n'ai de conversation suivie qu'avec ceux que j'estime.

(Elle sort.)

SCÈNE IV.

VERVILLE, D'ELMONT.

VERVILLE.

A travers cette innocence prétendue, remarques-tu combien elle est piquante ? Tu as la manie de la croire une enfant, et moi, je la soupçonne....

D'ELMONT.

Je ne sais qu'en penser. Je me perds dans mes conjectures. Il est des instans où je crois tout, parce que je crains tout. Si j'interroge mon amour, je frémis. Si je consulte ma raison, je ne peux la croire coupable.

VERVILLE.

Dis donc au contraire que ta raison la condamne, et que ton fol amour l'excuse. Insensé ! Peut-on porter l'aveuglement jusqu'à démentir le témoignage de ses yeux et de ses oreilles ! Tu viens de les entendre se prodiguer les expressions les plus tendres ; tu les as vus se permettre les caresses les moins équivoques, et tu doutes de ton malheur ! Que dis-je ? c'est ce qui pouvait t'arriver de plus heureux. Abandonne-la à son amour ridicule. Sois homme, et oublie-la.

D'ELMONT.

Eh, le puis-je, cruel ami ? Ne vois-tu pas qu'en me retraçant ses torts, tu enfonces dans mon cœur le trait qui le déchirait déja. C'est à Valbourg qu'on me sacrifie ! « J'approuve votre discrétion envers madame

« d'Elmont et son fils », vient de dire le séducteur. Ma mère ne sait donc rien, et nous sommes tous également joués par cet homme...... Ma fureur est au comble.... Ah ! Julie, Julie, tu renonces à ta propre estime !..... Malheureuse ! c'était le seul bien que la Providence t'eût laissé, et tu t'en dépouilles sans pudeur.

VERVILLE.

Il ne suffit pas de s'emporter, de se plaindre : il faut prendre un parti.

D'ELMONT.

Il est pris. Je vais trouver ma mère ; je lui dévoilerai des attentats.....

VERVILLE.

Qu'elle ne voudra pas croire. Quelle force aura le témoignage d'un jeune homme de dix-huit ans, combattu par quelqu'un qui depuis quatorze ans jouit d'une confiance sans bornes ? Crois-moi, plus ta mère est vraie, moins elle ajoutera de foi à tes paroles.

D'ELMONT.

Je sens cela. Mais ce mariage dont ils parlaient....

VERVILLE.

Appât grossier que saisit une fille ambitieuse qui brûle de sortir de son obscurité.

D'ELMONT.

Mais le moyen que tu m'as proposé est odieux. Ma mère, ma bonne mère.... avec quelle indulgence elle me traitait il n'y a qu'un moment.

VERVILLE.

Ta jeunesse te servira d'excuse.

ACTE II, SCÈNE IV.

D'ELMONT.

Eh! qui lui restera pour essuyer ses larmes, si elle est trahie par Valbourg et par moi?

VERVILLE.

La raison. Crois-tu qu'elle tienne excessivement à cette petite fille?

D'ELMONT.

Mais si les suites.....

VERVILLE.

Et quelles suites as-tu à craindre? En supposant que notre espièglerie fût découverte, qu'en arriverait-il? Est-ce ta mère qui te poursuivrait? Seraient-ce les parens de Julie, que personne ne connaît? Allons, l'homme aux scrupules, laissez-vous persuader.

D'ELMONT.

Oh! ma mère, ma mère!

VERVILLE.

Oh! laisse donc tes ennuyeuses réflexions. Si je t'écoute, nous ne finirons rien. Nous allons monter à cheval. Nous irons bien doucement, bien sensément jusqu'au bout des avenues; ensuite, d'un train de galop nous poussons jusqu'à Paris, où ta belle viendra te joindre ce soir.

D'ELMONT, étonné.

Ce soir!

VERVILLE.

Eh oui, fripon, ce soir. Je n'aime pas les affaires qui traînent en longueur.

D'ELMONT.

Mais.... je ne sais.... si....

VERVILLE.

Mais.... si.... Tout est dit, tout est convenu. Holà, quelqu'un !

SCÈNE V.

VERVILLE, D'ELMONT, Un Valet.

VERVILLE.
Qu'on appelle Picard.

(Le valet sort.)

SCÈNE VI.

VERVILLE, D'ELMONT.

VERVILLE.
Heureux coquin ! Une fille de quinze ans, jolie comme les amours; un vieux rival, désolé et perdant le fruit de ses ruses ! quelles jouissances ! Ajoute à cela l'agrément de débuter dans le monde par un enlèvement. Un enlèvement à ton âge est un trait d'héroïsme qui sera consigné dans les fastes de la galanterie, et qui te mettra au pair de ce que nous avons de mieux parmi nos jeunes gens.

SCÈNE VII.

VERVILLE, D'ELMONT, PICARD.

VERVILLE.
Monsieur Picard, courez à Paris; rassemblez les

coquins de votre connaissance qui vous servent dans vos grandes entreprises. Vous les placerez avec une voiture dans le petit bois qui est auprès du château de Tourville, et ce soir, quand la comtesse et Julie reviendront....

PICARD.

Ah! j'entends, monsieur. On s'emparera de la jeune personne, et on la conduira, où?

VERVILLE.

A Paris, à ma petite maison, où nous allons vous attendre. Si ces dames ne sortent pas aujourd'hui, vous viendrez nous avertir. Vous voyez quelle confiance on a en vos talens : tâchez de la justifier.

PICARD.

Oh! monsieur le marquis sait bien....

VERVILLE.

Il est de bonne heure; nous ne sommes qu'à une lieue de Paris; tout cela peut s'arranger facilement. (*A d'Elmont.*) A propos, as-tu de l'argent?

PICARD.

Mais.... pas assez....

VERVILLE.

Je t'en fournirai. Idolâtre du plaisir, j'ai toujours senti que l'or en est le mobile, et le désir de prolonger mes jouissances m'a rendu économe. Dans tous les temps, je peux disposer de mille louis : ils sont à ton service. Monsieur Picard, de la discrétion et de l'activité. Il y a pour vous cinquante louis de pot-de-vin, sans ce que vous ne manquerez pas de voler sur les frais journaliers. Allons, mon ami, allons. Vite à cheval.

(Il emmène d'Elmont.)

SCÈNE VIII.

PICARD, seul.

Il y a pour vous cinquante louis de pot-de-vin, sans ce que vous ne manquerez pas de voler sur les frais journaliers. Ma foi, la perspective est riante, et bien sûrement je ne ferai pas mentir monsieur le marquis... si les mille louis me passent par les mains. Ah! ma Louison, quelle récolte j'irai déposer à tes pieds!... En vérité, ce petit comte d'Elmont est une cire molle dont le marquis fait ce qu'il veut.... Nous allons donc enlever.... enlever.... Je ne sais pas trop si mon inflexible Louison.... Non, elle ne me le pardonnera pas. C'est une fille à principes, cette Louison, pensant et raisonnant d'après les êtres sublimes qui habitent ce château. Diable emporte, si je ne suis souvent tenté de rire de mon attachement pour cette péronnelle. Son grand sérieux, ses grands mots sont d'un plaisant achevé, et tout cela me tourne la tête. Si j'obéis au marquis, je me brouille avec elle ; mais à n'en jamais revenir... Non, je ne me brouillerai pas; je ne veux pas être infractaire au traité de ce matin... D'un autre côté, si je me confie à Louison, et qu'elle s'avise de jaser, je me fais des affaires avec monsieur le marquis, et je perds une somme!... Je ne peux m'y déterminer. L'amour a beau faire, je ne céderai pas. D'ailleurs, je suis homme d'honneur, moi ; je ne trahirai pas mon maître.

SCÈNE IX.

PICARD, LOUISON.

LOUISON.

Te voilà seul ?

PICARD.

Pas du tout. Je m'entretenais avec toi.

LOUISON.

Avec moi !

PICARD.

Sans doute ; tu ne me sors pas un instant de la cervelle.

LOUISON.

Monsieur Picard est galant.

PICARD.

Je suis vrai. (*A part.*) Qu'elle est jolie ! quel chagrin de renoncer à cela !

LOUISON.

Que marmotes-tu là-bas ?

PICARD, à part.

Mais mon argent ? Un argent que je tiens, pour ainsi dire, le laisserai-je échapper ?

LOUISON.

Monsieur Picard, pour un valet de chambre du bon ton, vous ne savez pas vivre.

PICARD, à part.

Oui, ma Louison ou de l'argent; il faut opter.

LOUISON, impatientée.

Picard! Picard!

PICARD.

Un moment, et je suis à toi. (*A part.*) L'or est bien séduisant.... mais Louison.... Ah! Louison est bien tentente! Malheureuse alternative! l'amour et l'intérêt.... à laquelle des deux divinités faut-il donc rendre hommage? (*A Louison.*) Regarde-moi, friponne. Quel œil! qu'il est beau! qu'il est doux! qu'il est expressif!... Tu souris!... Ah! c'en est fait, tu l'emportes, et je te sacrifie ma fortune.

LOUISON.

Je crois qu'en ce genre nos sacrifices ne seront pas pénibles.

PICARD.

Le mien me coûte en diable. Deux cents louis au moins, mon enfant, deux cents louis que je foule aux pieds, que je ne veux pas prendre la peine de ramasser.

LOUISON.

Je ne t'aurais pas cru désintéressé à ce point-là.

PICARD.

Ma foi, ni moi non plus. Tu ne douteras plus du pouvoir de tes charmes, puisqu'ils opèrent des prodiges.

LOUISON.

Mais explique-toi donc.

ACTE II, SCÈNE IX.

PICARD.

C'est là le difficile.... Je te vois d'avance froncer le sourcil.... Cependant il faut parler.... car.... tout ce que je t'ai dit ne t'a rien appris encore.

LOUISON.

Finis ton galimatias.

PICARD, à genoux.

Tiens, Louison, je vais commencer mon récit par te demander pardon.

LOUISON.

Et de quoi ?

PICARD.

D'avoir perdu de vue, un moment, nos conventions de ce matin.

LOUISON.

Monsieur Picard, vous avez machiné quelque sottise.

PICARD.

Non, je n'ai pas le mérite de l'invention.

LOUISON.

Mais celui de l'exécution ?

PICARD.

Écoute donc, on ne gagne pas deux cents louis les bras croisés. Il a bien fallu promettre d'agir un peu. Eh ! comment s'en défendre ? Tu n'étais pas là, et que n'y étais-tu ! Un seul de tes regards m'eût empêché de succomber à la tentation.

LOUISON.

Au fait, au fait, au fait.

PICARD.

Pardonnes-tu ?

LOUISON.

Oui, puisque tu n'as fait que promettre, et que tu as assez de probité pour te repentir. Je te crois de la disposition à devenir honnête homme.

PICARD, se levant.

Tu me fais bien de l'honneur.

LOUISON.

C'est avec le marquis de Verville que tu t'es gâté ainsi. Je parie qu'il sera pour quelque chose dans ce que tu vas me dire.

PICARD.

Oh! c'est vraiment un terrible homme, ma Louison. Il m'a chargé....

LOUISON.

Il t'a chargé....

PICARD.

D'enlever....

LOUISON.

D'enlever....

PICARD.

Mademoiselle Julie.

LOUISON, éperdue jusqu'à la fin de la scène.

Julie! oh! le scélérat! le monstre! il n'y a pas un instant à perdre. Je cours avertir madame.

PICARD.

Eh! attends donc. Je te dis que c'est moi qui dois l'enlever, et tu vois bien que je ne l'enlève pas. Écoute-moi.

ACTE II, SCÈNE IX.

LOUISON.

Parle vite.... vite.... enlever ma Julie !

PICARD.

Oui, ce soir, à son retour du château de Tourville.

LOUISON.

Elle n'ira pas... non, elle n'ira pas... j'empêcherai qu'elle n'y aille.... L'infame ! quel moyen il ose employer !... Ah ! c'était le seul qu'il pût prendre. Julie ne l'aurait jamais écouté.

PICARD.

Mais le marquis ne l'aime pas.

LOUISON.

Il ne l'aime pas, et il l'enlève !

PICARD.

Ce n'est pas pour lui.

LOUISON.

Et pour qui donc ? Parle.... parle.... tu me fais mourir d'impatience.

PICARD.

Pour le comte d'Elmont, qui en est fou.

LOUISON.

Quoi ! il a déja perverti ce jeune homme... Je cours, je vole dire tout à madame.

PICARD.

Mais modère-toi donc. De la manière dont tu t'y prends, tu vas répandre l'alarme dans tout le château. Si le marquis apprend que j'aie parlé.... Il n'est pas plaisant, ce monsieur-là.

LOUISON.

Je me contiendrai, mon bon Picard, je me contiendrai.... Je penserai à ta sûreté.... Tu es un digne garçon.... Je t'aime à présent de toute mon ame. (*Elle l'embrasse.*) Adieu, mon petit Picard, adieu, mon ami.

(Elle sort.)

SCÈNE X.

PICARD, SEUL.

Adieu, mon petit Picard, adieu, mon ami. Deux baisers avec cela, et en voilà pour mes deux cents louis : c'est payer en grand seigneur... Je crois qu'avec tout mon esprit, je viens de faire une école. Ma foi, ce n'est pas la faute de mon esprit, si je suis amoureux; c'est celle de mon cœur, et on pardonne toutes les bévues qui partent de là. Un cœur faible, un cœur tendre, un cœur ardent ont servi d'excuse aux plus grands hommes : pourquoi n'aurais-je pas la même prérogative, moi qui n'ai pas la sotte prétention de m'illustrer en combattant mes passions ?... Mais le marquis ne se rendra pas à la solidité de mon raisonnement. Comment me tirer de là ?... Eh ! parbleu, rien n'est plus aisé. J'ai été indiscret par amour, je serai vertueux par nécessité. Mon aveu à Louison me donne des droits à l'estime de madame d'Elmont et de monsieur de Valbourg; je me mettrai sous leur protection, et je ne craindrai plus rien du marquis... Mon début dans cette maison m'y donnera même une certaine consistance. J'y serai cité comme un modèle d'honnêteté, tandis que.... Oh! combien d'actions, vertueuses en apparence, et qui n'ont eu pour principe que des motifs purement humains! Voici monsieur de Valbourg. Empaumons d'abord celui-ci : flattons sa passion dominante.

SCÈNE XI.

PICARD, VALBOURG.

VALBOURG, rêvant.

Non, depuis ce matin je n'ai pas été un moment à moi. Je vais, je viens ; mes inquiétudes, mes alarmes me poursuivent partout. (*Il tire sa montre.*) Voilà l'instant.... Je serais encore rendu au palais, et j'entendrais.... l'arrêt de ma mort, peut-être.... Non, je ne sortirai pas d'ici. J'y serai plus fort entre ma fille et mon amie.

PICARD, dans le fond.

Il est dans les grandes réflexions. Approchons.

VALBOURG, se promenant.

Ma Julie, ce jour pourrait mettre le comble à ta félicité.

PICARD, à part.

Et à la sienne... Il ne m'aperçoit pas.

VALBOURG.

Il me serait si doux de serrer des nœuds aussi bien assortis!

L'ORPHELINE.

PICARD, à part.

Oh! par exemple, il n'y a pas d'excès dans les convenances.... (*Haut.*) Monsieur....

VALBOURG.

De satisfaire à la fois la reconnaissance et l'amour.

PICARD.

Il ne voit rien, n'entend rien. Cette petite Julie a tourné toutes les têtes. (*Plus haut.*) Monsieur?

VALBOURG.

Ah! vous voilà, mon ami. Louison m'a dit du bien de vous. Je vous recommanderai à madame d'Elmont. Elle est juste, et, si vous êtes honnête en effet, ces petits nuages se dissiperont.

PICARD.

Je serai trop heureux, monsieur, de devoir à vos bontés les bonnes graces de madame. J'espère bien aussi vous devoir celles de mademoiselle Julie.

VALBOURG.

Julie? Je ne vois pas quelles raisons.....

PICARD.

Je ne suis pas indigne de sa bienveillance, et si j'étais homme à me vanter, vous conviendriez qu'elle m'a déja quelqu'obligation; mais on ne saurait tirer vanité de ce qu'on fait pour elle. On en est déja payé par le plaisir de lui être utile.

VALBOURG.

Mais quel art a-t-elle donc pour se faire aimer?

PICARD.

Ah, ce n'est point un art.

VALBOURG.

Il est vrai. Elle ne connaît que la nature, et si elle plaît, c'est sans le savoir.

PICARD.

Nous désirons tous la voir heureuse.

VALBOURG.

Je vous remercie de vos sentimens pour elle. Vos vœux seront peut-être remplis.

PICARD.

Nous l'espérons bien. Un établissement solide....

VALBOURG, souriant avec complaisance.

Oui, je m'en occuperai.

PICARD.

Ah! monsieur, c'est à vous qu'est réservé le plaisir d'établir sa fortune.

VALBOURG, à part.

Ce garçon me paraît avoir le cœur excellent.

PICARD.

Ce n'est pas un amour intéressé qui vous guide.

VALBOURG.

Que veux-tu dire?

PICARD.

Que votre choix est excellent, que tout le monde vous approuvera.

VALBOURG.

Vous m'étonnez, mon ami; qui a pu vous confier?....

PICARD.

Personne au monde, monsieur. Quelques mots entendus par-ci, par-là; des gestes, des regards: l'amour se cache difficilement à un œil observateur.

VALBOURG.

Soyez vrai. Le comte d'Elmont vous a-t-il fait confidence de son amour?

PICARD.

Oui, monsieur.

VALBOURG.

Et il vous a chargé de le servir?

PICARD.

Oui, monsieur; mais mademoiselle Julie m'est trop chère pour la compromettre aussi cruellement.

VALBOURG.

La compromettre!

PICARD.

D'ailleurs, c'est une fille très-formée pour son âge, du côté de la raison et du jugement. Elle n'aime pas les jeunes gens. Oh! elle pense mûrement.

VALBOURG.

Je vois, mon ami, que vous ne savez rien, et que vous voudriez tout savoir. Défaites-vous de cette manie: elle vous nuirait ici. Les domestiques y sont doucement traités; mais on n'entend pas qu'ils veuillent pénétrer ce qu'on ne juge pas à propos de leur découvrir. Avez-vous fait part de vos observations à quelqu'un?

PICARD.

Non, monsieur.

VALBOURG.

Gardez un silence rigoureux sur Julie, le comte d'Elmont et moi. Je vous sais gré de votre attachement pour cette jeune personne; mais je ferais punir une indiscrétion, comme je saurai reconnaître votre docilité. Allez, mon ami.

(Picard se sauve.)

SCÈNE XII.

VALBOURG, seul.

Ce valet, occupé sans cesse d'intriguer chez Verville, se laisse encore aller à la force de l'habitude. Je vois, par quelques mots qui lui sont échappés, qu'il a pris le change sur la nature de mes sentimens pour Julie. Il a raison, une affection vive se décèle toujours. Heureux encore qu'on n'en connaisse pas la source, et que mon secret me soit resté !

SCÈNE XIII.

VALBOURG, LA COMTESSE.

LA COMTESSE.

Ah ! mon ami, venez à mon aide... Consolez-moi... conseillez-moi.... aidez-moi à supporter le plus grand des malheurs pour une bonne mère, celui d'avoir un fils vicieux.

VALBOURG.

Il ne l'est pas, madame ; on ne change pas en aussi peu de temps.

LA COMTESSE.

Il a vu mes tendres alarmes ; il a résisté à mes

prières. Sa mère, presque suppliante, n'a pu lui arracher le secret de son crime, qu'un valet vient de découvrir. Père trop tendre, vous craignez de pleurer la naissance de votre enfant. Au moins ses vertus peuvent la faire oublier : que deviendrai-je si mon fils déshonore la sienne?

VALBOURG.

Vous m'effrayez à mon tour, madame. Que se passe-t-il donc?

LA COMTESSE.

Mon fils, épris pour Julie d'un amour effréné, a oublié ce qu'il se doit à lui-même, ce qu'il me doit, à moi, ce qu'il doit à une fille qui devait être sacrée pour lui. Il a formé le projet d'un rapt....

VALBOURG.

Il n'est pas coupable, madame. On ne passe pas ainsi de l'innocence au comble de la perversité. Le projet n'est pas de lui.

LA COMTESSE.

Je le crois comme vous. Mais qu'importe comment se commet le crime, s'il est effectivement commis?

SCÈNE XIV.

VALCOURT, La COMTESSE, JULIE.

JULIE, *se jetant dans les bras de la comtesse.*

Ah! ma bonne maman, protégez-moi, secourez-moi, sauvez-moi.

ACTE II, SCÈNE XIV.

LA COMTESSE.

Quoi ! Louison t'aurait-elle avoué....

JULIE.

Pouvait-elle me le cacher ? Elle m'aime tant ! Je la voyais souffrir ; je lui offrais mes bons offices, et c'est sur moi..... D'Elmont, Verville.... que leur ai-je fait ? J'adore l'un, et je ne connais pas l'autre. Ont-ils le droit de me mépriser, parce que je ne suis rien ? Il suffit donc d'être malheureux pour être tourmenté, même par ceux qui nous sont chers.

LA COMTESSE.

Dissipe tes craintes, mon enfant. N'es-tu pas près de moi ?

JULIE.

Ah ! vous le voyez, maman ; votre protection n'a point arrêté votre fils. Il sent trop, le méchant, que je ne tiens à vous que par les liens de la commisération, et qu'il peut tout oser avec une pauvre fille, qui n'a pour armes que son innocence. Ah ! ma faiblesse même aurait dû lui inspirer des sentimens..... D'ailleurs, me connaît-il ? Sait-il si je n'ai pas aussi des parens ; si je ne les connaîtrai pas un jour ; s'il ne sera pas forcé de leur rendre compte de ses attentats ? Pardonne-moi, maman : je t'afflige en accusant ton fils.... Mais il a navré mon cœur, et le sentiment de mon outrage me donne une force que je ne me connus jamais. Ma mère, mon bon ami, vos larmes coulent..... (*Passant au milieu.*) Ah ! que j'y mêle les miennes..... Nous voilà trois à pleurer un forfait dont aucun de nous n'est coupable, et que je n'oublierai jamais.

VALBOURG.

Julie !

LA COMTESSE.

Calme-toi, console-toi.

JULIE.

Je ne veux plus revoir l'auteur de ma peine..... Je sortirai de cette maison.... Madame, vous m'avez arrachée à la misère; j'aurai le courage d'y rentrer, si personne ne peut m'avouer. Que dis-je ? depuis quatorze ans, vous devez avoir quelqu'indice de ma naissance. Si vous en savez quelque chose, parlez, je vous en prie, je vous en conjure. Vous ne pouvez vous taire plus long-temps.

LA COMTESSE.

A quel point son ame est exaltée ! Mon ami, aidez-moi à calmer ses alarmes.

JULIE.

Seriez-vous instruit, monsieur le comte ? Quelle cruauté vous engage au silence ? Ayez pitié de moi ; conduisez-moi aux genoux de mon père ; que je vous doive le plaisir de l'embrasser pour la première fois.

VALBOURG.

Enfant malheureux, peut-être le connaîtrez-vous trop tôt !

JULIE.

Quel qu'il soit, je l'aurai connu trop tard pour mon honneur et mon repos.

ACTE II, SCÈNE XIV.

VALBOURG.

S'il avait à se plaindre de la fortune?

JULIE.

Ah! tant mieux; je travaillerais pour lui.

VALBOURG.

Vous ne m'entendez pas : si votre père avait éprouvé des malheurs?...

JULIE.

Je l'en consolerais.

VALBOURG.

Si vous aviez des reproches à lui faire?

JULIE.

Cela ne se peut pas.

VALBOURG.

Qu'il eût des torts envers vous?

JULIE.

En l'embrassant, je les oublierais.

VALBOURG, la pressant dans ses bras.

Aimable et chère enfant, tu mérites de vaincre. Quel que soit l'évènement, je ne résiste plus. Oui, Julie, vous avez un père, et vous êtes dans ses bras.

JULIE.

Ah! ma bonne maman, si j'avais pu le choisir, je n'en aurais pas voulu d'autre que votre ami.

LA COMTESSE.

Cher Valbourg!

VALBOURG.

O ma fille, ma chère fille... Ce n'est plus un étranger qui te presse contre son sein; c'est un père, un tendre père..... Ah! mes maux sont finis.

SCÈNE XV.

VALBOURG, La COMTESSE, JULIE, Un LAQUAÏS.

UN LAQUAIS.

Un exprès, arrivé de Paris à toute bride, m'a rendu cette lettre pour monsieur le comte.

VALBOURG.

Donnez, et laissez-nous.

SCÈNE XVI.

VALBOURG, La COMTESSE, JULIE.

VALBOURG, *regarde tour à tour la lettre et Julie, va pour rompre le cachet, et donne enfin la lettre à la comtesse.*

Voilà mon sort, le tien... Cette lettre... Ah! comme mon cœur.... Je n'en ai pas la force.... Tenez, décachetez, et lisez.

LA COMTESSE, lisant.

« Monsieur, vous venez de gagner votre procès... » Ah! Julie! ah! mon ami!

VALBOURG.

Je me meurs.... ô mon Dieu! je te rends graces..... Ma fille.... mon amie.... que de bienfaits à la fois!

LA COMTESSE, lisant.

« Monsieur, vous venez de gagner votre procès, et « je me hâte de vous l'écrire. Tout Paris applaudit à « un jugement si désiré de tous les honnêtes gens. Je

ACTE II, SCÈNE XVI.

« vous instruirai des détails quand j'aurai l'honneur de
« vous voir. »

JULIE.

Je le savais bien, moi, qu'il ne pouvait pas avoir tort.

VALBOURG.

Non, puisque je travaillais pour toi. Quel jour que celui-ci! Ma chère Julie, tu n'en connais pas encore l'importance; mais qu'il soit à jamais présent à ta mémoire.

JULIE.

Puis-je oublier l'instant qui m'a rendu mon père?

VALBOURG.

Ma chère, ma digne amie, je sens l'étendue de mes obligations envers vous : vous pouvez y ajouter encore.

LA COMTESSE.

C'est moi qui vous devrai tout. Votre aimable fille fera le bonheur de mon fils.

JULIE.

Dis donc, maman, que c'est lui qui fera le mien. Il m'a fait bien du mal aujourd'hui; mais je n'ai plus la force d'être fâchée. (*En embrassant son père.*) Je suis toute à ma tendresse.

VALBOURG.

Où est votre fils?

LA COMTESSE.

Il est monté à cheval avec le marquis.

VALBOURG.

Et comment avez-vous découvert?...

LA COMTESSE.

Picard, chargé de l'exécuton, a tout avoué à ma femme de chambre.

VALBOURG.

Son aveu prouve une ame sensible, et je crois qu'on peut s'en fier à lui. Il faut amener votre fils à sentir de lui-même toute l'énormité de sa faute; à s'apercevoir qu'une confiance sans bornes peut conduire au crime, et qu'un jeune homme doit toujours être en garde contre son propre cœur.... Il me vient une idée.... Oui.... Madame, je crois que vous l'approuverez : elle exige de vous un peu de complaisance; mais la leçon sera forte, et votre fils ne l'oubliera jamais.

LA COMTESSE.

Faites, mon ami : j'abandonne tout aux soins de votre prudence.

JULIE.

Oui; mais n'allez pas le chagriner, car je l'avertirais de tout. Je ne veux pas qu'il ait un moment de peine. Je viens d'éprouver ce qu'on souffre, quand le cœur n'est pas à son aise.

VALBOURG.

Sois tranquille, mon enfant. Nous l'aimons autant que toi. Holà, quelqu'un! (*Un laquais paraît.*) Faites venir Picard. Plus j'y réfléchis, plus ce moyen me parait sûr. L'inutilité d'un crime ajoute encore aux remords. Comme il va se repentir! Comme il va maudire son ami et sa coupable facilité!

SCÈNE XVII.

VALBOURG, La COMTESSE, JULIE, PICARD.

VALBOURG.

Approchez, Picard. Votre conduite mérite des éloges, et on ne s'en tiendra pas là. Madame la comtesse sait ce qu'on doit à un domestique fidèle, et vous vous applaudirez de ce que vous avez fait. Que votre aveu à Louison soit un secret entre nous. Agissez comme si vous ne m'aviez pas parlé. Exécutez les ordres de votre maître.

PICARD.

Quoi! monsieur, vous m'ordonnez sérieusement d'enlever mademoiselle à son retour du château de Tourville?

VALBOURG.

Oui, et pour faciliter vos projets, Julie ira seule à Tourville. Madame la comtesse et moi nous resterons ici. Nous avons des affaires.

JULIE.

Non, je ne vous quitterai pas : c'est un parti bien pris.

VALBOURG.

Mon enfant, vous connaissez ma tendresse. Croyez que je ne vous exposerai pas.

PICARD.

En vérité, je n'en reviens pas. Quoi, monsieur, vous voulez absolument....

VALBOURG.

Que vous obéissiez à madame, au nom de qui je vous parle en ce moment. Exécutez de point en point les ordres de votre maître. (*A Julie.*) Ne crains rien pour toi, ni pour d'Elmont. (*A la comtesse.*) Vous saurez mes projets, et vous les approuverez. (*A Julie.*) Courage et confiance. (*A la comtesse.*) Résolution et fermeté. (*A Picard.*) Docilité, secret et promptitude. (*A la comtesse et à Julie.*) Venez, et soyez sûres que tout réussira.

SCÈNE XVIII.

PICARD, seul.

Je ne suis plus au courant des choses. Le plus fin se perdrait dans ses conjectures.... On m'offre de l'argent pour enlever Julie; je crois faire un acte unique de désintéressement en avouant tout, et ceux, à qui j'avais cru rendre un service essentiel, m'ordonnent de suivre mes premiers ordres.... Il y a ici une complication.... une opposition d'intérêts qui.... que.... voilà une affaire diablement embrouillée; c'est tout ce que j'y vois. Qu'ils s'arrangent, après tout. J'obéirai à tout le monde, je servirai tout le monde, je tirerai de l'argent de tout le monde, et si on le veut, j'enleverai tout le monde.

FIN DU SECOND ACTE.

ACTE TROISIÈME.

Le théâtre représente un boudoir.

SCÈNE I.

VERVILLE, D'ELMONT.

VERVILLE.

Eh bien ! mon ami, te voilà dans de grandes aventures. Tu viens de faire le premier pas vers l'immortalité. Ta docilité m'enchante. Quel dommage de laisser, sous l'aile maternelle, un jeune homme qui annonce d'aussi heureuses dispositions ! Eh bien !... quoi ! toujours rêveur, toujours sentimental ? Allons, mon ami, sors de ta léthargie, et prépare-toi à célébrer dignement l'arrivée de ton adorable.

D'ELMONT.

Verville, tu vas me trouver ridicule, tu vas me railler ; mais je ne peux te cacher ce que je sens. J'éprouve des remords....

VERVILLE.

Au moment du bonheur ! Voilà des remords bien placés. Mais la vue de ta belle les fera évanouir. Ses grands yeux languissans vont te rappeler à l'amour.

D'ELMONT.

Et c'est mon amour même qui fait mon tourment. Plus Julie m'est chère; plus je lui trouve de charmes, et plus je me reproche....

VERVILLE.

De t'être assuré ta conquête?

D'ELMONT.

Et ma mère qui aura voulu en vain la défendre. Je la vois faire des efforts superflus pour la retenir; maudire celui qui l'arrache d'entre ses bras, le charger de malédictions, qu'il mérite sans doute. Puisse-t-elle ignorer long-temps....

VERVILLE.

Je compte bien qu'elle ne le saura jamais. Tu es servi par le plus adroit coquin de Paris, entreprenant, actif et discret. Tu peux tous les jours faire une escapade, venir passer quelques heures ici, et t'en retourner tranquillement au château, administrer des consolations à madame ta mère.

D'ELMONT.

Me jouer de sa douleur! joindre à mes premiers torts la bassesse de l'hypocrisie! ah! je voudrais en ce moment tomber aux pieds de ma mère, et lui dire : j'ai médité un crime que mon cœur désavoue ; je viens en mériter le pardon, par un aveu sincère et par mon repentir.

VERVILLE.

Tu as d'excellentes idées, mon ami. Il fallait m'en faire part un peu plus tôt : nous n'aurions dérangé personne. Mais remontons à cheval; allons au-devant de la voiture; nous ramènerons Julie en triomphe au château d'Elmont, et....

D'ELMONT.

Le conseil que tu me donnes est le meilleur, peut-être, que j'aie reçu de toi.

VERVILLE.

Eh bien! mon ami, il faut le suivre, et puisque tu es en train de préparer des harangues, tu diras : monsieur de Valbourg, vous qui avez trompé ma mère, Julie et moi, j'aime mieux être la dupe de ma candeur, que de ravir à vos séductions une fille que vous voulez tromper. La voilà, je vous la ramène, suivez vos projets, et moi....

D'ELMONT.

Arrête, marquis, qu'oses-tu me proposer? Moi, la remettre au pouvoir de cet homme! J'aimerais mieux la voir descendre au tombeau.

VERVILLE.

Au tombeau! toujours dans les extrêmes....

SCÈNE II.

VERVILLE, D'ELMONT, PICARD, en postillon.

PICARD.

Place, place au seigneur Mercure! Je me suis montré, j'ai parlé, j'ai enlevé.

VERVILLE.

La jeune personne.....

PICARD.

Est à deux cents pas d'ici, docile comme un agneau. Ce n'était pas la peine de prendre tant de précautions. A la première sommation, elle a changé d'équipage, et comme elle n'était accompagnée de personne, que nous n'avons été vus de personne, j'ai renvoyé une partie de son escorte, et nous sommes entrés à Paris à petit bruit, et sans être remarqués.

VERVILLE.

Et qu'a-t-elle dit?

PICARD.

Pas un mot : il n'est pas possible de montrer plus de résignation.

VERVILLE.

Ni de trouver une fille plus silencieuse.

D'ELMONT.

Les grandes douleurs sont toujours concentrées : la sienne a dû s'exhaler....

PICARD.

Par des signes fort équivoques, en vérité. Quelques soupirs adressés à je ne sais qui; des gonflemens de poitrine ressemblans à je ne sais quoi.

D'ELMONT.

Et c'en est assez pour m'alarmer. A qui aurait-elle confié sa peine? A ceux qui auraient eu la cruauté d'en jouir? O ma chère Julie! que je me sens coupable en pensant à l'état où tu dois être!... Je suis décidé....

VERVILLE.

A quoi?

ACTE III, SCÈNE III.

D'ELMONT.

A la ravir à Valbourg, que je méprise, que je déteste, et que je ne veux plus ménager.

VERVILLE.

A merveille.

D'ELMONT.

Mais aussi, je saurai respecter sa jeunesse ; j'essuierai ses larmes, ou j'y mêlerai les miennes, et je n'ajouterai pas à ma première faute l'horreur d'accabler sa faiblesse, et de me préparer des regrets éternels.

VERVILLE.

Enlever une fille pour sauver sa vertu, voilà un trait digne de l'ancienne Rome dans les beaux jours de la république. Mais, mon ami, tu n'y penses pas.

D'ELMONT.

Pardonnez-moi, monsieur ; mais la confiance a ses bornes. On peut involontairement manquer aux usages ; mais on ne blesse la probité qu'avec connaissance de cause.

PICARD.

J'entends le carrosse.

VERVILLE.

Va la recevoir ; tu la conduiras ici.

SCÈNE III.

VERVILLE, D'ELMONT.

D'ELMONT.

De quel front m'offrir à sa vue ? comment soutenir sa présence ? ah ! Verville, que je souffre !

VERVILLE.

Je le conçois sans peine. Le premier moment est difficile pour un jeune homme qui n'a encore rien vu. Mais je suis là, et je vais vous mettre tous deux à votre aise.

D'ELMONT.

De l'honnêteté, mon ami, de la décence.

VERVILLE.

Oui, oui, mon cher.

D'ELMONT.

C'est la preuve d'amitié la plus précieuse....

VERVILLE.

Que je puisse te donner. J'entends, j'entends.

D'ELMONT.

On vient.... C'est elle.... Je suis tremblant.... Je me soutiens à peine.

(Il se jette dans un fauteuil.)

SCÈNE IV.

VERVILLE, LA COMTESSE, voilée, et vêtue des habits de Julie; PICARD, conduisant la comtesse, et se retirant après l'avoir remise à Verville; D'ELMONT.

VERVILLE.

(Il va prendre la comtesse des mains de Picard, et la conduit à un fauteuil, où elle s'assied.)

Ah! voilà notre charmant prisonnier. Vous nous pardonnerez, ma belle enfant, ce que votre voyage a d'irrégulier. Nous rendrons votre captivité si douce, que vous oublierez les charmes de la liberté. Mais pourquoi ce voile, cette calèche? La laideur a pu seule en imaginer l'usage.

D'ELMONT.

J'atteste l'honneur et l'amour de ne vous offrir mes sentimens qu'avec les respects et les égards que je dois à la beauté malheureuse.

VERVILLE.

Plaisant serment!

D'ELMONT.

Je le tiendrai.

VERVILLE.

Cela ne se peut pas.

D'ELMONT.

Vous le verrez.

VERVILLE.

Mais, pendant que nous passons le temps à pointiller, la petite personne garde obstinément son sang-froid, le silence et son masque. Permets, d'Elmont, que je lève ce voile impénétrable.

D'ELMONT.

Sans son aveu?

VERVILLE.

Parbleu, je n'en ai que faire.

(Il lève le voile.)

D'ELMONT.

Ma mère!.... c'est la foudre.

(Il retombe dans son fauteuil.)

LA COMTESSE, à Verville.

J'ai voulu voir à quel point un homme sans principes peut porter l'oubli des mœurs. Vous avez cru, monsieur, faire adopter votre système, à la faveur d'un peu de jargon ; mais je connais mon fils, son erreur ne peut être de longue durée. Il sent déja le vide des principes affreux que vous lui avez inculqués. Vous vous efforcez en vain de déguiser ce qu'ils ont d'odieux ; vous voulez vainement vous faire illusion à vous-même : vos folies multipliées ne peuvent tenir contre une lueur de vérité. Au moment où je vous parle, vous êtes terrassé par la présence d'une mère que vous n'attendiez pas. (*Verville sourit.*) Vous souriez, monsieur ? Le rire amer du vice est sans force, quand il a perdu son masque, et qu'il est combattu par la nature et la probité.

VERVILLE.

Vous me traitez bien durement, madame. Je suis chez moi, et je ne vois pas quels sont vos droits....

LA COMTESSE.

Mes droits sont ceux qu'aura toujours la vertu d'en imposer au crime.

VERVILLE.

Vous me dites sans doute de très-belles choses ; mais, madame, ce vain étalage ne m'étourdit pas. Je sais réduire tout cela à sa juste valeur. Au reste, d'Elmont, je t'abandonne ma petite maison, et je t'autorise à en faire les honneurs à quiconque en voudra prendre possession.

SCÈNE V.

La COMTESSE, D'ELMONT.

LA COMTESSE.

Cet homme est incurable, oublions-le à jamais. Eh bien, mon fils, vous l'entendez déja ce premier cri d'une ame coupable. Un regard de votre mère vous anéantit. Que serait-ce donc si, n'écoutant qu'une juste sévérité, je me livrais à tout le ressentiment qui pourrait m'animer? Que le vice est bas! qu'il est méprisable! Il vous dégrade à vos propres yeux; il vous ôte le courage d'implorer votre pardon, et de le mériter.

D'ELMONT.

Il ne m'ôtera pas du moins la force de tomber à vos pieds, et d'y attendre mon arrêt.

LA COMTESSE.

Voilà où t'a conduit ta fatale amitié. L'enfant le plus tendre et le plus chéri ne voit plus dans sa mère qu'un juge menaçant. Il est à ses genoux, quand il devrait être dans ses bras. Il n'a plus même de confiance dans cet amour qui ne s'est jamais démenti. Malheureux! ton aveuglement irait-il jusqu'à te faire douter de mon cœur? Rentre en toi-même, redeviens mon fils, et tu retrouveras ta mère. Je ne suis ici que pour te faire sentir ta faute, et te la pardonner.

D'ELMONT.

Pourrai-je me la pardonner moi-même?... Ah! ma

mère, je ne suis pas armé contre tant de bontés......
Vous m'accablez sous le poids de mon crime. Votre
indulgence ajoute à mes remords.

LA COMTESSE.

Écoute-les, mon fils. C'est par eux qu'un cœur coupable se rouvre à la vertu ; mais garde-toi d'y succomber. Le découragement énerve l'ame, et lui ôte cette énergie qui peut lui rendre sa pureté. Il est cruel de faillir ; mais il est beau de réparer une faute. Lève-toi, mon ami ; mes bras te sont ouverts.

D'ELMONT.

Suis-je digne d'y cacher ma honte ?

LA COMTESSE.

Oui, si tu veux l'effacer.

D'ELMONT, l'embrassant.

Ah! madame, quel excès de tendresse!... Comment la reconnaître ?

LA COMTESSE.

En me regardant comme ta meilleure amie. Tu me le dois ce titre précieux, dont je suis si digne, et que Verville a profané. Méchant enfant! que ne parlais-tu ce matin ? que ne m'ouvrais-tu ton cœur ? Tu ne m'aurais pas coûté de larmes! tu n'en aurais pas arraché à Julie.

D'ELMONT.

A Julie!... Dieux!... Elle connaîtrait un attentat...

LA COMTESSE.

Dont elle était loin de te croire capable, et que Picard t'a empêché de consommer. J'en ai rougi dans l'instant, je rougis encore de l'aveu que j'en fais ; mais ton valet a eu aujourd'hui plus de probité que toi. Tu dégradais une innocente qui n'a eu envers toi d'autre tort que de t'aimer; tu la livrais au mépris de Verville, à l'insolence, et peut-être aux outrages de ses gens. (*D'Elmont se jette dans les bras de sa mère.*) Ah! d'Elmont, d'Elmont, je t'ai pardonné, je ne m'en repens pas; mais n'oublie jamais les malheurs que tu allais causer.

D'ELMONT.

Les oublier, ma mère! Non, jamais. Ah! un amour effréné pouvait seul m'étourdir sur mon crime.

LA COMTESSE.

Le crime était-il le seul moyen qui pût te rendre heureux? T'aurais-je refusé une fille aimable et vertueuse, que je regarde comme mon enfant?

D'ELMONT.

Quoi, ma mère, vous me l'auriez donnée!

LA COMTESSE.

Qu'ai-je cherché que ton bonheur, depuis que tu respires?

D'ELMONT.

Ah! Julie.... Julie me pardonnera-t-elle? Madame, je n'espère qu'en vous. Plus je l'ai outragée, plus je ferai d'efforts pour me rendre digne d'elle.

LA COMTESSE.

Voilà la noble ambition où je reconnais mon fils. Oui, mon ami, Julie se rendra à mes prières; je crois pouvoir m'en flatter.

D'ELMONT.

Mais, madame.... (*Avec timidité.*) Valbourg.... Je l'ai vu..... je l'ai entendu.....

LA COMTESSE.

Il est des cas où l'homme sage ne doit s'en rapporter ni à ses yeux, ni à ses oreilles. Quarante ans d'une conduite irréprochable, mon amitié et mon estime étaient des titres qui devaient démentir l'évidence même. Vous frémirez, jeune homme, quand vous connaîtrez l'étendue de vos torts envers cet homme respectable.

D'ELMONT.

Ah! madame, il suffit que vous l'aimiez encore pour qu'il soit justifié.... Cependant ces caresses de Valbourg ont quelque chose de suspect.

LA COMTESSE.

Eh bien, monsieur, puisque mon témoignage n'est pas suffisant pour vous désabuser, apprenez tout. Apprenez que ces caresses, qui vous alarment tant, ont leur source dans la nature.

D'ELMONT.

De grace, expliquez-vous.

LA COMTESSE.

Cet homme qui parlait de l'établissement de Julie, ne s'occupait que de vous. Il pensait au moyen d'unir votre sort à celui de cette aimable enfant. Cet homme qui la pressait dans ses bras, se livrait au plaisir innocent d'embrasser une fille digne de lui, et c'est l'amour paternel que vous avez osé calomnier et proscrire.

D'ELMONT.

Julie serait sa fille!

LA COMTESSE.

Et sa fille légitime. C'est mademoiselle de Valbourg, c'est son père que vous avez outragés.

D'ELMONT, éperdu.

Ah! malheureux que je suis.... Je n'ose penser aux horreurs.... Dieu, que je suis coupable!

SCÈNE VI.

LA COMTESSE, VALBOURG, D'ELMONT, JULIE.

VALBOURG.

Vous ne l'êtes plus, jeune homme. Votre faute était de Verville; votre repentir est de vous.

D'ELMONT.

Ah! monsieur.... ah! mademoiselle..... Je suis confondu.... anéanti.... Quoi! monsieur, vous ne m'accablez pas de reproches?

VALBOURG.

Des reproches, quand on se repent!

JULIE.

Quand on a été égaré par un faux ami?

D'ELMONT.

(Il veut se jeter aux genoux de Valbourg, qui le relève.)

Monsieur, je tombe à vos genoux. Ma réparation ne peut être trop forte, ni trop authentique. Si vous saviez avec quelle légèreté je vous ai jugé; avec quelle rigueur j'ai prononcé contre vous!

VALBOURG.

Monsieur, je n'en suis pas surpris. La jeunesse est inconsidérée. Mais ne soyez pas plus sévère envers vous que je ne veux l'être moi-même. Madame la comtesse vous a dit tout ce qu'elle devait vous dire : oublions le passé, et embrassez-moi, mon gendre.

JULIE.

Tu vois comme mon père est bon. Console-toi, mon ami, et sois toujours mon frère, jusqu'à ce que tu deviennes mon mari.

D'ELMONT.

Ce titre précieux est-il fait pour moi?

JULIE.

Oui, puisque tu m'aimes, et que tu me promets d'être sage.

D'ELMONT.

J'en fais serment entre tes mains. C'est en t'adorant toute ma vie que j'expierai des forfaits....

JULIE.

Oh! je t'en prie, ne me parle plus de cela. Mon père oublie tout : je l'oublie de même. Sois heureux, mon petit frère; je souffrirais de te voir souffrir encore.

D'ELMONT.

Ah! ma mère!..... ah! monsieur!..... ah! ma Julie! Je ne sais comment exprimer...... Qu'il est doux de suivre la vertu, et de lui devoir son bonheur! Non, je n'aurai plus une pensée que je ne la confie à ces êtres respectales. Ils me sauveront des écueils de mon âge, et si jamais je sens les atteintes du vice, je me rappellerai ce jour d'épreuve, et je serai rendu à ma femme, à ma mère, et à mon ami.

FIN DE L'ORPHELINE.

LE MARCHAND
PROVENÇAL,
COMÉDIE
EN DEUX ACTES ET EN PROSE.

PERSONNAGES.

FABRICE.	M. Michot.
M. DE FORFANVILLE.	M. Genet.
Madame DE FORFANVILLE.	Me Prieur.
Mademoiselle DE KERSALEC.	Me Saint-Clair.
M. DE KERSALEC.	M. Desrosiers.
JÉROME, jardinier.	M. Noel.

La scène est à la campagne.

Représentée, pour la première fois, sur le théâtre du Palais-Royal, au mois de septembre 1789.

LE MARCHAND PROVENÇAL,

COMÉDIE.

ACTE PREMIER.

Au premier acte, le théâtre représente un jardin ; au second, un salon.

SCÈNE I.

JÉROME, FABRICE.

FABRICE.

(Jérome ratisse son jardin.)

Des laquais à toutes les portes !.... Attendez, monsieur n'est pas visible.... L'impatience me prend, je retourne sur mes pas ; j'enfile la première porte, qui me conduit dans les jardins de monsieur de Forfanville ; m'y voilà, et je n'en sortirai qu'à bonnes enseignes.

JÉROME.

Quel est cet homme-là ?

FABRICE.

Vous paraissez étonné de me voir, mon ami ?

JÉROME.

C'est vrai.

FABRICE.

Je veux parler à monsieur de Forfanville.

JÉROME.

Pour parler à monsieur de Forfanville, on va à l'antichambre.

FABRICE.

Et voilà précisément ce que je ne veux pas.

JÉROME.

Mais, monsieur....

FABRICE.

Mais, monsieur, je ne veux pas faire antichambre, moi. On peut attendre chez quelqu'un qui a des affaires; mais, chez monsieur de Forfanville, un honnête homme qui n'a pas de temps à perdre doit être introduit de suite. Introduisez-moi.

JÉROME.

Vous voyez bien que je ne porte pas la livrée.

FABRICE.

Tant mieux pour vous.

JÉROME.

Je suis jardinier, et de plus, laboureur.

FABRICE.

Je vous en félicite.

JÉROME.

A la bonne heure; mais ce que vous demandez n'est pas de ma compétence.

FABRICE.

Enfin.....

JÉROME.

Enfin, que voulez-vous à monsieur? Dites-moi cela en bref, car je ne m'amuse pas à jaser.

FABRICE.

Lui demander à voir mademoiselle de Kersalec.

JÉROME.

Mademoiselle de Kersalec? La connaissez-vous?

FABRICE.

Non.

JÉROME.

Qu'avez-vous donc à lui dire?

FABRICE.

Je viens lui proposer de m'épouser.

JÉROME.

L'épouser! Qui êtes-vous?

FABRICE.

Je m'appelle Fabrice, et je suis marchand épicier.

JÉROME.

Marchand épicier! Et vous voulez épouser mademoiselle de Kersalec?

FABRICE.

Pourquoi non?

JÉROME.

Une fille noble comme le roi.

FABRICE.

Je ne lui apporterai pas de titres en mariage; mais je ferai sa fortune, et l'un vaut l'autre.

JÉROME.

Mais....

FABRICE.

Mais, mais, vos réflexions m'ennuient. Monsieur de Kersalec, son père, noble comme le roi, avait jadis de la fortune ; mon père à moi n'avait rien, mais il était laborieux. Monsieur de Kersalec lui prêta de l'argent, et cet argent prospéra. Depuis, le bon homme Kersalec a mangé son bien ; il a laissé une fille sans ressources. Je possède deux cent mille écus, et je veux les partager avec la fille de celui à qui je les dois. Est-ce clair ? Croyez-vous qu'un bon mari, disposé à l'aimer, ne vaille pas un gentilhomme qui ne s'en est chargé que par ostentation ? Répondez.

JÉROME.

En effet, je crois que.....

FABRICE.

En effet, je crois que quand je serai son mari....

JÉROME.

Vous ne seriez pas si à plaindre : elle n'a que vingt ans.

FABRICE.

Tant mieux ; j'aime la jeunesse.

JÉROME.

Elle est jolie.

FABRICE.

Si elle est sage, ce n'est pas un malheur.

JÉROME.

Oh, oui, sage, très-sage.

FABRICE.

Voilà ce qu'il me faut. Elle sera ma femme.

ACTE I, SCÈNE I.

JÉROME.

Hé, hé.

FABRICE.

Quoi?

JÉROME.

Cela ne me paraît pas clair. Monsieur de Forfanville.....

FABRICE.

A propos, ce Forfanville, quel homme est-ce?

JÉROME.

Un gentilhomme entêté comme je n'en connais pas.

FABRICE.

Sa femme?

JÉROME.

Ses vieux parchemins lui tournent la tête.

FABRICE.

Aussi fous l'un que l'autre.

JÉROME.

C'est ça. Mais, comme vous me paraissez honnête homme......

FABRICE.

Je m'en pique.

JÉROME.

Je vous aiderai, et nous les attraperons, je l'espère.

FABRICE.

Tromper quelqu'un ! *Franchise et loyauté*, c'est ma devise.

JÉROME.

Voulez-vous voir mademoiselle de Kersalec?

FABRICE.

Sans doute.

JÉROME.

Laissez-moi donc faire. Vous ne mentirez qu'un moment.

FABRICE.

Qu'un moment?

JÉROME.

Qu'un moment. Monsieur vient; cachez-vous derrière cette charmille. Vous êtes officier réformé.

FABRICE.

Officier réformé?

JÉROME.

Officier réformé. Allez, vous dis-je, et cachez-vous.

SCÈNE II.

JÉROME, seul.

Au fait, cet homme mérite qu'on s'intéresse à lui, et puis, mademoiselle n'est pas ici trop à sa place : je crois que mon vieux maître..... Allons, morbleu, prêtons-nous à un dessein honnête; il en sera ce qu'il pourra.

SCÈNE III.

JÉROME, de FORFANVILLE.

FORFANVILLE.

Hé bien, mon ami, et mon jardin?

ACTE I, SCÈNE I.

JÉROME.

A ravir, monsieur.

FORFANVILLE.

Les petits pois?

JÉROME.

Ils avancent.

FORFANVILLE.

On en mange à la cour.

JÉROME.

Sous trois jours, j'en présenterai à mademoiselle de Kersalec.

FORFANVILLE.

A mademoiselle de Kersalec!

JÉROME.

A propos de mademoiselle de Kersalec, il y a ici quelqu'un qui veut vous parler.

FORFANVILLE, *mystérieusement.*

Une femme?

JÉROME.

Non, monsieur, un homme.

FORFANVILLE.

Noble, sans doute?

JÉROME.

Du temps de Dagobert.

FORFANVILLE.

Officier?

JÉROME.

Réformé.

FORFANVILLE.

Jérome, a-t-il fait la guerre de Corse?

JÉROME.

Je n'en crois rien.

FORFANVILLE.

A-t-il au moins l'air....

JÉROME.

De quoi?

FORFANVILLE.

De nos anciens paladins?

JÉROME.

Oh, oui, monsieur, de tout ce qu'il y a de plus paladin.

FORFANVILLE.

Que me veut-il?

JÉROME.

Il a entendu parler de vous.

FORFANVILLE.

Avec éloge?

JÉROME.

Sans difficulté.

FORFANVILLE.

Enfin, il a l'air franc du collier?

JÉROME.

Je vous en réponds.

FORFANVILLE.

Et sa noblesse est sans tache?

JÉROME.

Comme la vôtre.

FORFANVILLE.

Cela est difficile, mon ami.

JÉROME.

Mais non pas impossible.

FORFANVILLE.

A la bonne heure. Noble, officier, qui a entendu parler de moi avec éloge... ma maison est la sienne.

JÉROME.

Il a besoin de s'y reposer.

FORFANVILLE.

Et où est cet officier?

JÉROME.

Je vais vous le présenter.

SCÈNE IV.

De FORFANVILLE, seul.

Ah! ma belle Kersalec, s'il était possible, sans violer les droits de l'hospitalité, de.... Mais ma femme, vieille, méchante, et clairvoyante, qui pis est..... Et puis, l'oncle Kersalec, qui arrive aujourd'hui du bout du monde, et qui n'est pas plaisant...... On se bat, je crois qu'on sait se battre; mais la vraie valeur ne s'expose pas inconsidérément.

SCÈNE V.

FORFANVILLE, FABRICE, JÉROME.

JÉROME.

Approchez, monsieur l'officier, approchez. Monsieur de Forfanville vous attend avec impatience.

FABRICE, saluant.

Monsieur..... Je crois que...... selon..... ce qu'il me semble....

FORFANVILLE.

Touchez-là, monsieur; entre gentilshommes.....

FABRICE, étonné.

Entre gentilshommes?

FORFANVILLE.

Oui, monsieur, entre gentilhommes et anciens militaires, franchise et cordialité.

FABRICE.

Comme il vous plaira.

FORFANVILLE.

Monsieur est de la noblesse d'épée?

FABRICE.

Non, monsieur.

FORFANVILLE.

Ah! de la noblesse de robe. La robe n'a pas fourni de héros à l'état.

FABRICE.

Elle lui a donné des hommes utiles, monsieur?

FORFANVILLE.

Ne vous échauffez pas, monsieur; votre noblesse a son mérite. D'ailleurs, vous avez servi le roi, et vous tenez maintenant à la noblesse militaire. Dans quel corps monsieur a-t-il servi?

FABRICE, bas à Jérome.

Morbleu, je ne sais pas mentir; il faut une effronterie....

FORFANVILLE.

Dans la gendarmerie?

> Cet escadron brillant, fameux par cent batailles,
> Lui, par qui Catinat fut vainqueur à Marsailles,
> Arrive, voit, combat, et soutient son grand nom.

Vous voyez, monsieur, que je possède l'histoire.

FABRICE.

Oui, monsieur.

FORFANVILLE.

Ancienne et moderne, monsieur; de plus, versé dans la tactique, si nécessaire à un bon officier, et si peu connue de nos jeunes gens d'aujourd'hui. N'êtes-vous pas de mon avis, monsieur?

FABRICE.

Sans doute, monsieur.

FORFANVILLE.

Vous êtes trop jeune pour avoir fait la guerre.

FABRICE.

Je n'ai pas eu cet honneur.

FORFANVILLE.

C'est un malheur, monsieur; mais ce n'est pas votre faute. J'ai fait la guerre, moi, monsieur; j'y reçus une blessure qui, depuis, m'a déterminé à quitter le service.

FABRICE, à Jérome.

Et mademoiselle de Kersalec?

JÉROME, à Fabrice.

Vous la verrez.

FABRICE.

Bon.

FORFANVILLE.

Bon? Au contraire, monsieur. Né avec un courage bouillant, j'aspirais à me distinguer; mais ma santé exigeait des soins que madame de Forfanville pouvait seule me rendre, monsieur.

FABRICE.

La guerre de l'Amérique vous a depuis ouvert un champ.....

FORFANVILLE.

Il est vrai, monsieur; mais nos Français étaient sous la conduite d'un homme qui marche à une batterie comme un autre boit un verre de vin, et je n'aime pas cela. On se fait tuer dans l'occasion, à la bonne heure; mais on ne la cherche pas.

FABRICE.

Prudent aperçu.

FORFANVILLE.

A propos, aimez-vous les femmes, monsieur?

JÉROME, bas à Fabrice.

Il faut mentir.

FABRICE.

Moi, j'aime la table, et surtout le bon vin.

FORFANVILLE.

Bravo, mon camarade... c'est que j'ai ici quelqu'un... Je vous conterai cela. Madame de Forfanville vient prendre le frais; faites un tour dans le taillis, je veux la prévenir de votre arrivée. Ce n'est pas que je ne sois le maître, au moins; mais, entre époux de qualité, on se doit des égards. Allez, monsieur, allez.

JÉROME, en sortant.

C'est ça ; je suis content de vous, et je crois, morbleu, que vous réussirez.

SCÈNE VI.

DE FORFANVILLE, SEUL.

La voilà qui s'approche. Il y a vingt ans.... il y a vingt ans, c'était une belle personne. En vieillissant, elle est devenue grondeuse, acariâtre... Ah! ma belle Kersalec!

SCÈNE VII.

M. ET MADAME DE FORFANVILLE.

MADAME DE FORFANVILLE.

Hé bien, monsieur?

FORFANVILLE.

Hé bien, madame?

MADAME DE FORFANVILLE.

C'est donc là, monsieur, tout ce que vous avez à me dire?

FORFANVILLE.

Corbleu! madame, depuis vingt ans nous nous sommes tant parlé....

MADAME DE FORFANVILLE.

Depuis vingt ans, monsieur?

FORFANVILLE.

Oui, madame, il y a vingt ans que je suis marié et....

MADAME DE FORFANVILLE.

Je crois, monsieur, m'être mariée en même temps que vous, et cela n'empêche pas....

FORFANVILLE.

Eh! madame, vous voudriez être toujours jeune; cependant....

MADAME DE FORFANVILLE.

Cependant, cependant.... Que voulez-vous dire, monsieur?

FORFANVILLE.

Que vous l'étiez autrefois, madame.

MADAME DE FORFANVILLE.

Monsieur, monsieur, si je respectais moins les mânes de mes nobles aïeux, je vous prouverais que...

FORFANVILLE.

Hé! madame, ne tourmentez pas les vivans, par égard pour les morts. Faites ce que vous voudrez, et laissez-moi tranquille.

MADAME DE FORFANVILLE.

Ah! vous me défiez, vous me défiez, monsieur de Forfanville. Cela suffit, et je vous ferai voir....

FORFANVILLE.

Corbleu! madame, moins de vertu, et plus de douceur.

MADAME DE FORFANVILLE.

Ah! vous le voulez, monsieur, vous le voulez? Je ne tarderai pas à vous prouver que je peux plaire encore.

FORFANVILLE.

Justement, madame, je viens de recevoir chez moi un gentilhomme....

MADAME DE FORFANVILLE, *minaudant.*

Un gentilhomme ?

FORFANVILLE.

Officier.

MADAME DE FORFANVILLE.

Officier ? J'aime les officiers.

FORFANVILLE.

Oui, mais celui-ci n'aime que la table et le bon vin.

MADAME DE FORFANVILLE.

Il ne m'a pas vue, monsieur, il ne m'a pas vue.

FORFANVILLE, à part.

Tout le monde n'est pas si heureux que lui. (*Haut.*) D'ailleurs, madame, cet officier....

MADAME DE FORFANVILLE.

Cet officier....

FORFANVILLE.

Est un officier réformé.

MADAME DE FORFANVILLE.

Un officier réformé, monsieur ? Il n'entrera pas chez moi.

FORFANVILLE.

Cela vous plaît à dire, madame.

MADAME DE FORFANVILLE.

Un jeune sous-lieutenant, passe ; mais un officier réformé....

FORFANVILLE.

He ! madame, si on réformait tout ce qui n'est bon à rien....

MADAME DE FORFANVILLE.

Je sais par qui on commencerait, monsieur.

FORFANVILLE.

Vous me manquez, madame.

MADAME DE FORFANVILLE.

Ah! monsieur, vous ne devriez pas vous en apercevoir.

SCÈNE VIII.

M. et Madame de FORFANVILLE, FABRICE, JÉROME.

FORFANVILLE.

Venez, mon camarade. Madame prétend....

MADAME DE FORFANVILLE, *minaudant pendant toute la scène.*

Je ne prétends rien, monsieur. Vous m'avez obstinée, et je suis vive, très-vive, je l'ai toujours été. D'ailleurs, il est d'heureuses exceptions, et épouse soumise....

FORFANVILLE.

A la bonne heure, madame.

MADAME DE FORFANVILLE.

Monsieur a l'air noble.

FABRICE, *embarrassé.*

Madame....

MADAME DE FORFANVILLE.

Martial, même, sous cet habit équivoque.

FABRICE.

Madame.... (*A Jérome.*) Morbleu! vous me faites jouer ici un très-sot personnage.

JÉROME.

Si vous continuez, vous ne verrez pas mademoiselle de Kersalec.

FABRICE.

Eh! ventrebleu!...

MADAME DE FORFANVILLE.

Monsieur s'emporte devant une dame! Ah! monsieur.... En vérité....

FABRICE.

Je vous demande pardon, madame; mais je suis aussi vif que vous.

MADAME DE FORFANVILLE.

Au reste, ces petits écarts sont des graces dans un jeune militaire.

FABRICE.

Pas trop jeune, madame, pas trop jeune.

MADAME DE FORFANVILLE

D'ailleurs, on n'a que l'âge qu'on paraît avoir. Il est une certaine fraîcheur, un certain air distingué qui valent bien les agrémens de la jeunesse.

FABRICE.

Et que vous possédez, n'est-il pas vrai, madame?

MADAME DE FORFANVILLE.

Monsieur est connaisseur.

FORFANVILLE.

Vous avez beau faire, madame, monsieur n'aime que la table et le bon vin.

FABRICE.

En verité, j'ai besoin de toute ma raison....

MADAME DE FORFANVILLE.

Monsieur de Forfanville, vous l'entendez : monsieur a besoin de toute sa raison. Elle ne tiendra pas contre moi ; elle s'évanouira, monsieur, elle s'évanouira.

FORFANVILLE.

Madame, madame, c'est pousser trop loin la plaisanterie ; mais je connais madame de Forfanville, mon camarade : elle est gaie quelquefois ; mais cela ne va pas plus loin.

FABRICE.

Je le crois, monsieur, je le crois.

MADAME DE FORFANVILLE, à Fabrice.

Allons, monsieur, donnez-moi la main. Le grand air me fatigue, et j'ai besoin de repos.

SCÈNE IX.

JÉROME, DE FORFANVILLE.

FORFANVILLE.

Hé bien! Jérome, ai-je de la fermeté, quand il le faut?

JÉROME.

Oh! oui; madame....

FORFANVILLE.

Crie beaucoup d'abord, et cède ensuite ; c'est la règle chez moi.

JÉROME, finement.

Cette règle-là n'est pas faite pour tout le monde.

ACTE I, SCÈNE IX.

FORFANVILLE.

Ah! fripon, tu soupçonnes....

JÉROME.

Je suis loin du soupçon ; je sais à quoi m'en tenir.

FORFANVILLE.

Tiens, mon ami, je te crois un homme droit.

JÉROME.

Oh! certainement, monsieur.

FORFANVILLE.

Je veux t'honorer de ma confiance.

JÉROME.

Je la mériterai.

FORFANVILLE.

Et je n'y mettrai point de bornes.

JÉROME.

Rien de si dangereux qu'une demi-confidence.

FORFANVILLE.

J'adore....

JÉROME.

Je le savais bien.

FORFANVILLE.

La belle Kersalec.

JÉROME.

Voilà qui s'appelle parler.

FORFANVILLE.

Madame m'embarrasse.

JÉROME.

Je le crois.

FORFANVILLE.

L'oncle m'en impose.

JÉROME.

Il n'entendrait pas raison.

FORFANVILLE.

Il arrive aujourd'hui....

JÉROME.

Il faut le prévenir.

FORFANVILLE.

J'ai toute sa confiance. Sa nièce dépend de moi seul.

JÉROME, à part.

Elle est en bonnes mains.

FORFANVILLE.

D'ailleurs, mes intentions sont honnêtes : je ne compte l'épouser qu'à la mort de ma femme.

JÉROME.

Madame doit vous savoir gré de cette attention-là.

FORFANVILLE.

Cependant, j'ai besoin de conseils.

JÉROME.

Je vous en donnerai de bons, qui ne vous coûteront rien.

FORFANVILLE.

Comment s'y prendre?

JÉROME.

Autrefois, j'étais amoureux de Pérette, qui est à présent ma femme.

FORFANVILLE.

Passons.

JÉROME.

Elle était jolie.

ACTE I, SCÈNE IX.

FORFANVILLE.

Kersalec est charmante.

JÉROME.

Sage.

FORFANVILLE.

La belle Kersalec l'est aussi.

JÉROME.

Suivons la comparaison. Quand je parlais de mon amour, un soufflet, une égratignure étaient sa réponse.

FORFANVILLE.

Oh! une fille de condition....

JÉROME.

Ne donne point de soufflets, ne fait pas d'égratignures; mais elle met sa vertu en avant, fait la moue, et les affaires n'avancent pas.

FORFANVILLE.

Tu as du discernement, pour un homme du peuple. Et comment t'es-tu tiré de là?

JÉROME.

Tout est parti d'ici. Je sais écrire, Pérette sait lire, et je me suis dit : Quand je parle de ma flamme amoureuse à la veillée, il faut qu'elle me batte, il y a des témoins ; mais je lui conterai une déclaration en forme de lettre; elle la lira en menant ses chèvres aux champs; elle la lira en les ramenant; elle la saura bientôt par cœur. Si elle ne m'aime pas, elle sera fière d'avoir un serviteur, et qu'elle se donne à moi par orgueil ou par amour, elle est sage, ainsi, que m'importe à moi? Eh bien! monsieur, la nature est la même dans tous les états. Mademoiselle de Kersalec lira ce qu'elle ne doit pas entendre. Vous l'avez élevée, et la reconnaissance, jointe à ce que vous.... à ce qu'elle.... Enfin, si elle lit la première lettre, elle est à nous.

FORFANVILLE.

Si elle allait me compromettre ?

JÉROME.

C'est le seul article sur lequel les femmes soient discrètes.

FORFANVILLE.

Mais, ta position était bien différente de la mienne.

JÉROME.

Raison de plus pour qu'elle garde le silence. Un ménage brouillé ; un oncle qui vous ferait mettre l'épée à la main.... C'est une fille prudente, je vous réponds qu'elle se taira.

FORFANVILLE.

Allons, j'écrirai.

JÉROME, à part.

Fabrice aura la fille.

FORFANVILLE.

Je vais tout préparer pour l'attaque, et prévoir et anéantir les moyens de défense.

SCÈNE X.

JÉROME, SEUL.

Et moi, je vais, en déclarant tout à madame, assurer le mariage de monsieur Fabrice. Madame se fâchera tout-à-fait; elle boudera la fille; elle querellera le mari; elle avertira l'oncle, et tout ça s'embrouillera de manière qu'il n'y aura qu'un bon mariage qui pourra rétablir la paix.

SCÈNE XI.

JÉROME, Mademoiselle de KERSALEC.

MADEMOISELLE DE KERSALEC.
Jérome, que me veut cet officier?
JÉROME.
Ce n'est pas un officier.
MADEMOISELLE DE KERSALEC.
Qu'est-il donc?
JÉROME.
Un honnête marchand, qui s'est introduit ici pour vous dire deux mots.
MADEMOISELLE DE KERSALEC.
Je ne peux m'expliquer dans ce moment, m'a-t-il dit. Le jardinier est instruit, allez le trouver. Que savez-vous, mon cher Jérome?
JÉROME.
Que votre père a enrichi le sien; qu'il vous sait sans fortune, et qu'il veut partager avec vous ce qu'il a.
MADEMOISELLE DE KERSALEC, après un silence.
Jérome, il est intéressant.
JÉROME.
Oh! très-intéressant.

MADEMOISELLE DE KERSALEC.

Il n'a pas les grands airs de nos agréables; mais il paraît sensible et franc.

JÉROME.

Franc comme on ne l'est pas. Il est riche; il vous offre sa main : on ne trouve pas toujours deux fois un parti agréable et solide. Le voici, mademoiselle; il s'est échappé, il vous cherche, et je vous laisse. (*A Fabrice, en sortant.*) Appuyez, le cœur est pour vous.

SCÈNE XII.

FABRICE, MADEMOISELLE DE KERSALEC.

FABRICE.

Mademoiselle, je me suis toujours expliqué librement. Je suis entré ici, guidé par la reconnaissance; déterminé à tout pour vous obtenir, et votre aspect me ferme la bouche : je ne me reconnais plus. Vous me rendez timide, embarrassé, et plus j'y pense, et plus je crois que je vous aime, non-seulement par reconnaissance, mais parce que vous êtes belle, parce que vous êtes aimable, parce que.... Pardon, mademoiselle, je suis loin du style des amans de nos jours. Moi, je ne sais que vous aimer : je suis sans art pour vous le dire.

MADEMOISELLE DE KERSALEC.

Monsieur, si j'étais maîtresse de mon sort, peut-être....

FABRICE.

Il n'y a pas de peut-être, mademoiselle. La loi vous autorise à disposer de vous. Ceux qui vous gouvernent sont des gens à préjugés....

MADEMOISELLE DE KERSALEC.

Ménagez-les : je leur dois beaucoup.

FABRICE.

Vous ne leur devez rien. Servir la beauté malheureuse est un plaisir, et le bienfait est au-dessous de la récompense.

MADEMOISELLE DE KERSALEC.

De toute ma famille, il ne me reste qu'un oncle.

FABRICE.

S'il est raisonnable, il pensera comme moi. S'il ressemble aux autres, nous nous passerons de lui.

MADEMOISELLE DE KERSALEC.

Non pas, s'il vous plaît. Je le respecte comme un second père, et monsieur de Forfanville est dépositaire de son autorité.

FABRICE.

Forfanville est un fou..... Pardon, mademoiselle ; mais le mot est lâché, et je dis toujours ce que je pense.

MADEMOISELLE DE KERSALEC.

Vous vous exprimez fortement.

FABRICE.

C'est que j'ai une ame forte ; que je ne cherche pas à vous tromper, et que je me donne pour ce que je suis. Au fait, mademoiselle, mon hommage vous est-il agréable ?

MADEMOISELLE DE KERSALEC.

Vous êtes pressant, monsieur?

FABRICE.

Nos momens de bonheur sont comptés : en laisser échapper un est sottise. De la franchise, de la probité, de la fortune, et beaucoup d'amour, voilà mes titres, mademoiselle. S'ils vous paraissent suffisans, vous pouvez d'un mot assurer votre félicité et la mienne. Laissez-là les Forfanville, les oncles qui viennent d'Amérique. Consultez votre cœur, et moquez-vous des préventions qui les égarent. Un roturier, bon mari, vaut mieux qu'un gentilhomme qui tourmente ou qui ruine sa femme. En vous épousant, je m'oblige à vous rendre heureuse, et je remplirai mes obligations. Tel est Fabrice, mademoiselle; il se montre à découvert, et il attend son arrêt.

MADEMOISELLE DE KERSALEC.

Monsieur..... Une si belle façon de penser..... Une si belle ame....

FABRICE.

Non, mademoiselle, je suis un homme comme un autre, un homme comme il y en a beaucoup. Soyez vraie, et point d'éloges.

MADEMOISELLE DE KERSALEC.

Eh bien, monsieur, je crois pouvoir vous avouer....

FABRICE.

Que mes sentimens vous sont agréables? voilà tout ce que je désirais. En dépit de l'univers entier, vous serez ma femme. Mademoiselle, j'ai un reproche à me faire, je me suis introduit ici frauduleusement; j'ai menti pour la première fois de ma vie; j'ai trompé monsieur de Forfanville; je m'en accuse devant vous, et vous me pardonnerez une faute indigne de moi, mais nécessaire pour m'approcher de vous. Certain de vos sentimens, je vais détromper l'homme que j'ai abusé. Son orgueil sera révolté; mais j'opposerai la raison à ses emportemens. S'il n'entend pas son langage, je l'abandonne à ses chimères; j'épouse ma maîtresse à ses yeux; j'emmène chez moi mon épouse; je l'établis à la tête de ma fortune et de mon magasin. Ce poste n'est pas noble; mais il est honnête, et dût la cabale aristocratique se déchaîner contre moi, la femme estimable est celle qui gouverne sa maison. L'épouse oisive par système, dissipée par inclination, ruine souvent son époux et sa réputation. J'ai la manie des mœurs, et, manie pour manie, je crois la mienne la meilleure. Voici monsieur de Forfanville.

SCÈNE XIII.

JÉROME, Mademoiselle de KERSALEC, FABRICE, de FORFANVILLE.

FORFANVILLE.

Monsieur, monsieur, point de tête-à-tête, s'il vous plaît. Respectez mademoiselle de Kersalec.

FABRICE.

Je la respecte infiniment, car je vais l'épouser.

FORFANVILLE.

L'épouser!

FABRICE.

Oui, monsieur, l'épouser.

FORFANVILLE.

Et elle y consent?

FABRICE.

Pourquoi non?

FORFANVILLE.

Sans me consulter?

FABRICE.

Est-ce vous qu'elle épouse?

FORFANVILLE.

Je l'ai élevée.

FABRICE.

Je vous en remercie pour elle.

FORFANVILLE.

Son oncle m'a remis tous ses droits.

FABRICE.

Quels sont ses droits, à lui-même? Peut-il vous rendre dépositaire d'une autorité qu'il n'a pas?

FORFANVILLE.

Ah! mademoiselle, je n'aurais jamais cru.....

FABRICE.

Qu'elle fut sensible, et qu'un honnête homme pût lui plaire?

MADEMOISELLE DE KERSALEC.

Pardon, monsieur; mais les sentimens qui m'ont gagnée sont si purs, si raisonnables.....

FORFANVILLE.

(*A part.*) J'enrage. (*Haut.*) Voilà un mariage auquel je ne consentirai jamais.

FABRICE.

Cela n'en retardera pas la conclusion.

FORFANVILLE.

Vous le prenez sur un ton bien haut, monsieur?

FABRICE.

Oui, monsieur, et pourtant je n'ai pas fait la guerre de Corse.

FORFANVILLE.

Je ne reviens pas de mon étonnement.

FABRICE.

Je vais vous étonner bien davantage.

FORFANVILLE.

Comment cela, monsieur?

FABRICE.

Je ne suis pas officier.

FORFANVILLE.

Vous n'êtes pas officier!

FABRICE.

Ni gentilhomme.

FORFANVILLE.

Ni gentilhomme! Corbleu, un roturier que j'ai traité en égal!

FABRICE.

Qui de nous doit s'honorer de cette égalité?

FORFANVILLE.

Que j'ai reçu chez moi!

FABRICE.

Le grand malheur!

FORFANVILLE.

Que j'ai présenté à madame de Forfanville!

FABRICE.

Qui n'en a pas paru fâchée.

FORFANVILLE.

Cette aventure me déshonore.

FABRICE.

Dans l'esprit des sots.

FORFANVILLE.

S'introduire chez moi par un mensonge!

FABRICE.

Voilà le seul reproche que j'aie à me faire.

FORFANVILLE.

Enfin, mon ami, qui êtes-vous?

FABRICE.

Un loyal marchand, et non pas votre ami.

FORFANVILLE.

Marchand! profession dérogeante.

FABRICE.

Dérogeante! Et pourquoi? L'homme utile déroge-t-il jamais? J'occupe les habitans du nouveau monde et de l'ancien. C'est pour moi que l'Américain fait croître la canelle et le girofle; le marin, que je nourris, traverse les mers pour m'enrichir des productions de l'Inde; cent bras s'empressent à déposer ces richesses dans mes magasins; je fournis à mes concitoyens l'utile et l'agréable. En échange de ce que je fais pour eux, je reçois leur argent, parce qu'ils doivent un prix à mon travail, et tout compensé, mon métier vaut mieux que celui d'un homme qui n'en a aucun, et qui fatigue la terre de son inutilité et de son plat orgueil.

FORFANVILLE.

Finissons ce galimatias.

MADEMOISELLE DE KERSALEC.

Il me semble que monsieur raisonne juste.

FORFANVILLE.

Il me semble que vous avez les inclinations bien peu relevées. Non, mademoiselle, ce bourgeois ne sait ce qu'il dit, et c'est un gentilhomme qui vous l'assure.

FABRICE.

Tant pis pour vous, si vous ne concevez pas les choses les plus simples. D'ailleurs, c'est pour mademoiselle que j'ai parlé : il faut qu'elle connaisse l'état de son mari, et qu'elle apprenne à l'estimer.

MADEMOISELLE DE KERSALEC.

J'en ai assez entendu, monsieur, pour sentir ce que cet état a d'estimable.

FORFANVILLE.

Et moi, pour savoir ce que je dois faire. Rentrez, mademoiselle, rentrez. Aujourd'hui, dans deux heures peut-être, votre oncle, instruit de votre conduite...

FABRICE.

L'approuvera, s'il pense juste.

FORFANVILLE.

Il est gentilhomme.

FABRICE.

C'est un titre qui n'ôte pas toujours la raison.

FORFANVILLE.

Il vous rendra la vôtre, mon petit marchand.

FABRICE, *l'approchant de très-près.*

Point d'injures, monsieur, car, bien que je n'aie pas fait la guerre de Corse....

FORFANVILLE, à part.

Je crois qu'il a du cœur.

MADEMOISELLE DE KERSALEC.

Eh, messieurs, je vous en prie; mon oncle....

FORFANVILLE.

Arrivera fort à propos....

FABRICE.

Pour être de la noce.

FORFANVILLE.

Ah! corbleu, c'est ce que nous verrons.

FABRICE.

Ah! corbleu, tout est vu.

FORFANVILLE.

Tout est vu?

FABRICE.

Oui, tout est vu, monsieur; tout est vu.

(Monsieur de Forfanville et mademoiselle de Kersalec sortent d'un côté, et Fabrice de l'autre.)

FIN DU PREMIER ACTE.

ACTE SECOND.

SCÈNE I.

FABRICE, Mademoiselle de KERSALEC.

FABRICE.

Non, mademoiselle, je ne reste pas un moment de plus dans cette maison.

MADEMOISELLE DE KERSALEC.

Monsieur, je n'ai pas le droit de vous y retenir.

FABRICE.

Vous pouvez tout, mademoiselle; mais réfléchissez aux mépris, aux outrages....... Je ne puis empêcher Forfanville de dire des sottises; mais rien ne m'oblige à les entendre. Allons, mademoiselle, partons.

MADEMOISELLE DE KERSALEC, étonnée.

Comment! monsieur, partons...

FABRICE.

Oui, partons. Vous consentez à être à moi, et je vous emmène.....

MADEMOISELLE DE KERSALEC.

Mais, pensez-vous, monsieur.....

FABRICE.

Je pense à tout, j'ai tout prévu.

MADEMOISELLE DE KERSALEC.

Quoi, monsieur.....

FABRICE.

Oui, votre vertu, votre réputation?.... J'arrangerai tout cela. Je vous fais sortir de cette maison, pour vous conduire dans un asile respectable, en attendant la cérémonie, qui ne se fera pas assez tôt, au gré de mon impatience.

MADEMOISELLE DE KERSALEC.

De grace, monsieur, écoutez-moi.

FABRICE.

J'écoute, mademoiselle.

MADEMOISELLE DE KERSALEC.

Vous me proposez de quitter cette maison en fugitive, pour suivre un homme estimable, sans doute, mais qui m'est encore étranger, et cela, au moment de l'arrivée de mon oncle, d'un oncle qui me reprochera de m'être soustraite, sinon à son autorité, du moins à ses conseils. Quels reproches n'auriez-vous pas à vous faire, si cet oncle, raisonnable et sans préjugés, approuvait nos desseins? Faut-il le fuir dans la crainte de défauts qu'il n'a peut-être pas? Ce que vous méditez peut s'exécuter dans tous les temps; mais, comment réparer une faute que, sans doute, à sa place, vous ne me pardonneriez pas.

FABRICE.

Restez, mademoiselle, restez.

MADEMOISELLE DE KERSALEC.

Le digne homme!

FABRICE.

Vous êtes belle comme..... comme la vertu, et vous parlez comme la raison. Son langage dans votre bouche devient plus touchant encore. Mademoiselle, je suis vif; mais non pas obstiné. Si ma vivacité m'emporte quand nous serons unis, un mot, un regard de ma digne épouse, et Fabrice est calmé.

MADEMOISELLE DE KERSALEC.

Nous avons chacun nos défauts.

FABRICE.

Hé, parbleu! qui n'en a pas?

MADEMOISELLE DE KERSALEC.

Nous saurons les supporter mutuellement.

FABRICE.

Je crois que la charge ne sera pas pesante pour moi.

MADEMOISELLE DE KERSALEC, affectueusement.

Ni pour moi non plus, je l'espère.

FABRICE.

Ah! vous êtes charmante! Comment pouvez-vous penser ainsi, et avoir été élevée dans cette maison? Cela est étonnant, au moins.

MADEMOISELLE DE KERSALEC.

Revenons à ce qui vous regarde. Je craindrais une nouvelle conversation entre vous et monsieur de Forfanville. Je crois, monsieur, qu'il est temps de vous retirer.

FABRICE, étonné.

Vous venez de me dire, je crois, que vous restez, mademoiselle?

MADEMOISELLE DE KERSALEC.

Oui, monsieur.

FABRICE.

Je reste aussi : je ne vous quitte plus.

MADEMOISELLE DE KERSALEC.

Mon oncle va paraître.

FABRICE.

Hé bien, je l'attendrai.

MADEMOISELLE DE KERSALEC.

Je voudrais le prévenir....

FABRICE.

Nous lui parlerons ensemble.

MADEMOISELLE DE KERSALEC.

Je vous en prie,

FABRICE.

Par grace.

MADEMOISELLE DE KERSALEC.

Je vous en supplie, retirez-vous, si vous m'aimez.

FABRICE, vivement.

Je sors, mademoiselle, je sors.

SCÈNE II.

FABRICE, Mademoiselle de KERSALEC, JÉROME.

JÉROME, vivement.

Mademoiselle, j'ai oublié de vous dire tantôt......
Je suis si étourdi.... Monsieur de Forfanville a quelque chose d'important à vous dire ; quelque chose de

ACTE II, SCÈNE III.

tendre à vous remettre. Pas trop de sévérité, entendez-vous ? L'air indécis..... Cet air.... là.

FABRICE.

Comment, morbleu ! Qu'est-ce à dire ?

MADEMOISELLE DE KERSALEC.

Je n'entends pas....

JÉROME.

Suivez mes avis à la lettre.

FABRICE.

Ils n'ont pas le sens commun.

JÉROME.

J'ai la tête froide, monsieur, et j'y vois mieux que vous : suivez mes avis, vous dis-je.

MADEMOISELLE DE KERSALEC.

Mais encore, faut-il savoir...

JÉROME.

Je me sauve : il ne faut pas qu'on nous voie ensemble.

MEDEMOISELLE DE KERSALEC.

Expliquez-moi, du moins...

JÉROME.

Venez faire un tour de jardin. Je vous conterai tout, sans que ça paraisse.

SCÈNE III.

FABRICE, Mademoiselle DE KERSALEC.

FABRICE, effrayé.

Je reste, mademoiselle, je reste. Ne croyez pas que

je m'éloigne : il y a du louche, au moins, dans ce que cet homme vient de dire. Si Forfanville était capable....

MADEMOISELLE DE KERSALEC.

Que vous importe?

FABRICE.

Comment! que m'importe?

MADEMOISELLE DE KERSALEC.

Oui, monsieur, quand ma raison et mon cœur parlent pour vous.

FABRICE.

Forfanville est un homme sans principes.

MADEMOISELLE DE KERSALEC.

J'en ai pour lui et pour moi, soyez tranquille.

FABRICE.

Tranquille quand on aime; tranquille quand on a des craintes!

MADEMOISELLE DE KERSALEC.

Vous n'en devez point avoir, ou vous ne m'estimez pas.

FABRICE.

Je ne vous estime pas! Je ne vous estime pas! Voilà de ces choses qu'on ne peut entendre de sang-froid.

MADEMOISELLE DE KERSALEC.

Qu'il ne faut pas se faire dire, ou auxquelles il faut s'accoutumer.

FABRICE.

Non, non, je ne m'accoutumerai pas à cela.

MADEMOISELLE DE KERSALEC.

Vous n'êtes pas raisonnable. Écoutez-moi.

FABRICE.

Je n'écoute plus rien : vous finiriez encore par avoir raison.

MADEMOISELLE DE KERSALEC, tendrement.

En êtes-vous fâché ?

FABRICE.

J'en serais enchanté dans toute autre occasion; mais cette affaire-ci....

MADEMOISELLE DE KERSALEC, souriant.

Vous croyez donc monsieur de Forfanville bien dangereux ?

FABRICE.

Je ne dis pas cela.

MADEMOISELLE DE KERSALEC.

Vous supposez donc que je puisse me prêter à ses folies ?

FABRICE.

Qu'appelez-vous, mademoiselle ? Je ne suis pas fait pour avoir de semblables idées.

MADEMOISELLE DE KERSALEC.

Cependant vous êtes jaloux; mais cela se passera, quand vous me connaîtrez mieux. Je vais rejoindre le jardinier; modérez-vous et attendez-moi. Tâchez surtout d'éviter monsieur de Forfanville.

FABRICE.

Oh ! ma foi...

MADEMOISELLE DE KERSALEC, affectueusement.

Vous me l'avez promis, vous me tiendrez parole : j'y peux compter, n'est-il pas vrai ?

FABRICE.

Ah! quelle enchanteresse! je le savais bien que vous finiriez par avoir raison.

(En sortant, mademoiselle de Kersalec présente sa main à Fabrice, qui la baise avec transport.)

SCÈNE IV.

FABRICE, seul.

Cette fille est étonnante! Elle prend sur moi un ascendant... Ma foi, toutes réflexions faites, je n'en suis pas fâché. J'ai le cœur bon; mais ma tête m'égare quelquefois, et il est agréable d'avoir pour Mentor la sagesse et les graces. Cependant, je ne la connais que d'aujourd'hui... Si elle s'oubliait... Fi, Fabrice, fi, l'horreur! Tu supposes le mal, tandis que l'homme sensible a tant de peine à croire à l'évidence. D'ailleurs, sa figure, ses manières, ses discours, tout en elle porte un caractère de vérité... Rougis, Fabrice, repens-toi. Tu as soupçonné la vertu, toi qui, peut-être, es si digne d'y croire. (*Apercevant madame de Forfanville.*) A l'autre, à présent. Il faut essuyer encore une bordée d'inepties et de balivernes.

SCÈNE V.

FABRICE, Madame DE FORFANVILLE.

MADAME DE FORFANVILLE.

Ah! vous voilà, mon ami?

ACTE II, SCÈNE V.

FABRICE.

Aussi impertinens l'un que l'autre.

MADAME DE FORFANVILLE.

Je cherche monsieur de Forfanville.

FABRICE.

Et moi, je l'évite.

MADAME DE FORFANVILLE.

Hé pourquoi, s'il vous plaît ?

FABRICE.

Ses tons me déplaisent.

MADAME DE FORFANVILLE.

Mais, les miens...

FABRICE.

Ne m'amusent pas davantage.

MADAME DE FORFANVILLE.

Vous me paraissez sauvage avec les dames.

FABRICE.

C'est selon.

MADAME DE FORFANVILLE.

Ah! vous vous adoucissez quelquefois ?

FABRICE.

Avec celles qui me plaisent.

MADAME DE FORFANVILLE.

Il en est donc....

FABRICE.

Il en est une qui peut tout sur moi.

MADAME DE FORFANVILLE.

Belle ?

FABRICE.

Oui, madame.

MADAME DE FORFANVILLE.

Le port majestueux?

FABRICE.

Oui, madame.

MADAME DE FORFANVILLE.

Des graces, de l'esprit?

FABRICE.

Oui, madame.

MADAME DE FORFANVILLE.

(*A part.*) J'ai fait sa conquête. (*Haut.*) Et qui vous a paru disposée à répondre à vos vœux?

FABRICE, impatienté.

Oui, madame.

MADAME DE FORFANVILLE.

Ne vous y trompez pas, mon petit monsieur. Elle avait ses raisons pour agir ainsi.

FABRICE.

Madame, on ne m'appelle pas mon petit monsieur; on ne m'appelle pas mon ami. Les honnêtes gens m'appellent Fabrice; souvenez-vous-en, je vous en prie, car enfin, cela m'ennuie.

MADAME DE FORFANVILLE.

Et vous, n'oubliez pas, s'il vous plaît, que vous parlez à madame de Forfanville.

FABRICE.

Vous me le feriez oublier, si je n'étais convaincu qu'un galant homme doit des égards à toutes les femmes, même à celles qui en méritent le moins.

MADAME DE FORFANVILLE.

Laissons tout ce verbiage. Vous avez donc la bonhomie de croire que cette femme intéressante a de l'inclination pour vous.

FABRICE.

J'ai lieu d'en être persuadé.

MADAME DE FORFANVILLE.

Détrompez-vous, mon cher : elle voulait inquiéter monsieur de Forfanville, voilà tout.

FABRICE.

Vous m'inquiétez à mon tour, madame : qu'a-t-elle de commun avec monsieur de Forfanville ?

MADAME DE FORFANVILLE.

Peu de chose, depuis quelque temps : c'est un petit perfide qui fait quelquefois le papillon ; mais, elle le ramènera.

FABRICE.

Et vous vous prêterez à ce raccommodement ?

MADAME DE FORFANVILLE.

Il le faut bien ; on est indulgente.

FABRICE.

Vous êtes facile, madame.

MADAME DE FORFANVILLE.

Au contraire, il est certain article sur lequel je ne plaisante jamais ; mais il faut opposer la finesse à l'intrigue, et je vous ai choisi pour me rétablir dans mes droits.

FABRICE.

Que je meure, si je vous entends !

MADAME DE FORFANVILLE.

Vous n'avez pas vu tantôt que je cherchais à allumer la jalousie de monsieur de Forfanville, à lui faire apercevoir tout le mérite d'une épouse tendre et délaissée ?

FABRICE.

Ah ! fort bien.

MADAME DE FORFANVILLE.

Si vous aviez conçu quelque espoir, si vous supposiez madame de Forfanville susceptible de faiblesse...

FABRICE.

Ah! je commence à comprendre. C'est-à-dire que cette personne belle, spirituelle, d'un port majestueux, c'est vous ?

MADAME DE FORFANVILLE.

Hé qui donc, s'il vous plaît ?

FABRICE.

Je n'aurais pas deviné celui-là, par exemple.

MADAME DE FORFANVILLE.

Téméraire !

FABRICE.

Pardon, madame ; mais voilà de ces choses auxquelles on ne s'attend pas.

MADAME DE FORFANVILLE.

Ces bourgeois sont d'une grossièreté....

FABRICE.

Dites, d'une vérité...

MADAME DE FORFANVILLE.

Bien révoltante en honneur. Je ne conçois pas qu'on puisse se méprendre ainsi. Il faut être bien dépourvu de goût. Vous seriez-vous imaginé que je parlais de la petite Kersalec ?

FABRICE.

Oui, ma foi, je l'ai cru.

MADAME DE FORFANVILLE.

Une enfant d'une physionomie morte, d'un maintien gauche, d'un esprit de travers.

FABRICE.

Finissons, finissons, madame : telle qui en dit du mal voudrait lui ressembler.

MADAME DE FORFANVILLE.

Lui ressembler! D'après ce que m'a dit Jérome... Mais je crois comprendre à mon tour. Monsieur est amoureux de la petite Bretonne.

FABRICE, appuyant.

Je suis amoureux de mademoiselle de Kersalec, madame.

MADAME DE FORFANVILLE.

Et voilà le digne objet qui répond à vos vœux?

FABRICE.

Quittez, madame, quittez ce ton de mépris qui ne sied à personne, et croyez qu'il faut avoir infiniment de mérite pour trouver des défauts à mademoiselle de Kersalec. Monsieur de Forfanville est plus indulgent que vous.

MADAME DE FORFANVILLE.

Je le sais, je le sais; le jardinier m'a dit deux mots en passant... Voilà pourquoi je le cherchais, le cher ingrat. On ne trompera pas une épouse outragée et clairvoyante. Je les observe; je ne les quitte plus.

FABRICE.

Observez votre époux, madame : lui seul est capable de se manquer.

MADAME DE FORFANVILLE.

Toujours quelque chose d'amer dans vos reparties. Petit mutin, écoutez-moi : malgré les rapports de monsieur de Forfanville, malgré son indignation contre vous, je vous garderai quelque temps chez moi ; vous m'y serez utile.

FABRICE.

C'est fort heureux.

MADAME DE FORFANVILLE.

En présence de mon infidèle, nous continuerons la scène de tantôt ; et si vous soutenez la ruse avec un peu d'intelligence, je vous accorderai ma protection.

SCÈNE VI.

FABRICE, seul.

M'en voilà débarrassé. Il n'y a qu'un amoureux qui puisse tenir à cela. Il est temps que ces tracasseries finissent. Mon ami, mon petit monsieur, je vous accorderai ma protection. Il est permis d'être sot, mais il faudrait du moins n'être pas impudent.

SCÈNE VII.

FABRICE, Mademoiselle de KERSALEC, JÉROME.

JÉROME.

Ah ça, tout est arrangé ; contenez-vous, monsieur, et n'allez pas gâter nos affaires.

ACTE II, SCÈNE VII.

MADEMOISELLE DE KERSALEC.

Je vais vous expliquer, monsieur, le stratagème qu'a imaginé Jérome.

FABRICE.

Et moi, mademoiselle, je ne veux rien savoir. Je vous ai offensée tantôt; j'ai conçu depuis des soupçons que mon cœur a aussitôt désavoués, et dont je vous vengerai par un respect, par une modération....

MADEMOISELLE DE KERSALEC.

Non, monsieur, ma réputation veut que vous soyez instruit d'avance : écoutez-moi.

FABRICE.

Je ne veux rien savoir, vous dis-je. Vous prodiguer mon estime et ma confiance, voilà mon devoir; tant pis pour vous, si vous manquez aux vôtres.

MADEMOISELLE DE KERSALEC.

Quoi que vous disiez, il faut absolument....

FABRICE.

Qu'avons-nous besoin de ruser, quand nous pouvons invoquer l'autorité des lois?

MADEMOISELLE DE KERSALEC.

Je ne vous ai pas promis d'employer ce moyen-là.

FABRICE.

Hé! tant pis, mademoiselle, si vous vous y refusez; c'est le plus court....

JÉROME.

Ce n'est pas le moment de jaser; je vais le conduire dans ma loge, et je le mettrai au fait de tout. Nous réussirons sans plaidoierie, et mon stratagème ne fera de mal à personne. (*A Fabrice.*) Soyez tranquille ; d'abord, mademoiselle vous aime de tout son cœur.

MADEMOISELLE DE KERSALEC.

Ah ! Jérome....

JÉROME.

Oui, mademoiselle, vous me l'avez dit, et monsieur mérite de le savoir : c'est un brave homme. Pour monsieur de Forfanville, il donne à plein collier dans le panneau. Un vieillard amoureux....

FABRICE.

Perd la tête, et fait divorce avec la raison.

JÉROME.

Vous m'avez plu au premier coup d'œil, et je suis charmé de faire réussir vos bonnes intentions.

FABRICE.

Tiens, mon ami, ma bourse est à toi. Tu te recules ? Ne me refuse pas, tu me ferais de la peine.

JÉROME.

Monsieur, on paie un valet, et on n'abaisse pas un honnête homme qui nous oblige. Suivez-moi.

FABRICE, l'embrassant.

Pardon, mon ami, pardon, je n'ai pas voulu t'humilier. J'apprends que l'homme est ce qu'il veut être, et qu'il ne se dégrade jamais involontairement.

SCÈNE VIII.

MADEMOISELLE DE KERSALEC, SEULE.

Oui, j'ai pour lui une inclination naissante, que ses qualités justifient. Quel cœur ! quelle justesse de raisonnement, unie à une vivacité.... Peut-être aussi les procédés qu'il éprouve dans cette maison ont-ils aigri un caractère naturellement impétueux. Si mon oncle, que je n'ai pas vu depuis mon enfance, ne heurtait pas ses principes, Fabrice, calmé par un homme raisonnable, se modérerait, et... Qu'importe, après tout, qu'il soit un peu emporté? Une épouse chérie a tant de droits sur son mari; elle a tant de ressources dans sa douceur! Oui, voilà l'homme qui me convient. Je ne blesserai pas les bienséances, je consulterai mon oncle; mais je sens que mon bonheur tient à celui de Fabrice, et je ne négligerai rien pour l'assurer. Je souffre cependant de me prêter au projet de Jérome. Monsieur de Forfanville, malgré ses ridicules, m'a rendu des services.... Mais n'est-ce pas lui en rendre un à mon tour, que de chercher à le guérir de sa folie? Une plaisanterie d'un moment peut le rendre à son épouse et à lui-même. Le voici; voyons-le venir.

SCÈNE IX.

De FORFANVILLE, Mademoiselle de KERSALEC.

FORFANVILLE.

Hé bien! mademoiselle, vous me voyez donc souffrir avec indifférence?

MADEMOISELLE DE KERSALEC.

Je ne vois pas quelles peuvent être vos peines.

FORFANVILLE.

Vous les devineriez aisément, si vous y étiez sensible.

MADEMOISELLE DE KERSALEC.

Vous ne devez pas douter de l'intérêt que je prends à vous.

FORFANVILLE.

Vous vous intéressez à moi? Mon âge ne vous rebute pas?

MADEMOISELLE DE KERSALEC.

Plus jeune, je vous aurais moins d'obligations.

FORFANVILLE.

Il est vrai : je ne vous aurais pas élevée.

MADEMOISELLE DE KERSALEC.

Et vous ne jouiriez pas de ma reconnaissance.

FORFANVILLE.

Mais, dites-moi, céleste enfant, comment accordez-vous cette reconnaissance et vos liaisons avec cet homme qui veut vous épouser malgré moi?

MADEMOISELLE DE KERSALEC.

Je ne ferai rien sans votre avis et celui de mon oncle.

FORFANVILLE.

Il pensera comme moi.

MADEMOISELLE DE KERSALEC.

Je n'en sais rien.

FORFANVILLE.

Nous vous prierons tous deux d'attendre encore quelque temps.

MADEMOISELLE DE KERSALEC.

J'y consentirai volontiers.

FORFANVILLE.

De recevoir un époux de ma main.

MADEMOISELLE DE KERSALEC.

Il eût fallu en parler plus tôt.

FORFANVILLE.

Vous aimez donc éperdument ce monsieur Fabrice ?

MADEMOISELLE DE KERSALEC.

Éperdument..... non.

FORFANVILLE.

Si je vous proposais un parti....

MADEMOISELLE DE KERSALEC.

Je ne me suis pas interdit tout-à-fait la liberté du choix.

SCÈNE X.

DE FORFANVILLE, Mademoiselle DE KERSALEC; Madame DE FORFANVILLE, écoutant du fond.

FORFANVILLE.

Mais vous êtes engagée....

MADEMOISELLE DE KERSALEC.

Non pas au point de ne pouvoir plus reculer.

FORFANVILLE.

Il est certain que jusqu'à la conclusion du mariage....

MADEMOISELLE DE KERSALEC.

On peut toujours disposer de soi.

MADAME DE FORFANVILLE.

Où vont-ils en venir?

FORFANVILLE.

Un bourgeois n'est pas ce qu'il vous faut. Je connais quelqu'un qui est bien plus digne de vous.

MADEMOISELLE DE KERSALEC.

Serai-je digne de lui?

FORFANVILLE.

N'en doutez pas. Il a des qualités intéressantes.

MADEMOISELLE DE KERSALEC.

Je le crois.

FORFANVILLE.

Il est d'une antique noblesse, dans l'âge de la raison; il a une fortune considérable....

MADEMOISELLE DE KERSALEC.

Et il dépose tout cela à mes pieds?

FORFANVILLE.

Avec un ravissement sans égal; mais, ma petite reine, il demande quelque délai.

MADEMOISELLE DE KERSALEC.

Oh! tant qu'il lui plaira.

FORFANVILLE.

Il n'est pas tout-à-fait maître de disposer de sa main.

MADAME DE FORFANVILLE.

Le scélérat!

MADEMOISELLE DE KERSALEC.

On est quelquefois arrêté par des obstacles cruels.

MADAME DE FORFANVILLE.

La petite personne est traitable.

ACTE II, SCÈNE X.

FORFANVILLE, à part.

Voilà qui va le mieux du monde. (*Haut.*) Il m'a prié....

MADEMOISELLE DE KERSALEC.

Il vous a prié....

FORFANVILLE.

De lier avec vous une correspondance....

MADEMOISELLE DE KERSALEC.

Et vous y avez consenti?

FORFANVILLE.

Peut-on refuser quelque chose à ses amis?

MADEMOISELLE DE KERSALEC.

Ah! vous êtes amis?

FORFANVILLE.

Nous sommes inséparables.

MADEMOISELLE DE KERSALEC.

Il est étonnant que je ne le connaisse pas.

FORFANVILLE.

Vous le connaissez, friponne.

MADEMOISELLE DE KERSALEC.

Vraiment?

FORFANVILLE.

Quoi! vous ne devinez pas?

MADEMOISELLE DE KERSALEC.

Pas du tout.

MADAME DE FORFANVILLE.

Comme elle conduit à son but, la rusée!

FORFANVILLE.

Voilà, mon adorable, ce qui va le faire connaître.

MADEMOISELLE DE KERSALEC.

Un billet?

FORFANVILLE.

Qui peint bien faiblement ses tendres sensations.
Daignez-vous l'accepter, adorable Bretonne?

MADEMOISELLE DE KERSALEC.

Ce qui vient de votre main ne peut m'être suspect.

MADAME DE FORFANVILLE, arrachant le billet.

Non pas à vous; mais bien à moi, mademoiselle.

(Mademoiselle de Kersalec s'enfuit.)

SCÈNE XI.

FORFANVILLE, MADAME DE FORFANVILLE.

FORFANVILLE, à part.

Je me suis laissé prendre; n'importe, ne perdons
pas la tête. (*Haut.*) Rendez-moi cette lettre, madame.

MADAME DE FORFANVILLE.

Vous la rendre, monsieur! L'espérez-vous?

FORFANVILLE.

Je l'entends ainsi, madame, et je vous l'ordonne
par toute l'autorité que j'ai sur vous.

MADAME DE FORFANVILLE.

Les femmes de mon sang ne cèdent jamais, monsieur.

FORFANVILLE.

Obéissez, madame, et ne répliquez pas.

MADAME DE FORFANVILLE.

Laissez donc, monsieur, laissez donc. Il vous sied
bien de prendre ce ton, vous qui devriez rougir....

FORFANVILLE.

D'éprouver autant de résistance à mes volontés.

MADAME DE FORFANVILLE.

Vous n'êtes pas au bout, monsieur. Je vous ferai voir qu'un époux coupable est à la discrétion de sa femme. Je tiens la preuve du crime, ingrat que j'ai tant aimé, que j'aimerais encore, si......

FORFANVILLE.

Finissez vos lamentations, et rendez-moi cette lettre.

MADAME DE FORFANVILLE.

Il ne me plaît pas, à moi.

FORFANVILLE.

Vous la rendrez.

MADAME DE FORFANVILLE.

Je ne la rendrai pas.

FORFANVILLE.

Faudra-t-il employer la violence, madame?

MADAME DE FORFANVILLE.

Ne vous y jouez pas, monsieur. Une femme comme moi est faite pour vous tenir tête, entendez-vous?

FORFANVILLE.

Pas de mauvaises plaisanteries, s'il vous plaît, madame.

MADAME DE FORFANVILLE.

Ne vous les attirez pas. N'êtes-vous pas honteux, à votre âge.....

FORFANVILLE.

Je n'ai que deux ans plus que vous.

MADAME DE FORFANVILLE.

De vouloir séduire cette enfant, tandis que vous avez une épouse formée.....

FORFANVILLE.

Oui, très-formée !

MADAME DE FORFANVILLE.

Qui n'aurait jamais dû perdre ses droits sur vous. Je le dirai à monsieur de Kersalec.

FORFANVILLE, suppliant.

Ah ! madame......

MADAME DE FORFANVILLE.

Oui, je le lui dirai ; je ferai tancer la petite ; je vous mettrai dans le cas de faire éclater cette valeur dont vous vous targuez, et dont personne que vous n'a jamais parlé.

FORFANVILLE.

Ah ! madame.....

MADAME DE FORFANVILLE.

Non, monsieur. Nous verrons comment vous vous tirerez de là. Vous me manquez, et vous jouez ensuite les grands airs ! Ah ! je vous apprendrai à respecter et à remplir les devoirs conjugaux. Lisons ce charmant poulet.

FORFANVILLE.

Je ne le souffrirai pas, madame.

MADAME DE FORFANVILLE.

Paix, monsieur.

FORFANVILLE.

Mais, madame....

ACTE II, SCÈNE XI.

MADAME DE FORFANVILLE.

Paix, vous dis-je.

FORFANVILLE, à part.

Je suis enferré, il faut filer doux.

MADAME DE FORFANVILLE, lisant.

Je vous adore, charmante Kersalec. Céladon suranné ! *Conservez-vous pour moi.* Que veut dire ceci ? *Que votre oncle ignore une flamme.....* Il en punira l'insolence. *Qui sera bientôt couronnée.* Nous verrons cela, par exemple. *Ma femme ne peut aller loin.* Je me porte mieux que vous. *Son asthme l'emportera bientôt........* Qu'est-ce à dire, mon asthme ? Vous êtes un imposteur. J'ai des vapeurs, monsieur, et point d'asthme. J'ai des oppressions, des gonflemens de poitrine, que me causent vos procédés, vos perfidies, et je n'ai point d'asthme, entendez-vous, monsieur, je n'ai point d'asthme.

FORFANVILLE.

Ma femme.....

MADAME DE FORFANVILLE.

Ah ! vous vous livrez aux douceurs d'un veuvage anticipé, et vous calomniez mon tempérament ! J'ai un asthme !

FORFANVILLE.

Ma petite femme.....

MADAME DE FORFANVILLE.

Retirez-vous, monsieur. Me faire passer pour une femme valétudinaire !

FORFANVILLE.

Faisons la paix, mon cœur.

MADAME DE FORFANVILLE.

Je pourrais oublier un moment de faiblesse ou d'erreur; mais un asthme! Voilà de ces choses qui ne se pardonnent pas.

FORFANVILLE.

Hé bien, je l'ai cru; je me suis trompé.

MADAME DE FORFANVILLE.

Laissez-moi, laissez-moi; je ne veux ni vous voir ni vous entendre. Je me vengerai, soyez-en certain, et je vais méditer ma vengeance. Sortez, monsieur, sortez.

FORFANVILLE.

J'ai l'honneur de vous représenter, ma femme, que la clémence....

MADAME DE FORFANVILLE.

Faut-il que je répète, monsieur?

FORFANVILLE.

Je vous supplie....

MADAME DE FORFANVILLE.

Silence, et retirez-vous.

FORFANVILLE.

Oh! la maudite femme! la maudite femme!

SCÈNE XII.

Madame de FORFANVILLE, seule.

Oui, je me vengerai; je le veux, je le dois à l'honneur des femmes. Ah! j'ai un asthme! Je déclarerai tout à monsieur de Kersalec, j'y suis déterminée.

Mauvais mari, dépositaire infidèle, vous ne méritez aucun ménagement, monsieur de Forfanville....... Cependant, si je parle, j'expose les jours d'un volage pour qui l'amour me parle encore. J'adopte un projet plus sûr, moins dangereux; qui désolera mon perfide, et punira en même temps la beauté facile qui m'a ravi son cœur. Je marierai la petite à son amant bourgeois. Mon traître sentira à son tour les douleurs d'une passion malheureuse, et la tendre Kersalec dérogera. Elle dérogera! Quelle vengeance! Oui, mademoiselle, vous dérogerez. Si l'on résiste, j'offre une donation de tous mes biens. Si monsieur de Forfanville ose élever la voix, sa lettre à la main, je le soumets, je le subjugue, et il ne lui restera que le regret de m'avoir outragée, et l'impuissance de me contredire.

SCÈNE XIII.

De FORFANVILLE, Madame de FORFANVILLE, de KERSALEC, Mademoiselle de KERSALEC.

KERSALEC.

Oui, mon ami, je viens, après quinze ans d'absence, visiter le dépôt que je vous ai confié. Madame, agréez mon hommage.

MADAME DE FORFANVILLE.

Tout le monde vous attendait ici, monsieur, et chacun par un motif différent.

KERSALEC.

Et moi, je n'en ai qu'un, madame. Voir mes amis

embrasser ma nièce, m'applaudir des qualités qu'elle a sans doute acquises, tel est le motif de mon voyage.

MADAME DE FORFANVILLE.

Ce voyage doit flatter tous ceux qui vous connaissent, n'est-il pas vrai, monsieur de Forfanville?

FORFANVILLE, à part.

Ah! madame, ménagez-moi.

KERSALEC.

Je ne vois pas à qui il pourrait déplaire. Forfanville est mon ancien ami; il a élevé ma nièce; elle doit avoir des principes....

MADAME DE FORFANVILLE.

Tout-à-fait conformes aux siens, je vous l'assure.

KERSALEC.

En ce cas, je suis heureux et tranquille.

FORFANVILLE, à part à sa femme.

Hé! par grace....

MADEMOISELLE DE KERSALEC.

J'espère que mon oncle restera quelque temps avec nous.

KERSALEC.

Oui, ma nièce. On ne fait pas souvent de ces voyages-là, et je vous donnerai tous les momens dont mes affaires me permettront de disposer.

MADEMOISELLE DE KERSALEC.

Ah! tant mieux, mon cher oncle: vos conseils me sont nécessaires.

MADAME DE FORFANVILLE, bas à son mari.

Il est des choses sur lesquelles elle n'en demandera pas, n'est-il pas vrai?

FORFANVILLE.

Mais, autrefois, mon ami, vous n'aviez d'affaires que vos plaisirs.

KERSALEC.

J'étais jeune alors, et quinze ans changent un homme. Au reste, mes amis, je peux, sans déranger mon commerce, demeurer avec vous deux ou trois mois, et j'espère que nous les passerons gaîment.

MADEMOISELLE DE KERSALEC, avec satisfaction.

Ah ! mon oncle fait commerce ?

KERSALEC.

Pourquoi pas, mademoiselle ? Auriez-vous sur cette profession les préjugés qu'adoptent la plupart de nos gentilshommes ?

MADEMOISELLE DE KERSALEC.

Oh ! non certainement, mon oncle.

KERSALEC.

Je me rappelle qu'autrefois Forfanville tenait à ces chimères. Je l'ai prié de vous élever tout simplement; de vous éloigner de ces airs de hauteur qui ne conviennent pas même à une femme qui a de la fortune, et je vois avec plaisir qu'il a suivi mes instructions.

MADAME DE FORFANVILLE.

Oui, à la lettre, monsieur. Vous seriez enchanté si vous saviez combien il a soigné l'éducation de mademoiselle; combien elle répond à ses soins.

FORFANVILLE, à part.

Madame, vous abusez de ma situation.

MADAME DE FORFANVILLE.

(*A part.*) Laissons-le respirer un moment. (*Haut.*) Mais par quel hasard monsieur est-il commerçant? Je me souviens qu'autrefois il avait l'honneur de servir dans la marine royale.

KERSALEC.

Je n'ai pas quitté le service, madame! Soldat en temps de guerre; marchand, quand je ne suis pas employé, j'accorde mes devoirs et mes intérêts.

FORFANVILLE, à part.

Encore un marchand!

MADEMOISELLE DE KERSALEC, à part.

Ah! Fabrice, quelle agréable surprise!

KERSALEC.

Je suis, vous le savez, un cadet de Bretagne, et par conséquent, exhérédé dès ma naissance. Cette coutume n'a pas le sens commun; mais elle a force de loi; elle accommode les aînés, et mon frère, à la mort de notre père, s'établit dans ses biens. Il trouva une fortune toute faite, et la dissipa: c'est assez la règle. Malheureusement, il a laissé une fille qui n'a rien, et rarement, dans ce pays-ci, on prend une femme sans dot; mais j'ai envie de l'emmener en Amérique. J'y connais des gens qui comptent encore pour quelque chose la beauté et la sagesse. Ma nièce est jolie, et près de vous, madame, elle doit avoir trouvé l'exemple et le précepte.

MADEMOISELLE DE KERSALEC.

Je me suis efforcée, monsieur, de me rendre digne de vous; mais je voudrais....

ACTE II, SCÈNE XIII.

KERSALEC.

Vous voudriez.....

MADEMOISELLE DE KERSALEC.

Ne pas m'éloigner de Marseille.

MADAME DE FORFANVILLE.

Oui, mademoiselle a ses raisons pour habiter Marseille, ou mon château. Monsieur de Forfanville peut vous donner des lumières à cet égard.

KERSALEC.

Une inclination? Tant mieux. Je serai charmé que vous trouviez ici ce que nous allions chercher là-bas; mais cette affaire ne me regarde pas. Je ne connais encore ni vos relations, ni votre caractère : c'est à Forfanville à décider....

MADAME DE FORFANVILLE.

Il a déja donné son avis.

KERSALEC.

Le parti est convenable, sans doute, puisqu'il se tait. Pressons la conclusion. Je raisonne en spéculateur, et je dis qu'on ne peut terminer trop tôt un marché avantageux.

MADEMOISELLE DE KERSALEC, à part.

Oh! il est charmant! il est charmant!

KERSALEC.

A propos, madame, vous me demandiez tout à l'heure par quel hasard je suis devenu marchand. Parvenu à l'âge de réfléchir, et réduit à mes appointemens, j'ai senti la nécessité de valoir quelque chose. J'ai appris mon métier, que je faisais par routine, comme beaucoup de mes camarades, et je me suis

mis en état de commander une frégate que l'on m'a
confiée. Quelques actions heureuses m'ont fait distinguer, et la paix s'est faite quand on pensait à m'avancer. J'avais quelque droit aux graces de la cour; mais
j'ai mieux aimé les avoir méritées, que les avoir obtenues, et devoir mon aisance à ma seule industrie.
Il est dur, pour un homme qui pense, d'être à charge
à l'état, et, avec du courage et de la constance, il
est rare qu'on ne surmonte pas l'adversité. J'ai pris
le parti du commerce, et j'ai réussi dans mes entreprises; mais je n'attends pas avec moins d'impatience
le moment d'être utile à ma patrie; je n'en suis pas
moins disposé à lui offrir mon sang, et le jour où il
coulera pour elle sera le plus beau de ma vie.

MADEMOISELLE DE KERSALEC.

Ah! mon oncle, mon digne oncle!

FORFANVILLE.

Ma foi, monsieur, je n'aurais pas cru....

KERSALEC.

Vous paraissez étonnés de me trouver le sens commun. Autrefois, mon cher Forfanville, nous déraisonnions ensemble, et nous n'estimions que la noblesse et notre épée; mais, mon cher, en passant et
repassant la ligne, je me suis défait de ces idées gothiques, et maintenant je ne connais, moi, que deux
ordres dans l'état, les honnêtes gens et les fripons.

MADAME DE FORFANVILLE, bas, à son mari.

Dans lequel des deux ordres vous rangez-vous,
monsieur?

ACTE II, SCÈNE XIII.

FORFANVILLE, bas à sa femme.

La paix est trop chère à ce prix, madame : j'aime mieux....

MADAME DE FORFANVILLE, à part.

Le pauvre homme ! son embarras me fait pitié. Je me tairai, ne craignez rien ; mais point de résistance à mes volontés, ou bien.....

FORFANVILLE.

Non, madame, non.

KERSALEC.

Mais qu'avez-vous donc, vous autres ? vous me paraissez contraints, embarrassés ; vous avez l'air de vous craindre mutuellement ; ne seriez-vous pas heureux ? Quelque dérangement de fortune.....

FORFANVILLE.

Non, monsieur.

KERSALEC.

Quelque dissension domestique ? Hem ! plaît-il ? Vous ne répondez rien ? Je suis au fait. Mes amis, quand les agrémens de la jeunesse sont passés, il est difficile de vivre ensemble, et si l'on n'a pris de bonne heure l'habitude de s'estimer, il est presqu'impossible de se supporter plus tard ; mais il vaut mieux souffrir, avec patience, quelques disgraces passagères ; passer sur des caprices, sur des humeurs inséparables de la condition humaine, que de s'aigrir mutuellement, et, dans votre position, il est cruel de se haïr. Mais nous philosopherons dans un autre moment. Parlons de ce qui presse le plus, une nièce à marier, et qu'il ne faut pas faire attendre, car tous les instans sont précieux quand on aime. Dites-moi, Forfanville, quel homme est le prétendu ?

FORFANVILLE.

Madame.....

MADAME DE FORFANVILLE.

Parlez, monsieur, nommez le vainqueur fortuné. Il serait injuste de vous ôter cette satisfaction, après l'intérêt que vous avez pris à cette affaire.

KERSALEC.

Hé bien, mon ami ?

FORFANVILLE.

C'est un petit marchand....

KERSALEC.

Avec de l'intelligence, de l'activité, le crédit que je lui procurerai, il étendra son commerce, et si d'ailleurs il convient à ma nièce.....

FORFANVILLE.

Vous ne m'entendez pas : celui-ci est riche, à ce qu'il dit, et.....

KERSALEC.

Ah ! je vous demande pardon, mon ami : j'ai été trompé par une expression féodale. Défaites-vous, mon cher Forfanville, de ces ridicules qui ne tiennent pas contre une lueur de raison. Un homme d'honneur n'est jamais petit, dans quelqu'état que le sort l'ait placé.

FORFANVILLE.

C'est fort bien ; mais cet homme manque de respect à certaines personnes....

ACTE II, SCÈNE XIII.

KERSALEC.

Et ces personnes sont-elles certaines de s'être rendues respectables à ses yeux? Car, mon cher ami, les hommes ne nous jugent pas d'après l'opinion que nous avons de nous; mais d'après ce que nous valons.

FORFANVILLE.

Il est d'ailleurs présomptueux, arrogant....

MADAME DE FORFANVILLE.

(*A part.*) C'est la vérité pure. (*Haut.*) Il n'a pas un seul de ces défauts, monsieur, et c'est l'époux qui convient à mademoiselle.

MADEMOISELLE DE KERSALEC.

Ah! vous avez bien raison, madame. C'est un cœur, une ame comme.... comme les vôtres, mon cher oncle. Je vous assure que monsieur Fabrice vous plaira au premier coup d'œil.

KERSALEC, cherchant.

Fabrice.... ce nom m'est connu. Quel est son genre de négoce?

MADEMOISELLE DE KERSALEC.

L'épicerie.

KERSALEC.

Faisant le commerce des îles?

MADEMOISELLE DE KERSALEC.

Oui, mon oncle.

KERSALEC.

Établi à Marseille?

MADEMOISELLE DE KERSALEC.

Établi à Marseille.

KERSALEC.

Monsieur de Forfanville, vous avez jugé bien légèrement un des plus respectables négocians de France. Son commerce est considérable, son crédit sans bornes, et sa probité intacte. Je vous fais mon compliment, ma nièce.

FORFANVILLE.

Mais, c'est que ce Fabrice.....

MADAME DE FORFANVILLE, bas.

Paix, monsieur.

KERSALEC.

Ce Fabrice est un homme auquel je souhaiterais que tout le monde ressemblât, mon ami. Mais comment le connaissez-vous?

MADEMOISELLE DE KERSALEC.

De l'argent que mon père a prêté au sien est le principe de sa fortune. Il a su mon état, et sans me connaître il est venu, guidé par la seule reconnaissance, m'offrir sa main et ce qu'il possède.

KERSALEC.

Il joint une belle ame aux qualités que je lui connaissais déjà? Ah! Forfanville! Forfanville! Est-il ici?

MADEMOISELLE DE KERSALEC.

Oui, mon oncle.

KERSALEC.

Va me le chercher, mon enfant; que je le voie, que je l'embrasse.

SCÈNE XIV.

Madame de FORFANVILLE, de FORFANVILLE, de KERSALEC, Mademoiselle de KERSALEC, FABRICE.

FABRICE, se jetant dans les bras de Kersalec.

Le voilà, aussi impatient que vous de vous témoigner toute son estime.

MADEMOISELLE DE KERSALEC.

Vous avez entendu.....

FABRICE.

Tout ce qu'a dit monsieur, et je serais désespéré d'en avoir perdu un mot; mais comment pouvez-vous être gentilhomme, et penser de cette façon-là ?

KERSALEC.

Monsieur, un homme comme vous ne doit connaître ni la prévention, ni l'injustice, qui en est la suite.

FABRICE.

Dame, mettez-vous à ma place : je n'ai jamais fréquenté la noblesse, et je l'avais jugée sur l'échantillon.

MADEMOISELLE DE KERSALEC, bas à Fabrice.

Ne compromettez pas monsieur de Forfanville, je vous en prie.

KERSALEC.

Ma nièce, vous devez à mon ami de ne rien faire sans son agrément : c'est une loi que vous impose la reconnaissance.

MADEMOISELLE DE KERSALEC.

Consentez-vous, monsieur?....

MADAME DE FORFANVILLE.

Comment, s'il y consent? avec un sensible plaisir ; j'en suis convaincue. N'est-il pas vrai, monsieur, vous consentez?

FORFANVILLE.

Mais, madame.....

MADAME DE FORFANVILLE.

(*Bas.*) Consentez, ou je vais parler. (*Haut.*) Vous consentez, monsieur de Forfanville?

FORFANVILLE.

Hé, sans doute, madame. (*A part.*) Aussi-bien il n'en serait ni plus ni moins; mais je suis pris comme un sot.

KERSALEC.

Allons, mon cher Fabrice, il m'est bien doux de vous donner ma nièce.

FABRICE.

Vous ne pouviez me faire un plus précieux cadeau.

KERSALEC.

Ni la placer plus avantageusement.

FABRICE.

Ah ça, mon cher oncle, j'espère que nous serons toujours amis, quoique vous ayez par-dessus moi un titre.....

KERSALEC.

Eh, laissez vos rêveries. Je suis gentilhomme, et je n'en suis pas fâché; mais le titre dont je m'honore, dont je suis fier, c'est celui de bon citoyen.

ACTE II, SCENE XIV.

FABRICE.

J'estimais mon état, vous me le faites estimer davantage; je haïssais la noblesse, vous me la faites aimer, et je sens en effet que ce titre de citoyen est le lien général de la société, le gage de cette douce égalité qui élève chacun sans abaisser personne, la colonne inébranlable à qui tient la durée des empires.

FIN DU MARCHAND PROVENÇAL.

CHARLES ET CAROLINE,

COMÉDIE

EN CINQ ACTES ET EN PROSE.

PRÉFACE.

Cette pièce n'est point un sujet d'invention. Les principaux incidens sont conformes à la vérité; les caractères sont pris dans la nature. Charles, sa femme, son père, son frère, le juge inique (1) qui l'assassina juridiquement en 1787, tous ces personnages sont existans, et plusieurs sont jeunes encore.

Charles, fugitif, malheureux, manquant de tout, invoquait, du fond de la Hollande, une loi positive qui l'autorisait à disposer de sa main. Croira-t-on qu'un juge ait osé se rendre coupable de prévarication, d'oppression et de déni de justice, par un décret qui déclarait Charles mort depuis plusieurs années, lorsque ce fripon était convaincu de son existence? Croira-t-on que parmi les habitans de Calais, tous également convaincus de l'existence de Charles, il ne s'en trouva pas un qui osât s'élever contre la scélératesse du juge? Le malheureux fut opprimé, et il le fut impunément: il n'avait pour lui que l'équité.

Charles espéra trouver plus d'intégrité dans un tribunal supérieur. Il appela du jugement de Béhague au parlement de Paris, qui confirma la sentence du juge de Calais; mais qui, pour ne rien perdre, condamna Charles aux frais.

L'Écuyer, procureur au parlement, avait bar-

---

(1) Béhague, alors président et maire de Calais.

bouillé du papier, pendant six mois, pour prouver à la cour que Charles était bien et dûment mort. Cependant, comme il connaissait le défunt et son domicile, il lui fit signifier l'arrêt de la chambre, avec invitation de l'aller payer sans délai, à peine d'y être contraint par corps. Charles, tout mort qu'il était, fut en personne payer le procureur, afin de ne plus entendre parler de tous les coquins à qui il avait eu affaire dans ce malheureux procès.

Voilà comme on rendait la justice en 1789.

PERSONNAGES.

CHARLES DE VERNEUIL.	M. Saint-Clair.
DE VERNEUIL, père.	M. Desrosiers.
DE VERNEUIL, fils.	M. Vallienne.
LE COMTE DE PRÉVAL.	M. Chatillon.
BAZILE, ami de Charles.	M. Michot.
LA FLEUR, valet de Préval.	M. Faure.
UN EXEMPT.	M. Genet.
CAROLINE, femme de Charles.	Me Saint-Clair
CÉCILE, leur fille, âgée de quatre ans.	

La scène est à Paris.

Cette pièce est la première, en cinq actes, qu'on ait donnée sur le théâtre de la République, aujourd'hui de la Comédie-Française. Elle fut jouée en 1790.

CHARLES ET CAROLINE,

COMÉDIE.

ACTE PREMIER.

Le théâtre représente une chambre dont les murailles sont nues. On aperçoit quelques meubles grossiers et à demi usés.

SCÈNE I.

BAZILE, CAROLINE, CÉCILE.

(Bazile et Caroline sont assis. Caroline travaille. Cécile joue sur les genoux de sa mère.)

CAROLINE, tristement.

Il ne vient pas!

BAZILE.

Dame, au métier qu'il fait, on n'est pas toujours maître de soi.

CAROLINE.

Malheureux Charles!

BAZILE.

Vous le plaignez toujours, et, tenez, Caroline, je n'aimons pas ça. Charles gagne tout ce qu'il veut. Il a un certain air, là.... qui fait qu'on le préfère à tous les commissionnaires du quartier. Je n'en sommes point jaloux, il mérite son bonheur; mais au moins ne faut-i' pas se plaindre quand la fortune nous rit.

CAROLINE.

Quand la fortune nous rit! Ah! Bazile!

BAZILE.

Oh!... Encore des lamentations. Il faut que je vous aimions ben pour écouter tout ça, car c'est si déraisonnable, si déraisonnable, voyez-vous, qu'en conscience je n'y comprenons rien.

CAROLINE.

Je le crois, Bazile; mais moi qui suis cause de tout, moi qui.....

BAZILE.

Moi qui suis cause de tout, moi qui.... V'là vingt fois qu'vous voulez parler, et qu'vous vous arrêtez tout court. Queuque tout ça veut dire?

CAROLINE.

Ah! depuis si long-temps je dévore mes chagrins...

BAZILE.

Raison de plus pour laisser là la crainte et la feintise.

CAROLINE.

Mais Charles approuvera-t-il....

BAZILE.

Vous seriez tous deux d's'ingrats, si vous aviez des secrets pour moi. Charles, Charles me connaît mieux que vous. I' sent ce qu'i m'doit, et i' me regarde comme son meilleur ami. En effet, n'est-ce pas moi qui l'ai fait ce qu'il est? Je l'ons recommandé à nos pratiques, parce que je l'i ons reconnu de l'intelligence, et qu'il est porteur d'une figure qui annonce de l'honnêteté. Vous étiez tombés ici comme des nues. Charles pleurait sur vous, vous pleuriez sur vot'enfant; j'ons vu vos larmes, et je vous ons recueilli tous trois. Ce n'est pas un reproche, au moins, car j'ons trouvé du plaisir à ça. J'avons dit : I' sont trois, et je sommes seul; ils ont besoin, et je ne manquons de rien; les riches les repoussent; eh ben, morguène, je les aiderons, i' me devront leux pain, et j'en ferons d's'amis. Au lieu de répondre à ce que j'attendions, vous souffrez, Caroline, vous soupirez devant moi, et vous vous taisez! Vous ne m'aimez pas; non, vous ne m'aimez pas.

CAROLINE.

Ah! Bazile, je ne vous aime pas! Et se passe-t-il un seul jour que je ne vous parle de ma reconnaissance?

BAZILE.

Oui, vous m'en parlez; mais vous ne me la prouvez pas. Ce silence....

CAROLINE.

Peut être agréable à mon époux. Son nouveau métier....

BAZILE.

Hé ben, son métier? Croyez-vous qu'il d'shonore donc? Tout métier qui nourrit son maître, et qui ne coûte rien à la conscience, est un métier qu'on peut faire et avouer sans honte.

CAROLINE.

Oui ; mais sa naissance....

BAZILE.

Sa naissance !... Est-i' fils d'un prince ? Mais, s'rait-i' fils d'un roi, drès qu'il est sans ressources, i' n'en est que pus estimable en nourrissant de ses sueurs sa femme et son enfant.

CAROLINE.

Ah ! Bazile, comme vous me pressez !

BAZILE.

C'est que j'souffrons de vous voir souffrir, et que j'ons le droit de partager vos peines, si je n'pouvons les soulager.

CAROLINE.

Eh bien, mon ami....

BAZILE.

Oui, Caroline, oui, je suis vot'ami ; c'est le mot.

CAROLINE.

Hé bien, mon ami, je vais vous satisfaire. Vous ne vous plaindrez plus de ma réserve. Elle pèse à mon amitié, et ce que vous avez fait pour nous....

BAZILE.

Laissez ça, laissez ça. Je ne l'ons fait que parce que j'ons cru qu'en pareil cas j'aurions reçu de vous les mêmes services. C'est tout simple, ça. Faut que les pauvres s'aidiont entre eux, pis'qu'les autres n'y prennont tant seulement pas garde. Allons, voyons, queuqu'i' vous manque encore ? Si je l'avons, c'est comme si c'était à vous. Parlez, j'écoutons.

ACTE I, SCÈNE I.

CAROLINE.

Je ne sais par où commencer...... Mes larmes coulent.

BAZILE.

Hé! morgué, des pleurs n'sont pas des raisons. Voyons donc, encore un coup, parlez.

CAROLINE.

Mon mari, mon pauvre Charles!... Ah! que je lui ai coûté cher!

BAZILE.

Le bonheur peut-i' trop se payer!

CAROLINE.

Il était né pour un état....

BAZILE.

Pus noble, peut-être, à la bonne heure; mais sa Caroline est tout pour li; je le crois, parce qu'il le dit, et que Charles ne ment jamais.

CAROLINE.

Oui, sans doute, il était né pour un état plus relevé; mais moi, jeune, sans parens, sans fortune, et surtout sans expérience, pouvais-je.... Charles....

BAZILE.

Charles vous trouva jolie, pas vrai?

CAROLINE.

Il me le dit, du moins.

BAZILE.

Je le crois. Et lui, que vous en semblait?

CAROLINE.

Eh! qui n'aurait-il pas charmé? Sa jeunesse, ses

graces, ses soins étaient des armes trop fortes pour une jeune fille livrée à elle-même.

BAZILE.

Enfin....

CAROLINE.

Enfin ses prières furent des lois pour mon cœur. Il parla, et je le suivis. Un sol étranger fut notre asile, et un autel sacré, mais méconnu par nos lois, reçut nos sermens. Avec quel plaisir je prononçai celui de vivre pour Charles ! Avec quel délire il prononça celui d'une éternelle fidélité ! Mon ami, je ne vous peindrai pas ce que nous sentîmes : vous êtes seul, et il est des sensations qu'on ne peut concevoir qu'en les éprouvant soi-même.

BAZILE.

Je conçois aisément le bonheur de mon ami Charles. Après ?

CAROLINE.

Nous épuisâmes bientôt ce que mon mari avait d'argent. Nous nous trouvâmes dans une terre étrangère, isolés de la société, sans support et sans espoir. L'amour de la patrie parlait au cœur de Charles. Le besoin se faisait sentir ; Charles était père ; ses larmes avaient déja coulé sur ma petite Cécile ; il souffrait pour elle et pour moi. « Partons, me dit-il un jour, partons, ma Caroline ; retournons en France. Une éducation soignée, des talens agréables, m'y promettent des ressources. Nous n'y connaîtrons pas l'opulence ; mais nous y serons loin de l'adversité. » Jamais je n'avais su rien refuser à Charles, et, malgré de tristes pressentimens, je pris notre Cécile dans mes bras, et je le suivis encore. La fatigue, ma faiblesse, rien ne m'arrêta. Je souffrais beaucoup; mais je pleurais en détournant la tête, et Charles ne voyait pas mes larmes.... Nous arrivons aux frontières, et nous apprenons que le comte de Verneuil, son père, sollicite la cassation de notre mariage. Que deviendrai-je, si tu m'abandonnes, dis-je à Charles? Quel sera mon sort, si tu doutes de moi, me répondit-il? Je lui présentais son enfant, et il partageait ses caresses entre nous deux. Enfin, nous arrivons dans la capitale. Tout y est changé pour nous. Les cœurs se resserrent, les portes se ferment, les espérances s'évanouissent, et sans vous, Bazile, quel eût été notre sort!

BAZILE.

Et c'est cela qui vous afflige? Sans vous, Charles serait pus riche; mais i' n'serait pas votre mari; i' n'serait pas père; i' n'aurait pas chaque soir le plaisir de serrer contre son cœur sa femme et son enfant. Tenez, rien qu'à le voir, je devinons ce que c'est, et je sentons du goût pour le mariage. S'il y avait seulement deux Caroline....

CAROLINE.

Cependant le comte de Verneuil nous poursuit du fond de sa province. Son fils, caché sous le nom de Charles, et sous l'humble vêtement de commissionnaire, peut échapper à toutes les recherches. Mais, Bazile, un sentiment intérieur me répète sans cesse : Si la nature vous approuve, la loi vous condamne.... Ah! mon ami, je sacrifierais ma réputation; je souffrirais tout, tout, jusqu'au mépris: il me suffirait de ne l'avoir pas mérité..... Mais cet enfant, qu'on méconnaît, qu'on rejette, de quoi est-il coupable? Si sa naissance est un crime, sa faiblesse a des droits. Si son père....

BAZILE.

Si son père...

CAROLINE.

Si son père, excédé de travail, sollicité par ses parens, par leurs amis....

BAZILE.

Ah! Caroline, Caroline, vous le croyez capable d'un crime!

CAROLINE.

Je connais sa droiture; mais le temps, le malheur...

BAZILE.

Ne peuvent rien contre la probité.

CAROLINE.

Je le crois, je me plais à me le persuader.

BAZILE.

Et vous avez raison. Charles, changer à ce point-là! s'te pensée-là me chagrine.

CAROLINE.

Mais, le père de mon époux?...

BAZILE.

Laissez-le faire. Il a pour li les méchans, qui l'excitent peut-être, et, comme vous dites fort bien, vous avez pour vous la nature. Et pis, quel enfant doit désespérer de son père? Qu'i' soit fâché, qu'i' soit en colère, qu'il ait déja le bras levé, c'est toujours un père. Que le fils se présente tant seulement, et i' m' semble...

CAROLINE.

Il vous semble que votre sang vous serait toujours cher. Heureuse simplicité, qu'on ignore dans le monde, et qu'on ne trouve plus que parmi les citoyens les plus obscurs!

BAZILE.

Caroline, le malheur rend méfiant; mais nous, qui voyons tout çà de sang-froid, qui faisons les commissions des meilleures maisons du quartier, qui n'ons à faire qu'aux valets de chambre et aux maîtres, et qui savons nous expliquer, dieu merci, je vous dirons qu'il est d'shonnêtes gens partout; que bon sang ne peut mentir; que le comte de Verneuil n'sera pas l'ennemi de son fils, et que son fils n'sera pas le bourreau d'sa femme, d'son enfant et d'son ami; oui, d'son ami. Charles, commissionnaire, est un brave homme, et Verneuil le fils, qui aurait racheté son nom par une scélératesse, désespérerait Bazile, et ne serait pas pus heureux. Mais, laissons là toutes ces imaginatives, et ne pensons plus à des choses dont il est incapable.

CAROLINE.

Ah! oui, oui, il en est incapable. Je rougis quelquefois de mes craintes.... Mais, Bazile, je suis mère.

BAZILE.

Et n'est-i' pas père, li, n'est-i' pas bon père? Allons, Caroline, n'songeons pus qu'à le recevoir. V'là l'heure du retour. En le voyant...

CAROLINE.

En le voyant, je ne penserai qu'à mon bonheur.

SCÈNE II.

CAROLINE, BAZILE, LA FLEUR.

LA FLEUR.

N'est-ce pas ici que demeure un commissionnaire...

BAZILE.

Il y en a deux, monsieur, Charles et Bazile.

LA FLEUR.

C'est Charles que je demande.

BAZILE.

Il est sorti, monsieur.

LA FLEUR.

(*A part.*) Je le savais bien. (*Haut.*) J'en suis fâché : j'ai de l'argent à lui remettre.

BASILE.

V'là sa femme, monsieur, c'est comme si c'était li.

LA FLEUR, à part.

Elle est très-bien cette femme-là. Monsieur le comte n'a pas tort.

CAROLINE.

Ne vous trompez-vous pas, monsieur? De l'argent à mon mari? Personne ne lui en doit.

LA FLEUR, tirant une bourse.

Voilà cependant une bourse...

CAROLINE.

Ah! vous vous trompez, vous vous trompez, monsieur. Une bourse pleine d'argent! Ce n'est pas à nous qu'elle est destinée.

LA FLEUR.

(*A part.*) Elle paraît désintéressée. (*Haut.*) Pardonnez-moi, madame; cette bourse est pour Charles, un commissionnaire...

BAZILE.

C'est bien lui.

LA FLEUR.

Un homme honnête, affable, d'une figure intéressante.

CAROLINE, se levant vivement.

Oh! oui, monsieur, c'est bien lui.

LA FLEUR.

(*A part.*) Aimerait-elle son mari? (*Haut.*) Qui a une femme malheureuse, dont la triste situation...

CAROLINE, tristement.

Ce n'est plus lui; remportez votre argent.

LA FLEUR.

Cependant, monsieur le comte m'a bien recommandé....

CAROLINE.

Le comte de Verneuil, monsieur? (*A part.*) Mon sang se glace.

LA FLEUR.

Non, madame, le comte de Préval.

CAROLINE.

Monsieur le comte de Préval? Nous ne le connais-

sons pas. Charles, du moins, ne m'en a jamais parlé.
LA FLEUR.
Il vous connaît, lui. C'est un homme unique par sa bienfaisance, par son activité à chercher et soulager les malheureux.
CAROLINE.
C'est-à-dire, monsieur, que c'est une aumône que vous nous apportez? Remerciez monsieur le comte et dites-lui que Charles laborieux, que sa femme économe, n'ont besoin des secours de personne, et qu'ils refusent un don qui peut être plus utilement placé.
BAZILE.
Bien!
LA FLEUR, à part.
Elle est fière : il faudra faire un siége dans les règles. (*Haut.*) Mais vous refusez, madame, d'une manière bien peu réfléchie. Songez qu'un grand seigneur...
CAROLINE.
Un grand seigneur a droit à nos respects, s'il s'est rendu respectable, et rien au-delà. Croyez, monsieur, que nous connaissons nos devoirs, et que nous savons les remplir.
BAZILE.
V'là ce qui s'appelle raisonner.
LA FLEUR.
Cependant, madame...
CAROLINE.
Cependant, monsieur, si vous avez besoin d'un plus long entretien pour vous convaincre de nos sen-

timens, mon mari va rentrer, vous êtes le maître de l'attendre.

(Elle va s'asseoir.)

LA FLEUR.

(*A part.*) Non, je n'en ai pas envie. (*Haut.*) Mais, madame, monsieur Charles, avec son intelligence, son ton d'éducation, son affabilité, qui se font remarquer de tout le monde... on le plaint, on dit qu'il n'est pas né pour être commissionnaire.

BAZILE, d'un ton piqué.

Pourquoi donc cela, monsieur? Ne faut-i' pas qu'i' s'fasse laquais?

LA FLEUR.

(*A part.*) Voyez ce maraud! (*Haut.*) Non, monsieur, il n'est pas fait pour cela.

BAZILE.

Je le pensons d'même. (*Bas à Caroline.*) L'fils du comte de Verneuil?

CAROLINE, bas à Bazile.

Silence, au nom de Dieu!

LA FLEUR.

Monsieur le comte de Préval a des vues sur lui, et sa protection le conduira bientôt à quelqu'emploi honnête et lucratif.

CAROLINE, se levant précipitamment.

Quoi, vraiment, monsieur le comte s'occupe de nous? Il penserait... Ah! Charles....

LA FLEUR.

(*A part.*) Enfin, j'ai trouvé l'endroit sensible. (*Haut.*)

N'en doutez pas, madame, monsieur de Préval, ami intime du ministre, n'a qu'à parler pour obtenir. Le digne homme que mon maître! Combien de malheureux il a sauvés du désespoir! Je vous l'ai dit, il n'attend pas qu'on le sollicite : ses secours vont au-devant de celui qui souffre. Il est riche, il est puissant, et il ne fait que du bien.

BAZILE.

C'est un homme rare.

CAROLINE, avec réflexion.

Mais, dites-moi, monsieur, par quel hasard monsieur le comte nous a découverts? comment il a formé le projet.... C'est que tout cela n'est pas clair.

LA FLEUR.

C'est moi, madame, qui suis chargé des informations. C'est moi qui vais partout, qui vois tout, qui lui recommande les honnêtes gens à qui il peut être utile.

BAZILE, avançant une chaise.

Asseyez-vous, s'il vous plaît, monsieur.

LA FLEUR.

Je vous ai suivi les jours de repos; j'ai épié vos démarches, vos actions. J'ai vu une famille respectable éviter les lieux publics, s'écarter de la foule, paraître se suffire à elle-même.....

BAZILE.

Comme une antichambre vous donne d'l'esprit!

LA FLEUR.

J'ai vu une femme jolie, avec des graces modestes, un enjouement réservé... (*A part.*) C'est monsieur le

comte qui a vu tout cela. (*Haut.*) Il s'est passionné...
(*Se reprenant.*) Je me suis passionné pour... (*cherchant*) pour cette aimable enfant, qui répond, par ses caresses enfantines, à l'amour de ses parents. Les attentions de monsieur Charles, sa gaîté pure m'ont également intéressé. J'ai pris des informations qui ont été à votre avantage. Avec quelle ardeur j'ai parlé de vous à mon maître! Avec quel zèle je l'ai prié de placer votre mari! Il l'a promis, et il tiendra parole. En attendant, il vous prie d'accepter cette petite somme pour vos besoins les plus pressans.

CAROLINE.

J'accepte avec reconnaissance sa protection et ses bons offices; je refuse son argent. Dites-lui, monsieur, que nous attendrons l'effet de ses bontés, qui peuvent ajouter à notre fortune, sans influer sur notre félicité.

LA FLEUR.

Mais, madame, monsieur le comte de Préval ne veut point vous humilier par un présent: c'est un prêt qu'il vous fait, et rien de plus. Il m'a bien recommandé de vous le dire.

CAROLINE.

Je ne puis l'accepter à l'insu de mon époux.

LA FLEUR.

Rejeter l'argent d'un homme qui veut assurer à votre époux une fortune digne de lui! perdre peut-être, et par votre faute, le seul protecteur qui s'intéresse à votre enfant.......... Mais, pensez donc, réfléchissez........

CAROLINE.

Je ne prendrai rien sur moi, monsieur. (*A Bazile.*) Charles devrait être ici. (*A La Fleur.*) Attendez mon mari, je vous en prie; vous vous expliquerez avec lui.

LA FLEUR.

Je le voudrais de tout mon cœur; mais j'ai encore des infortunés à visiter. Il est tard, et il faut que je rende compte ce soir des opérations de la journée. Je vous laisse, madame, et je remporte une somme que je vous offrais avec un plaisir bien vrai. Je prévois un effet défavorable du rapport que je serai obligé de faire; mais, vous le voulez.....

BAZILE.

Prenez, Caroline, prenez; quitte à le rendre, si Charles n'est pas content.

CAROLINE.

En vérité, monsieur, je ne sais si je dois... si je peux....

LA FLEUR, lui remettant la bourse.

Vous acceptez?

CAROLINE.

Oui, monsieur.

LA FLEUR, à part.

Vous en paierez l'intérêt.

CAROLINE.

Mais pour un moment : c'est à Charles à prendre un parti....

LA FLEUR, à part.

Je prends le mien. (*Haut.*) Adieu, madame. J'espère dans peu vous apporter des nouvelles consolantes, à moins que monsieur le comte ne veuille lui-même jouir de cette satisfaction.

CAROLINE.

Monsieur le comte!

LA FLEUR.

Oui, madame. Ne vous étonnez pas si vous le voyez ici. Il est si bon, si populaire! Adieu, madame, adieu. Oh, vous le verrez, vous le verrez (*à part, en sortant.*), car, pour moi, je n'y reviendrai plus : cette femme paraît intraitable.

SCÈNE III.

BAZILE, CAROLINE, CÉCILE.

CAROLINE.

Hé bien, Bazile, que dites-vous de cette aventure?

BAZILE.

Ça promet.

CAROLINE.

Et cela m'afflige. La crainte seule de perdre un protecteur..... Ce comte que nous ne connaissons pas ; ses offres que nous n'avons pu mériter ; cette bienfaisance si rare, et qui vient au-devant de nous.... Tenez, Bazile, au premier mot du domestique, j'ai éprouvé un serrement de cœur....

BAZILE.

Ah, vous êtes toujours comme ça.

CAROLINE.

Il me semblait voir un émissaire du comte de Verneuil.

BAZILE.

Ah, vous en revenez toujours là! Ce comte de Verneuil, est-ce un tigre, est-ce un diable? C'est un homme, c'est un père.

CAROLINE.

Il est furieux.

BAZILE.

Il s'apaisera.

CAROLINE.

Je n'ose l'espérer.

BAZILE.

Et vous avez tort. D'ailleurs, il est loin, et quand i' serait ici, vous avez épousé son fils sans son consentement : c'est eune faute, c'est pas un crime. N'a-t-i' pas été jeune, vot' beau-père? N'a-t-i' pas fait des frasques aussi? les a-t-il oubliées? Et pis, n'êtes-vous pas sage, n'êtes-vous pas jolie? Tout ça ne vaut-y pas ben queuques écus? Laissons faire le temps : c'est un grand maître, il arrange tout. J'entends Charles. Écoutez comme i' monte l's'escaliers en courant. Ah! vous riez, Caroline. Le fils va faire oublier l'père.

SCÈNE IV.

BAZILE, CAROLINE, CÉCILE, CHARLES.

CAROLINE, *courant à son mari*.

Ah! mon ami!

CHARLES, *éperdu*.

Laissez-moi, laissez-moi.

ACTE I, SCÈNE IV.

CAROLINE.

Charles, vous me repoussez!

CHARLES.

Qu'as-tu dit?... Ma Caroline.... ma femme.... pardonne à mon trouble, à ma terreur.

CAROLINE.

Ciel! A quoi dois-je m'attendre?

CHARLES.

Mon père est à Paris.

CAROLINE, tombant dans les bras de son mari.

Je me meurs.

CHARLES.

Bazile, mon ami, ne m'abandonnez pas.

BAZILE.

Non, mon garçon; non, jamais.

CÉCILE, se jetant après sa mère.

Ma bonne maman!

CAROLINE, revenant à elle.

Ton père est à Paris!

CHARLES.

D'hier au soir. Je viens de rencontrer mon frère, ce frère que j'ai tant aimé, que je n'ai pas vu depuis dix ans, qui occupe ma place dans la maison paternelle, et qui peut-être...

CAROLINE, vivement.

Qui peut-être?

BAZILE.

Est un bon, un excellent frère.

CHARLES.

Il m'a contraint à lui donner mon adresse. Il veut

me parler. Que me veut-il? Qu'a-t-il à m'apprendre? Il paraissait attendri; il me plaint sans doute, et ne peut me secourir.

CAROLINE.

Malheureux! Qu'avons-nous fait!

CHARLES.

Mon père est à Paris! C'est moi qu'il y cherche, c'est moi qu'il veut frapper.

BAZILE.

Ça n'se peut pas.

CHARLES

Mon frère.... Que va-t-il me proposer? Ma Caroline... ma Cécile... ma femme, mon enfant, de la constance, du courage: l'instant décisif approche.

CAROLINE.

Charles, je ne vous rappellerai pas vos promesses. Vous vous souvenez du jour où je vous donnai ma main. Ma résistance, mes réflexions doivent vous être toujours présentes. J'ai prévu tout ce qui arrive aujourd'hui; vous combattîtes mes craintes, vous opposâtes le tableau du bonheur à la peinture déchirante que je mis sous vos yeux. Je vous aimais... ah! comme je vous aime encore! Docile à la voix de l'amour, je cédai au désir de faire un époux d'un amant adoré; je me rendis à vos vœux, ou plutôt à mon cœur. Charles, je ne m'en repens pas, peut-être ne m'en repentirai-je jamais.

BAZILE.

Oh! de ça, j'en sommes ben sûr.

CAROLINE.

Mais si les promesses de vos parens, si leurs menaces vous ébranlaient.... mon ami, pense à ta Cécile, pense à cet enfant malheureux, qui ne t'a pas demandé l'existence, et à qui tu dois un père. Pour moi.....

CHARLES.

Toi? tu m'es plus chère que la fortune, que les distinctions que je t'ai sacrifiées.

CAROLINE.

Ah! laissons nos sacrifices. Je t'ai immolé mon repos; il faudra t'immoler peut-être ma réputation et ma vie. Nous ne nous devons rien.

CHARLES.

Nous ne nous devons rien! C'est moi qui te dois tout. Je n'ai perdu que des préjugés, et c'est par toi que je suis époux, que je suis père. Ma Caroline, douterais-tu de ma probité?

BAZILE, à Caroline.

J'vous l'disions ben.

CAROLINE, comme par inspiration.

Charles, opposons la force à la force. Un ami, un protecteur nous ouvre ses bras. Le comte de Préval.....

CHARLES.

Le comte de Préval!...

CAROLINE.

T'estime, t'aime.

CHARLES.

Cela ne se peut pas: c'est un homme sans mœurs.

CAROLINE, effrayée.

Un homme sans mœurs!

CHARLES.

Oui, un homme sans mœurs.

CAROLINE, avec timidité.

On dit qu'il a de la fortune.

CHARLES.

Il en abuse.

CAROLINE.

Du crédit.

CHARLES.

A la faveur duquel il se déshonore.

BAZILE.

Ah! mon dieu!

CAROLINE.

Il t'offre l'un et l'autre.

CHARLES, avec un mouvement de jalousie.

Caroline, te connaît-il? t'a-t-il vue?

CAROLINE, avec douceur.

Non, mon ami; mais il t'a envoyé un laquais....

CHARLES.

Ce n'est pas à moi que s'adressait le message.

BAZILE.

C't'homme paraît pourtant de bonne foi.

CHARLES.

La maison du comte est une école de dissimulation et de libertinage.

CAROLINE.

Ah! mon ami, que m'apprends-tu?

ACTE I, SCÈNE IV.

CHARLES.

La vérité. Caché dans la foule, je vois, j'observe, et j'entends. Les grands éblouissent le peuple; cependant, ce peuple juge les grands.

CAROLINE.

Les intentions du comte peuvent être pures. Il veut te protéger, te placer avantageusement.

CHARLES.

Sa protection excite mes mépris, ses bienfaits me révoltent. Ne m'en parlez jamais.

CAROLINE.

Bazile, je devais suivre mon premier mouvement. (*A son mari.*) Ma confiance m'a égarée; j'ai reçu une bourse.....

CHARLES.

Une bourse du comte de Préval?

CAROLINE.

La voilà.

CHARLES.

Malheureuse! qu'as-tu fait? C'est peut-être le prix dont il compte payer ta vertu.

CAROLINE, jetant la bourse.

Loin de moi ce métal funeste.

CHARLES.

Oui, métal funeste, qui tient lieu de tout à ceux qui le possèdent, et auquel ils pensent que rien ne peut résister.

BAZILE, ramassant la bourse.

Il faut pourtant s'assurer, avant tout.....

CHARLES, *tirant un petit sac.*

Voilà de l'argent, Caroline; voilà le seul que tu puisses prendre. Il ne coûte rien à ma délicatesse; il est le fruit de mon travail. Laisse cet or, son aspect me fait mal. Le pain qu'il te procurerait serait un pain de douleur, de honte et de remords. Donnez-moi cette bourse, Bazile.

BAZILE.

V'là de beaux raisonnemens, faut en convenir.

CHARLES.

Va, Caroline, va préparer un repas frugal, et n'oublie jamais que la pauvreté peut être respectable, quand le courage sait l'ennoblir.

CAROLINE.

Bazile était présent. Charles, tu me pardonnes?

CHARLES.

Sa bonhomie, ta confiance, ne sont pas des crimes. Va, mon amie, l'innocence n'a pas besoin de pardon.

(Ils s'embrassent; Caroline sort. Bazile et Charles entrent dans le cabinet avec l'enfant.)

FIN DU PREMIER ACTE.

ACTE SECOND.

SCÈNE I.

CHARLES; BAZILE, entrant à la fin du couplet.

CHARLES.
Que de ressources a l'opulence pour entraîner dans le piége une victime innocente! Mon infortune, mon obscurité n'ont pu me garantir! L'œil du vice a pénétré ces murailles, n'a pas dédaigné la misère qui les couvre. Un époux au désespoir, un enfant abandonné, rien ne l'arrête, rien ne lui en impose. Mais moi, qui ai prévu l'outrage, dois-je le laisser consommer? Préval est puissant; je suis homme, et j'en soutiendrai le sacré caractère..... Le voilà cet or dont il a cru m'éblouir. C'est moi qui le lui rendrai; c'est moi qui...... Que dis-je? à chaque minute il devient plus pesant.... Je cours, je vole chez Préval.

BAZILE.
N'vous dérangez pas: son valet a dit qu'il va venir.

CHARLES.
Il va venir! Il me croit donc bien vil! Je l'attendrai, mon ami.

BAZILE.
Je l'attendrons ensemble.

CHARLES.

Quoi, tu veux t'exposer....

BAZILE.

Pourquoi pas? Est-ce que tu penses que je ne dirons ses vérités à un grand seigneur, tout comme à un autre, donc?

CHARLES.

Brave garçon!

BAZILE.

Ah ça, mais écoute donc, toi : es-tu bien sûr qu'il a ces desseins-là? car.....

CHARLES.

Et si je n'en étais certain, refuserais-je les avantages qui me sont offerts?

BAZILE.

C'est-à-dire que ce comte est un mal-honnête homme?

CHARLES.

Oui, un malhonnête homme, c'est le mot.

BAZILE.

Hé ben, laisse-nous faire. Si c'comte ou si c'valet avec sa langue dorée, rentre ici, je les arrangerons..

CHARLES, rêvant.

Bazile?

BAZILE.

Queuqu'c'est,

CHARLES.

Est-ce la première fois que ce valet parle à ma femme?

ACTE II, SCÈNE I.

BAZILE.

Je le pensons de même.

CHARLES.

Et elle a permis que le comte vînt ici?

BAZILE.

Oh! elle n'a rien dit d'ça.

CHARLES.

Et cette bourse?....

BAZILE.

Elle ne voulait pas la prendre; mais je l'y avons excitée.

CHARLES.

Quoi, ce valet, cet or, ces offres inconsidérées, faites à une femme charmante, rien ne t'a fait pressentir l'affreuse vérité?

BAZILE.

Dame, je n'ons pas été élevé dans les vices du grand monde, et quand un homme nous dit : Je vous aimons, je vous voulons du bien, je vous en ferons, je l'en croyons sur sa parole.

CHARLES.

Quelle situation! Un père menaçant d'un côté, un séducteur puissant de l'autre....

BAZILE.

I' faut apaiser l'un, et rembarer l'autre.

CHARLES.

Bazile, si tu m'aimes....

BAZILE.

Oh! de ça, tu sais ben que.....

CHARLES.

Veille avec moi sur ma Caroline. Tu es facile; mais droit. Te voilà instruit. Si la jeunesse, si l'inexpérience de ma pauvre femme tournaient contre elle et contre moi....

BAZILE.

Queu que tout ça signifie? Quoi! parce que c'te femme est pauvre, a' n'sera pas honnête? J'sommes donc un fripon, parce que j'n'avons que nos bras? C'te femme qu'a tout quitté pour aller partout où t'a voulu la mener; qu'a tout souffert sans se plaindre; qu'aime tant son enfant; qui n'voit que toi, qui n'pense qu'à toi, c'te femme va oublier tout ça parce qu'un laquais habillé de rouge vient de l'i parler? N'es-tu pas honteux, dis, d'penser ça d'elle? Queu que tu dirais si elle avait peur qu'tu t'retournisses du côté de ton père, et qu'tu la plantisses là, elle et sa Cécile? Trouverais-tu ça à sa place?

CHARLES.

Si elle doutait de mon cœur, si elle en soupçonnait un moment la pureté et la droiture....

BAZILE.

Eh ben, pourquoi n'veux-tu pas qu'elle soit aussi forte qu'toi? Pourquoi ne ferait-elle pas son devoir, comme tu fais l'tien? N'vois-tu pas ben que la pauvreté, avec toi, l'i est pus douce qu'la richesse avec un autre? Elle est jeune; raison de plus pour la plaindre et l'aimer. Elle n'a pas d'expérience; veille pour elle, vois par tes yeux, et ne t'en rapporte pas à un ami à qui tu n'te fierais peut-être pas. Ton travail

ACTE II, SCÈNE I.

t'oblige à sortir; reste ici, et je travaillerons pour toi. Oui, j'aurons moins d'mal à travailler pour deux, qu'à voir que tu soupçonnes ta Caroline. C'est une honnête femme, et qui méritait un mari plus confiant.

CHARLES.

Non, Bazile, non, je ne la soupçonne pas.

BAZILE.

I' s'aimont d'tout leux cœur, et i' s'craignont l'un et l'autre.

CHARLES.

Mais c'est que ce comte....

BAZILE.

Il en sortira avec un pied de nez.

CHARLES.

Je suis bien à plaindre!

BAZILE.

Ça s'passera, mon garçon.

CHARLES.

Tu l'espères?

BAZILE.

J'en sommes sûr.

CHARLES.

Le ciel t'entende, mon ami!

BAZILE.

V'là queuque zun qui monte.

CHARLES.

C'est mon frère, sans doute...... Moment cruel! Va, Bazile, va au-devant de ma femme. Engage-la à ne pas rentrer encore: cette conversation pourrait l'affliger. Menageons sa délicatesse.

BAZILE, apercevant Verneuil fils.

Il a l'air bonne personne.

SCÈNE II.

CHARLES, VERNEUIL fils.

CHARLES.

Je t'attendais avec impatience : l'inquiétude est cruelle. Je suis tourmenté, par l'amitié que j'eus toujours pour toi; par la résistance que j'aurai peut-être à lui opposer. Quel que soit le motif qui t'amène ici, quelle que soit ton opinion sur ma conduite, souviens-toi que j'ai pris mon parti, et que je suis inébranlable.

VERNEUIL.

Mon frère, je n'ai le droit ni de vous condamner, ni de vous absoudre. Je me garderai bien de prononcer entre mon père et vous. Je ne viens pas forcer vos sentimens; je n'ai pas même l'intention de les combattre; mais je vous aime, parce que vous êtes mon frère; je vous plains, parce que vous êtes malheureux, et des conseils, dictés par l'amour fraternel, ne peuvent vous être désagréables.

CHARLES.

Malheureux? oui, je le suis, si le bonheur réside dans les jouissances d'un luxe insolent, et dans ses superfluités; mais si la vraie félicité tient à la paix de l'ame; si les charmes d'un amour mutuel; si les vertus et la beauté d'une épouse; si les sensations délicieuses attachées à la paternité, si ces avantages sont quelque chose, comparés à de vains préjugés, quel homme fut jamais plus heureux que je le suis!

VERNEUIL.

Mon ami, l'amour a ses illusions. Il vient un temps où le bandeau tombe, et où la vérité dissipe des prestiges qui nous furent long-temps chers.

CHARLES.

Des prestiges! des illusions! Quoi, un bonheur que je sens, qui me pénètre, dont la douce influence renaît sans cesse, et me console de mes privations, tout cela ne serait que des chimères? Verneuil, peux-tu le penser? Te flattes-tu de m'en convaincre? Quand je sors pour occuper des bras déja exercés au travail, quand je ploie sous le faix, quand je sens la sueur ruisseler de chaque partie de mon corps, et que je me dis: « Courage, Charles, encore un effort, c'est pour ta femme et ton enfant, ils t'attendent au retour, » alors mon travail s'ennoblit à mes yeux, mon ame s'exalte, mon courage se ranime, et je vois sans envie passer, dans un char doré, l'homme indolent, mort aux vraies jouissances et aux tendres émotions de la nature. Le soir, je reviens gaîment. Ma Caroline accourt vers moi; ma petite Cécile se hâte sur ses jambes faibles et peu sûres encore. Toutes deux me pressent dans leurs bras, m'embrassent tour à tour. Un repas frugal, mais où président l'appétit et la gaîté, termine la journée. C'est quelquefois un pain noir, un pain qui n'est accompagné d'aucun autre mets; mais ce pain que je partage avec des êtres chéris, qui ne doivent leur existence qu'à ma tendre sollicitude, ce pain me paraît délicieux. Reste avec nous, Verneuil. Tu ne mangeras pas, peut-être ; mais tu verras le tableau du bonheur.

VERNEUIL.

Ah! mon ami, pourquoi mon père ne t'entend-il pas déployer cette éloquence persuasive qui me laisse sans force contre toi? C'est un bon père ; mais il tient à ses opinions ; il a pour lui les lois, et il invoque leur secours.

CHARLES.

J'invoquerai, moi, la nature et les hommes qui la connaissent.

VERNEUIL.

Les hommes sensibles te plaindront, et voilà tout. Des juges intègres prononceront la dissolution d'un nœud....

CHARLES.

Ils oseraient le faire!

VERNEUIL.

Ils ne peuvent s'en dispenser.

CHARLES.

M'empêcheront-ils de respecter mes sermens! Fermeront-ils mon cœur au cri de ma conscience, qui me répétera sans cesse : Sois honnête homme, et remplis tes engagemens?

VERNEUIL.

Tu as déja encouru la haine de ton père.

CHARLES.

Elle est injuste, et c'est assez pour moi.

ACTE II, SCÈNE II.

VERNEUIL.

Sa vengeance te poursuivra.

CHARLES.

Je tâcherai de m'y soustraire.

VERNEUIL.

Tu t'en flattes en vain. Tu n'échapperas pas aux recherches de ces êtres vils qui font métier de la délation et de la trahison.

CHARLES.

Je me défendrai, je défendrai les miens.

VERNEUIL.

Tu succomberas sous le nombre.

CHARLES.

J'aurai fait ce que j'aurai pu. Je recommanderai ma famille à la Providence, et ma vengeance aux amis de la probité.

VERNEUIL.

Faibles ressources! Il est des moyens plus sûrs.....

CHARLES.

Et lesquels?

VERNEUIL.

Céder pour un moment; paraître te rendre aux désirs de ton père; donner les mains à ses projets, et plus tard....

CHARLES.

Déshonorer ma femme! Verneuil, Verneuil, je ne suis ni faible, ni injuste : de tels conseils sont déplacés.

VERNEUIL.

Que veux-tu donc faire?

CHARLES.

Mon devoir. Il est au-dessus de vos usages, de vos préjugés et de vos lois. Oublions un moment mon amour, mon bonheur, et tout ce qui m'environne; ne consultons que l'honneur, il doit être sacré pour toi. Caroline, encore enfant, n'ayant que des vertus, et ne soupçonnant pas qu'il existât des vices, Caroline me plut, je le lui dis, et son cœur fut le prix du mien. Je l'enlevai à sa patrie; je lui fis faire une démarche dont elle ignorait les conséquences. L'innocence est sans armes, aussi n'éprouvai-je point de résistance; mais je jurai par le ciel, et par cet honneur qu'on veut que j'oublie, d'être à jamais son amant, son époux, son protecteur. Si je suis tout pour elle, si elle n'a que moi, dans l'univers entier, qui sente et qui adoucisse ses peines, dois-je lâchement les aggraver; déchirer un cœur où mon image est gravée en traits de feu; vouer à l'infamie celle qui s'est fiée à ma foi; payer l'amour par un parjure, la confiance par une perfidie, et mon retour à la fortune par le comble de la scélératesse? Réponds. Si tu étais mon juge, oserais-tu prononcer contre moi?

VERNEUIL.

Ah! mon ami, tu me soumets, tu me subjugues, et, malheureusement, je ne puis rien pour toi.

CHARLES, apercevant Caroline.

La voilà, celle qu'on veut que je trahisse... Regarde, et juge-moi.

SCÈNE III.

CHARLES, VERNEUIL fils, CAROLINE.

VERNEUIL, bas à Charles.

Dissimulons, mon ami.

CHARLES.

Dissimuler! Je n'ai plus rien à ménager. L'affreuse vérité lui parviendrait tôt ou tard.

CAROLINE.

Qu'ai-je entendu?

CHARLES.

Je voulais t'épargner ce coup : les ménagemens deviennent inutiles. Notre perte est jurée, rien ne peut nous sauver. Nous n'avons plus que mon frère qui s'intéresse à nous; mais sa tendresse est impuissante, et ses efforts seraient vains.

CAROLINE.

L'extrême danger me rend toute ma fermeté. Je ne suis plus cette femme timide qui te cachait ses pleurs. Je soutiendrai ton courage, ou je le partagerai. Je me sens assez de fierté pour braver l'orage, et assez de noblesse pour pardonner à nos oppresseurs; mais rien n'est désespéré encore. Monsieur, vous êtes le frère de Charles, et vous lui devez des secours. Si le comte de Verneuil a de la sensibilité, vous saurez l'émouvoir. Si je l'ai offensé, ramené par vos prières, il me pardonnera une faute dont je ne connaissais pas l'étendue. Je suis pauvre, monsieur; mais ce n'est pas un crime. Je n'ai point de titres; mais je suis honnête. Telle que j'étais, Charles ne m'a pas dédaignée, et, après plusieurs années, il s'applaudit de son choix. Pourquoi son père proscrirait-il sa compagne? Charles, en m'élevant jusqu'à lui, est encore ce qu'il fut autrefois. J'ai un enfant, monsieur, et Charles est son père. C'est pour cet enfant malheureux que j'ose élever la voix. L'habitude du malheur me rendrait peut-être ma situation supportable; mais mon enfant.... ma Cécile....

CHARLES.

Tu l'entends, Verneuil. Voilà ma femme, voilà ta sœur. Si vraiment je te suis cher encore, peux-tu lui refuser ta protection et ton amitié?

VERNEUIL.

La compagne que tu as choisie doit être digne de toi, et je ne balance pas à me déclarer son frère et son ami.

CAROLINE.

Oui, je suis digne de lui, si l'amour tient lieu de tout. Si mon dévouement pour des parens qui me persécutent sans me connaître encore; si la faiblesse de l'innocence sont des titres qui puissent balancer des opinions, oui, monsieur, j'ose le croire, j'ai quelques droits à votre estime et à votre amitié. Que dis-je? vous daignez me les offrir, et pourriez-vous me les refuser? Vous êtes le frère de Charles, le même sang circule dans vos veines, les mêmes principes doivent vous animer.

VERNEUIL.

Les sentimens que vous inspirez, madame, ne permettent pas à l'ame qui les éprouve d'en calculer la légitimité. Je suis vaincu, peut-être, par l'ascendant de la beauté, par les graces de la jeunesse, par ce langage intéressant auquel on ne peut résister, mais j'aime à céder au charme qui m'entraîne. Puissé-je le faire partager à un père qui a déja prononcé contre vous. Je connais son inflexibilité; mais j'espère qu'il ne sera pas sourd à la voix de la raison. Si elle ne suffit pas pour le persuader, j'appellerai la nature à mon aide; j'emprunterai ses expressions; j'en aurai le noble et touchant enthousiasme. J'ai à plaider la cause de la vertu. Mon père la connaît; il est sensible, et il ne me repoussera pas.

(Charles se jette dans ses bras.)

CAROLINE.

Le ciel enfin nous envoie un ami. Qu'il nous conserve et nous protége. Je ne sais, mais j'aime à croire que je vous devrai mon bonheur et mon repos. Vous êtes l'unique appui d'une famille entière : au nom de Dieu, ne l'abandonnez pas. C'est un frère, c'est une nièce, c'est une femme infortunée, qui n'espèrent qu'en vous, qui attendent tout de vous, et dont vous ne tromperez pas l'espoir.

VERNEUIL.

Non, madame..... non, ma sœur, votre espoir ne sera pas déçu. Je la mériterai cette confiance dont vous m'honorez, et dont je me sens digne. Je vais trouver mon père, et faire passer dans son ame ce tendre intérêt, cette douce émotion dont vous m'avez pénétré, et qui vous feront toujours des amis de tous ceux qui pourront vous voir et vous entendre.

SCÈNE IV.

CHARLES, CAROLINE.

CAROLINE.

Je viens de me trouver des forces que je ne me connaissais pas. Ah! mon ami, que l'amour est puissant, quand il joint à ses droits les droits plus saints de la nature.

CHARLES.

Les préjugés les méconnaissent tous.

CAROLINE.

Ah! Charles, loin de combattre ma faiblesse, tu m'ôtes la dernière ressource du malheureux, l'espérance qui me soutient encore. Ah! mon ami, si l'idée d'un avenir plus doux n'est qu'une illusion, de grace, laisse-la-moi : je n'y renoncerai peut-être que trop tôt.

SCÈNE V.

BAZILE, CHARLES, CAROLINE.

BAZILE, apercevant Caroline.

Ah ben! c'est bon, ça. J'avions beau vous chercher et vous attendre. (*A Charles.*) Est-ce qu'elle a entendu?...

CHARLES.

Tout, mon ami, et elle vient de se montrer plus confiante que moi.

BAZILE.

C'est joli, ça. Parlez-moi d'une femme qui n'perd pas la tête. Ah ça, et ce monsieur ?

CAROLINE.

C'est le digne frère de Charles.

BAZILE.

C'est un brave garçon, pas vrai ? V'là comme vous êtes, vous autres : vous avez toujours peur. J'étions sûr, rien qu'à le voir, que ce monsieur-là était honnête et loyal. Dame, c'est que j'ons le tact pour vous dévisager un homme. Et où ce qu'il est allé ?

CHARLES.

Parler à mon père, mon cher Bazile, et le gagner s'il est possible.

BAZILE.

V'là ce qui s'appelle un frère; mais pourquoi que tu n'y vas pas, toi ? On fait toujours mieux ses affaires soi-même que par ambassadeur.

CHARLES.

Je crains....

BAZILE.

Quoi ! n'as-tu pas peur qu'i' t'batte ! Que ton frère lui parle le premier, à la bonne heure : il essuiera la bourrasque. Tu viendras ensuite, et ton père aura la langue morte, car enfin, on ne peut pas toujours crier.

CHARLES.

Ah! si j'osais....

BAZILE.

Tiens, Charles, les absens avont toujours tort; mais juge des autres par toi-même. Si ta Cécile, dans queuques années, se brouillait avec toi; qu'a vînt par après te demander pardon, est-ce que tu la rebuterais, réponds? Est-ce que t'en aurais l'courage? Hé ben! mon ami, je descendons tous du bon père Adam, je sommes tous pétris du même limon. Ton père n'sera pas plus dur que tu n'serais toi-même en pareil cas.

CAROLINE.

Ah! mon ami, je crois qu'il a raison.

BAZILE.

Et Caroline, pourquoi qu'a n'y va pas aussi? La jeunesse plaît toujours, et, tenez, quand on est jolie et qu'on sait tourner un compliment, on n'est pas en peine de s'tirer d'affaire.

CAROLINE.

Si je pouvais pénétrer jusqu'à lui....

BAZILE.

C'est ben aisé.

CAROLINE.

S'il pouvait m'entendre....

BAZILE.

Faudra ben qu'i vous écoute. J'irons devant, et je vous annoncerons.

CHARLES.

Quoi, Bazile!..

BAZILE.

Queu qu'il y a encore? Est-ce que tu t'imagines que je serons gêné pour li dire : « Vot' fils fait ce qu'i doit, et vous le savez ben; vous n'avez pas vu sa femme, et i' n' faut jamais faire fi de ce qu'on ne connaît pas. » Attendez, attendez, je vas lui parler, et de la bonne manière. (*Fausse sortie.*) A propos, et où ce qu'i demeure?

CHARLES.

Ah! je n'ai pas pensé....

BAZILE.

A li demander son adresse. Mais, queu gens êtes-vous donc, vous autres? Diable emporte, vous n'avez pas pus d'tête que d's hannetons; mais va donc, cours : il n'est pas loin c't'homme. Regardez s'i r'mue. Attendras-tu que les huissiers viennent te déclarer que tu n'es pus l' mari d' ta femme, que tu n'es pus l' père de ton enfant? Mais, va donc, au nom de Dieu, va donc.

CHARLES.

J'y vais, mon ami, j'y vais.

BAZILE.

C'est ben heureux.

SCÈNE VI.

BAZILE, CAROLINE.

BAZILE.

Ah! vous allez voir comme j' vas vous r'tourner c't' affaire-là. Vous viendrez avec moi, vous m'entendrez péroriser d' l'antichambre. Oh! c'est que je sommes ferme, quand i' s'agit d' la raison et d' nos amis, hé, hé!

CAROLINE.

Bazile, vous espérez donc....

BAZILE.

Comment, si j'espère? Alle est bonne là avec son espérance. Vous autres gens éduqués, vous ne connaissez qu' des simagrées et des façons, et nous, j'allons droit au fait. J' le saluerons d'abord, car à tout seigneur tout honneur; j'ajouterons, j'ajouterons.... Mais j'étudierons ça en route, car i' faut faire un discours négalogue à la circonstance.

SCÈNE VII.

BAZILE, CAROLINE, Le Comte de PRÉVAL.

LE COMTE.

Que je m'estime heureux, belle Caroline, de vous rencontrer chez vous! Je viens vous entretenir de choses sur lesquelles il paraît que mon valet s'est mal expliqué. Je viens combattre de petits scrupules que, sans doute, je n'aurai pas de peine à dissiper.

CAROLINE.

Monsieur est le comte de Préval?

LE COMTE.

Oui, ma belle.

BAZILE.

Vous n' perdez pas de temps, monsieur, à c' qu'i m' paraît.

ACTE II, SCÈNE VII.

LE COMTE.

Quel est ce garçon-là ?

CAROLINE.

C'est un honnête homme, l'ami intime de Charles.

LE COMTE, finement.

Et peut-être un peu le vôtre ?

CAROLINE.

J'aime tous les amis de mon époux.

LE COMTE.

En ce cas, vous ne pouvez me refuser un peu d'amitié. Personne ne s'intéresse plus vivement que moi au sort de Charles; personne n'est plus disposé à lui donner des preuves de bonté et d'attachement.

CAROLINE.

Ces preuves, monsieur, ont déja été trop loin. Je ne sais comment nous avons pu mériter....

LE COMTE.

La beauté a des droits aux hommages de tous les hommes, et la beauté souffrante est plus intéressante encore.

CAROLINE.

J'ai l'honneur de vous prévenir, monsieur, que de tous les suffrages celui de Charles est le seul qui puisse me flatter. Je suis loin de me croire belle ; mais il me suffit de le paraître à ses yeux. Quant à l'intérêt que vous me témoignez, j'ignore sur quoi il est fondé. Jamais je n'ai importuné de mes plaintes l'opulence ni la grandeur. Dans notre médiocrité, nous sommes même quelquefois utiles à nos semblables, et nous vous remercions de vos offres avec la modestie qui convient à notre situation, et la noble fierté qui sied à l'indépendance.

BAZILE, à Caroline.

Ferme, ça va ben.

LE COMTE.

Vous m'étonnez, Caroline.

CAROLINE.

Tant pis pour celles qui vous ont autorisé à douter des vertus les plus simples.

LE COMTE.

Vous avez vu votre mari?

CAROLINE.

Il me quitte à l'instant.

LE COMTE.

Et il vous a fait la leçon?

CAROLINE.

Il est des choses, monsieur, sur lesquelles je n'ai besoin des avis de personne.

LE COMTE, à part.

Réponse à tout. (*Haut.*) Cependant vous avez consulté Charles....

CAROLINE.

Et je le devais, monsieur. Une femme qui respecte son mari, qui s'estime elle-même....

LE COMTE.

Oh! grace, s'il vous plaît, de ces maximes qui portent avec elles l'ennui et le dégoût. Voici le fait: je vous ai envoyé de l'argent, parce que j'ai présumé que vous en aviez besoin; je vous ai fait offrir ma protection, parce que je crois qu'elle peut vous être utile. Vous êtes épouse, vous êtes mère : nous observerons les bienséances qu'exigent ces deux titres. Je procure à Charles un emploi lucratif dans nos colonies ; vous éleverez votre enfant dans la plus grande aisance, et je veillerai moi-même à son éducation.

BAZILE.

Monsieur s'embarque donc aussi pour les Grandes-Indes?

LE COMTE.

Non, monsieur, je ne m'embarque pas. Je garde avec moi la belle Caroline, dont la santé délicate ne supporterait pas un aussi long voyage, et je....

BAZILE, chantant.

On s'expose à compter deux fois....

CAROLINE.

C'est assez, monsieur ; terminons un entretien qui me gêne, et qui ne vous conduirait à rien. Supprimez un langage qui ne convient point à mes mœurs, et qui ne prouve pas en faveur des vôtres.

SCÈNE VIII.

BAZILE, CAROLINE, Le Comte de PRÉVAL, CHARLES, dans le fond du théâtre.

CHARLES.

C'est Préval!

LE COMTE.

La belle Caroline a de la mémoire. Tantôt elle ne parlait pas ainsi.

CAROLINE.

C'est qu'il est difficile d'être en garde contre des piéges qu'on ne soupçonne pas.

LE COMTE.

Voilà du Charles tout pur : c'est un beau parleur, dit-on, que ce Charles.

BAZILE.

Oui, monsieur, i' parle ben, et pense d' même.

LE COMTE.

C'est fort bien, c'est fort bien, mon ami : vous êtes décidément l'ami de la maison.

BAZILE.

Oui, monsieur, je sis l'ami de la maison, et j' m'en pique.

LE COMTE.

Allons, Caroline, soyez de bonne foi. Convenez du moins que c'est une cruelle chose qu'un mari jaloux : ces gens-là voient tout en noir, et l'intrigue la plus innocente....

CHARLES, à part.

Quelle horreur!

BAZILE.

Qu'appelez-vous intrigue? N'y a pas ici de femme à intrigue, entendez-vous, monsieur, et vous êtes un mal-avisé.

LE COMTE.

Caroline, vous avez fait choix d'un ami qui s'exprime fortement, et qui n'a pas....

CAROLINE.

Ce vernis imposteur dont on décore les vices.

ACTE II, SCÈNE VIII.

LE COMTE.

Madame, madame, il faut que j'aie autant d'amour pour supporter....

CHARLES, avec une colère concentrée.

C'est donc de l'amour que vous avez, monsieur ?

BAZILE.

Oui, v'là le grand mot lâché.

CHARLES.

Vous ne trouverez ici ni complices, ni victimes, je vous en avertis. Voilà votre or, monsieur. Ma femme, en l'acceptant, n'a prouvé que la simplicité de l'innocence. Je vous le rends, moi, avec connaissance de cause. Je vous fais grace des reproches que mérite votre conduite, et s'il vous reste quelque délicatesse, vous me saurez gré de la mienne. Voilà la première fois que vous vous montrez dans un asile qui devrait vous être inconnu : j'ose espérer que ce sera la dernière, je vous en prie, et je me flatte que vous ne me refuserez pas la seule grace que j'attends de vous.

BAZILE.

Hé ben, queu qu' vous direz à ça ?

LE COMTE.

Qu'on se trompe quelquefois sur les objets des graces qu'on se plaît à répandre.

CHARLES.

Dispensez-moi de parler plus clairement. L'explication ne serait pas à votre avantage.

LE COMTE.

Mais quelquefois aussi on a assez de crédit pour venger des outrages...

CHARLES.

Je vous entends, monsieur. Il faut opter entre l'infamie et votre haine : mon choix n'est pas douteux.

LE COMTE.

Vous bravez tout, vous autres qui n'avez rien à perdre ; mais quand on est bien avec le ministre....

BAZILE.

Et qu'on vous ressemble, c'est signe que la France est bien gouvernée.

CHARLES.

Silence, Bazile, s'il vous plaît. Je respecte tous les dépositaires de l'autorité, et je les estime assez pour croire qu'ils ne seront pas les instrumens d'une basse passion, et qu'ils ménageront l'homme honnête qui sait vous résister.

LE COMTE.

On saura rabattre ce petit orgueil.

CHARLES, très-vivement.

Je ne vous crains pas. Je suis votre égal par la naissance, et je suis au-dessus de vous par les sentimens.

CAROLINE, d'un ton suppliant.

Mon ami !

BAZILE.

Oui, morgué, c'est ben dit. L' fils du comte de Verneuil s' moque de vous et de vos pareils.

ACTE II, SCÈNE VIII.

LE COMTE, vivement.

Vous êtes le fils du comte de Verneuil?

CHARLES.

Que vous importe?

LE COMTE.

Qui a des terres en Picardie?

BAZILE.

En Picardie, ou ailleurs; mais qu'est à Paris, à bon compte, et qu'a l' bras aussi long que vous, entendez-vous?

CAROLINE.

Bazile, qu'avez-vous dit?

LE COMTE, à part.

Ah! je respire.

CAROLINE, à Charles et à Bazile.

Venez, mon ami; venez, Bazile. (*En sortant.*) O mon Dieu! détournez de nous les malheurs qui nous menacent, ou donnez-nous la force de les supporter.

(Elle emmène Bazile et son mari, qui, en sortant, regardent le comte d'un air menaçant.)

SCÈNE IX.

LE COMTE, SEUL.

Ah! monsieur Charles, vous êtes le fils du comte de Verneuil? Un mariage en l'air, une fuite de la maison paternelle, et de grands mots pour masquer tout cela : me voilà au courant. La jeune personne joue son rôle à ravir. Ses graces négligées, son petit air revêche, la rendent plus intéressante encore. Parbleu, je n'en aurai pas le démenti. Puisque Verneuil est à Paris, je le découvrirai facilement ; j'irai le trouver, et je connais les moyens de mettre à la raison monsieur Charles et sa petite moitié.

FIN DU SECOND ACTE.

ACTE TROISIÈME.

Le théâtre représente un salon.

SCÈNE I.

VERNEUIL père assis, **VERNEUIL fils.**

VERNEUIL, père.

Non, monsieur, non, je n'en entendrai pas davantage. Vos réflexions ne rendent pas la faute de votre frère moins grave, et je n'en suivrai pas moins mes projets.

VERNEUIL fils.

Mais, mon père...

VERNEUIL père.

Mais, mon fils, il n'y a point d'erreur qu'on ne puisse colorer avec un peu d'esprit. D'ailleurs vos instances me fatiguent : faites-moi grace de ce que vous pourriez ajouter encore.

VERNEUIL fils.

Me faites-vous un crime de mes prières? Voudriez-vous....

VERNEUIL père.

Non, je ne blâme pas, j'en conviens, le sentiment qui vous a conduit vers moi. Votre frère a toujours des droits à votre amitié, et vous avez dû prendre sa défense; mais ce frère, rebelle à mes volontés, insensible à mes menaces, passant du désordre à la misère, et n'ayant plus qu'un pas à faire pour tomber dans l'avilissement, votre frère a éteint en moi tout sentiment de tendresse; enfin, mon fils, vous venez de faire votre devoir, et je ferai le mien.

VERNEUIL fils.

Quoi! décidément, monsieur, vous allez vous armer contre lui, solliciter la cassation d'un mariage...

VERNEUIL père.

Je ferai mieux, monsieur, je l'obtiendrai. Votre frère ne m'a pas consulté pour se livrer à son fol amour. Il n'ignorait pas cependant qu'il était sous ma dépendance; il connaissait les lois. A-t-il cru que je n'en réclamerais pas l'appui? S'est-il flatté d'échapper à leur vengeance? Vous flattez-vous, vous-même, qu'oubliant les obligations de mon état, renonçant au fruit de trente ans de soins et de travaux, je partagerai enfin les égaremens de votre frère par une indulgence criminelle?

VERNEUIL fils.

Vous le jugez bien sévèrement, mon père, si vous pensez...

VERNEUIL père.

Jeune homme, si jamais vous êtes père, vous apprendrez peut-être ce qu'il en coûte à un bon cœur pour en déchirer un autre. Vous ne soupçonnez pas ce qui se passe dans le mien; mais je suis comptable de ma conduite à tous les pères de famille, à tous les amis de l'ordre, qui, dans ce moment, ont les yeux fixés sur moi. Si votre frère n'eût violé que des préjugés, je lui pardonnerais, et je m'en sens capable; mais sa fortune renversée, sa réputation perdue et le mépris des honnêtes gens, sont-ce là des chimères, monsieur? Rangé dans la dernière classe du peuple, vendant son temps et son travail à quiconque veut les payer, exposé aux outrages de l'opulence, dénué enfin de cette énergie qui relève une ame dégradée et lui rend son premier lustre, tel est votre frère. Est-ce à ces traits que je dois reconnaître mon fils?

VERNEUIL fils.

Sa déplorable situation fait sa gloire. Elle est l'effet de la noble résistance qu'il oppose à l'adversité.

VERNEUIL père.

Elle est l'effet de son fol entêtement. Cet héroïsme prétendu ne peut tenir contre l'examen de la raison. Il peut en imposer à ces jeunes gens inconsidérés qui n'approfondissent rien; mais je n'y vois, moi, que l'éloignement de tous ses devoirs, qu'un vil moyen de persévérer dans son odieuse conduite, de se conserver une femme....

VERNEUIL fils, vivement.

Comme il y en a peu; une femme charmante!

VERNEUIL père.

Une femme charmante! Ils ont tout dit quand ils ont prononcé ce mot-là. Mais je veux qu'elle soit telle qu'elle vous a paru, qu'elle mérite jusqu'à un certain point le rare éloge que vous m'en faisiez tout à l'heure, qu'en faut-il conclure? Que si elle était sans agrément, sans douceur, sans quelques qualités, estimables peut-être, elle n'exercerait point sur votre frère un empire aussi absolu ; mais si toutes les femmes, pourvues de quelques attraits, s'en faisaient des titres pour prétendre aux plus hauts partis, qu'en arriverait-il ? La ruine des familles, le renversement de l'ordre, le mépris de l'autorité paternelle, et plus tard, les regrets, la honte et la douleur. Oui, un mariage disproportionné est un attentat contre la société, et elle a dû armer les lois contre les séductions d'un sexe, et les folles passions de l'autre.

VERNEUIL fils.

Ces idées, mon père, justes et vraies en général, n'empêchent pas des exceptions méritées. Mon frère est un homme d'honneur.

VERNEUIL père.

A vos yeux. Aux miens, c'est un rebelle que rien ne peut justifier.

VERNEUIL fils.

Je le justifierais, mon père, si vous vouliez m'entendre avec tranquillité.

VERNEUIL père.

Vous ne pouvez rien me dire que vous ne m'ayez déjà dit. Finissons, et laissez-moi.

VERNEUIL fils.

Encore un mot, de grace.

VERNEUIL père.

Vous abusez de ma patience.

VERNEUIL fils.

Si vous voyiez son épouse !.......

ACTE III, SCÈNE I.

VERNEUIL père.

Son épouse, dites-vous? Une inconnue.......

VERNEUIL fils.

Ses parens sont honnêtes.

VERNEUIL père.

Sans fortune....

VERNEUIL fils.

La vôtre est considérable.

VERNEUIL père.

Sans naissance.

VERNEUIL fils.

C'est un don du hasard.

VERNEUIL père.

Et peut-être sans éducation.

VERNEUIL fils.

Son langage, ses principes annoncent un esprit cultivé et un cœur pur.

VERNEUIL père.

Jeune insensé! Et quelle preuve vous en a-t-elle donné? En est-ce une que d'avoir quitté sa patrie en fugitive; que de s'être unie à votre frère contre les lois, et sans mon aveu?

VERNEUIL fils.

Elle était enfant alors, et ne prévoyait pas les suites funestes.....

VERNEUIL père.

A la bonne heure; mais votre frère était un homme fait, et n'a agi qu'avec connaissance de cause.

VERNEUIL fils, vivement.

Sa femme est donc innocente.

VERNEUIL père.

Et quand elle le serait, qu'en résulterait-il?

VERNEUIL fils.

Que vous devez la plaindre et la secourir.

VERNEUIL père.

Oui, je la plains, n'en doutez pas : mon ressentiment ne me rend pas injuste. Si en effet elle n'a cédé qu'aux pressantes sollicitations de votre frère, si son extrême jeunesse lui a fait violer des bienséances que peut-être elle ne connaissait pas encore, oui, je m'intéresserai à son sort, et je l'adoucirai.

VERNEUIL fils.

Et ce faible enfant....

VERNEUIL père, vivement.

Je ferai tout pour lui.

VERNEUIL fils.

Ah! mon père, je ne désespère pas encore de vous voir ratifier un mariage....

VERNEUIL père.

Ratifier ce mariage! Quel mot avez-vous osé proférer?

VERNEUIL fils.

Qu'a-t-il donc de si révoltant, mon père?

VERNEUIL père.

Je vous ai dévoilé mes principes; respectez-les, du moins, si vous ne voulez pas les adopter.

VERNEUIL fils.

Mon malheureux frère est donc perdu sans retour?

VERNEUIL père.

Sans retour? Non, monsieur : son sort dépend de lui.

VERNEUIL fils.

Ah! mon père, ordonnez; que doit-il faire?

VERNEUIL père.

Vous me le demandez! qu'il rompe un engagement qui m'offense, et qu'il n'aurait jamais dû former. Qu'il redevienne mon fils, et je lui rendrai son père.

VERNEUIL fils.

Ah! monsieur, à ces conditions....

VERNEUIL père.

Je vous entends, monsieur. A ces conditions, il refusera mon amitié, et le pardon généreux que je voulais lui accorder. Gardez-vous de m'en parler davantage, si vous ne voulez partager avec lui ma juste indignation.

VERNEUIL fils.

Je vous supplie, monsieur.....

VERNEUIL père.

Vous m'avez entendu : retirez-vous.

VERNEUIL fils.

Vous l'ordonnez?

VERNEUIL père.

Retirez-vous, vous dis-je.

VERNEUIL fils, en sortant.

Attendons un moment plus favorable.

SCÈNE II.

VERNEUIL père, seul.

Il m'en a coûté pour résister à ce jeune homme,

pour lui montrer une inflexibilité qui n'est point dans mon caractère. J'aime qu'il soit l'ami de son frère. Je ne puis même blâmer intérieurement l'infortuné qui me résiste. Cette résistance prouve son honnêteté. S'il était capable d'abandonner, sans efforts, une femme intéressante, d'oublier un enfant qui doit lui être cher, oui, je le sens, je le mépriserais, et ce serait pour moi le dernier des malheurs. Mais, si sa conduite est louable, la mienne m'est dictée par des devoirs dont je ne peux m'écarter. La distance des conditions n'est pas une chimère; la différence des fortunes n'est pas une illusion. Mon fils veut sacrifier ces avantages; je dois m'y opposer, je le dois, et je le veux.

SCÈNE III.

VERNEUIL père, BAZILE.

BAZILE, *s'échappant des mains des domestiques qui veulent le retenir.*

Mais queu que c'est donc qu'ça? J'vous dis qu'i' faut que je li parle, et pour affaire pressée.

VERNEUIL père.

Qu'y a-t-il?

BAZILE.

C'est nous, monsieur, qui venons vous rendre un service, et à qui vos valets voulont barrer l'entrée.

VERNEUIL père.

Laissez cet homme. Je l'entendrai.

(*Les domestiques sortent.*)

ACTE III, SCÈNE III.

BAZILE, à la cantonnade.

Allez, messieurs, retournez à vot' poste, et soyez pus polis une autrefois, avec l's honnêtes gens qui avont besoin de vous.

VERNEUIL père.

Que voulez-vous, mon ami?

BAZILE, saluant.

Monsieur.... Je m'appelle Bazile, honnête homme de profession, commissionnaire de mon métier, et l'ami particulier de Charles Verneuil, que vous connaissez ben.

VERNEUIL père, douloureusement.

Vous êtes son ami.... Ah! le malheureux!

BAZILE.

C' n'est pas mon amitié, monsieur, qui fait son malheur; ben au contraire, et il vous en rendrait témoignage; c'est la colère, c'est l'abandon de son père, qui font son tourment. Mais il ne tient qu'à vous qu' tout ça finisse. Laissez-là vos orgueilleuses fariboles, morgué! soyez père : nature va t'avant tout.

VERNEUIL père.

Mon ami, ces choses-là ne vous regardent pas.

BAZILE.

Eh! pourquoi ça, monsieur? Parce que je sommes pauvre, parce que je n'avons qu'un mauvais habit? N' faut pas juger l'homme par sa couverture, c'est à l'usé qu'on connaît l' drap. I' a là-dessous un bon cœur qui sent vos chagrins, et qui veut y mettre eune définition. N' faut pas être d' qualité pour compâtir aux peines de ses semblables.

VERNEUIL père.

Mon ami, vous m'étonnez.

BAZILE.

Tant pis pour vous, monsieur. Vous êtes étonné d' voir que j'allons droit au but, que j' ne vous flagornons pas? Je venons hardiment, parce que j'sommes chargé d'une bonne cause; j'avons confiance en vous, parce que vous portez un air de bonté, et que vot' cœur ne donnera pas un démenti à vot' physionomie. Vous êtes nob', vous êtes riche, c'est ben fait à vous; mais tout ça n' m'embarlificote pas, je vous en avertis. Au bout d' tout, vous n'êtes qu'un homme, j'en sis un autre, et entre hommes on peut s' parler.

VERNEUIL père.

Eh bien, mon ami, parlons. Quel est donc ce service que vous comptez me rendre?

BAZILE.

Je venons vous empêcher d' faire une sottise.

VERNEUIL père.

Que dites-vous?

BAZILE, appuyant.

Je venons vous empêcher d' faire une sottise. Pourquoi voulez-vous désoler mon ami Charles, et poignarder sa Caroline? C'est-y juste? c'est-y beau? D'ailleurs, monsieur, i' a un enfant, i' a un enfant.....

VERNEUIL père, avec sentiment.

Hé, je le sais.

BAZILE.

Vous l' savez! J'aurions parié qu' vous n' vous en

ACTE III, SCÈNE III.

doutiez pas. Oui, monsieur, i' a un enfant, beau comme l'amour, et qui vous ressemb' comme deux gouttes d'eau.

VERNEUIL père, avec émotion.

C'est assez, mon ami, c'est assez.

BAZILE.

Non, monsieur; je n'aurons pas de cesse que je n' vous ayons abattu tout-à-fait. Vous vous attendrissez, c'est une bonne marque. Allons, morgué, vienne un bon rémora; que j'ayons la gloire de remettre le père et le fils dans les bras l'un d' l'autre. Dites tant seulement, *je li pardonne*, et i' tombe à vos pieds.

VERNEUIL père.

Il est ici!

BAZILE, à demi-voix.

Oui, monsieur, il est ici, et c'est nous qui l'y avons amené. l' craignait d'y venir, mais je li avons répondu d' vous.

VERNEUIL père.

Il craignait de venir! Ah! il sent trop combien mon ressentiment est juste.

BAZILE.

Oui, monsieur, vot' ressentiment est juste, je n'en disconvenons pas; mais à tout péché miséricorde. Vous aviez un père, autrefois; n' a' vous jamais eu besoin de son indulgence? Ne vous a-t-il jamais rien pardonné? Mettez la main sur la conscience, monsieur; traitez l' s'autres comme vous avez été ben aise qu'on vous traitît vous-même. Charles n'a manqué que parce qu'il a le cœur bon; n'y a pas de quoi i' en vouloir toute la vie. Queu plaisir d' pardonner à son fils; d'adopter une famille qu'est si digne d'être heureuse! Queu doux momens vous pouvez vous procurer! Il ne sera pas r'tardé davantage; j'va chercher vot' fils, et vous n' me dédirez pas.

VERNEUIL père, avec effort.

Gardez-vous-en bien; je vous le défends.

BAZILE.

Comment, monsieur!...

VERNEUIL père, avec une tendresse qu'il s'efforce de dissimuler.

Je ne veux pas le voir.... Je ne veux pas le voir : mon cœur lui est à jamais fermé.

BAZILE.

Queu qu' c'est donc q' ces cœurs d' qualité, où qu' l'amitié va et vient à commandement! Vous n'aimeriez pas Charles, et vous êtes son père? C'est impossible, ça, monsieur. Quoi, quand j' l'avons secouru, nous qui ne lui sommes rien, qui ne l' connaissions pas, qui n'en avions pas seulement entendu parler, vous n' seriez pas honteux de vous montrer père sans naturel, et d'ajouter, à ce que souffre déja c' pauvre garçon, l' fardeau de vot' inimitié! Une haine éternelle est indigne d'un honnête homme, et on n' doit pas frapper l' faible qui demande grace... Mais, non, monsieur, non, vous ne persévérerez pas dans de pareils desseins. Vous avez trop compté sur vos forces : en faudrait de surnaturelles pour résister à un enfant repentant et soumis. Viens, Charles, viens, mon camarade; encore un effort, et tout est réparé.

SCÈNE IV.

VERNEUIL père, BAZILE, CHARLES.

BAZILE, entraînant Charles vers son père.

Le v'là, monsieur, repoussez-le, si vous en avez le courage.

CHARLES, se jetant aux pieds de son père.

Mon père !

VERNEUIL père, se cachant le visage.

Laissez-moi, laissez-moi.

CHARLES.

Vous me rejetez de votre sein ! Mon père ! que vous ai-je fait ?

VERNEUIL père, se tournant vers son fils.

Ce que tu m'as fait, cruel enfant ! Tu oses me le demander !.... Dans quel état je le revois !.... Portant les livrées de la misère, manquant de tout, peut-être... Ah ! Charles ! Charles !

CHARLES.

Mon père, mon digne père !

VERNEUIL père.

Viens-tu aggraver mes chagrins, ou viens-tu les effacer ? Mon cœur saigne en te revoyant. Je ne peux supporter cet aspect qui me tue. Tu me connais, ingrat : dis un mot, et mes bras te sont ouverts.

CHARLES.

Ordonnez, mon père. Je vous respecte : je fais plus, je vous aime tendrement. Il m'est affreux de vivre loin de vous. Que ne ferais-je pas pour regagner votre tendresse ! Ordonnez, ordonnez. Je suis prêt à vous sacrifier tout, tout, excepté la nature et l'honneur.

VERNEUIL père.

Charles, tu vois ma faiblesse : j'aurais voulu en vain te la cacher. J'ai imposé silence à ton frère, j'ai résisté à ton ami ; mais mes forces sont épuisées, et je me montre tel que je suis. Je ressens à la fois tes douleurs et mes peines. Leur réunion est trop forte ; je ne puis la soutenir. Mon ami, aie pitié de ma vieillesse ; ne me fais pas descendre au tombeau avant le temps ; ne m'oblige pas à m'armer contre mon sang, à faire retentir les tribunaux de mes plaintes, à t'accabler enfin, quand tu peux te rendre encore. Vois mes larmes ; elles coulent devant toi, et je n'en rougis point : c'est un tribut que m'arrache la nature, et tu n'y seras pas insensible.

CHARLES.

Malheureux ! qu'ai-je fait ? J'ai porté la mort dans le sein de mon père. Mon père, pardonnez-moi.

VERNEUIL père.

Ah ! qu'ai-je désiré, que de pouvoir t'absoudre ?

BAZILE.

Vous le voyez, m's amis ; dans ce monde i' n's'agit que de s'entendre.

CHARLES.

Livrez-vous à toute votre bonté, mon père ; reconnaissez ma femme, adoptez mon enfant.

VERNEUIL père, se détournant.

Je ne le puis, je ne le puis.

CHARLES.

Vous le ferez, mon père, si je vous suis cher encore.

VERNEUIL père.

Charles, tu veux abuser de mon état, me contraindre à une démarche que je rétracterais dès que je serais rendu à moi-même. Quelle est donc la tyrannie des passions, quelle est donc leur violence, si elles nous égarent ainsi !

CHARLES.

Oui, mes passions m'ont égaré, mon père, j'en fais l'aveu devant vous; mais elles m'égarèrent à un âge où on ne connaît pas le danger; elles m'égarèrent quand j'osai adresser à Caroline les premiers vœux de cet amour que vous avez condamné. Voilà mon unique faute, la seule dont je puisse me repentir. Mais une enfant arrachée à ses parens, entraînée dans une terre étrangère; des sermens que vous avez proscrits, mais que j'ai prononcés dans toute la ferveur de mon ame; mon exactitude à les observer; ma constance envers mon épouse; ma tendresse envers mon enfant, sont-ce là des liens frivoles que le respect filial doive annuler, que votre sévérité puisse rompre? Vous m'ordonnez d'être enfant soumis, et vous me défendez d'être père ! Il faut admettre tous les devoirs du sang ou les rejeter tous également. Faibles et innocentes créatures, dont l'une s'est confiée à moi, dont l'autre me doit l'existence, je tiens à vous plus qu'à la vie, et jamais je ne vous abandonnerai, j'en atteste le ciel, ce ciel témoin de mes promesses.

Que ses malédictions m'accablent, que sa main toute-puissante s'appesantisse sur moi, si des préjugés l'emportent sur l'honneur, et si la tyrannie fait taire la nature!

SCÈNE V.

VERNEUIL père, CHARLES, BAZILE, CAROLINE, dans le fond.

VERNEUIL père.

Malheureux, qu'as-tu dit? Tu accuses de tyrannie un père qui va au-devant de toi, qui ne profère que des paroles de paix, qui la porte dans son sein, et qui veut la faire passer dans le tien. Sais-tu que j'ai fait tout ce que tu pouvais attendre d'un père indulgent et sensible; que le mépris de mes bontés va rallumer les sentimens de vengeance que je voulais étouffer? Ne crains-tu pas, fils ingrat et dénaturé, que la malédiction du ciel, cette malédiction que tu as pu invoquer, ne soit précédée de la mienne?

CAROLINE, à part.

Ah! malheureuse!

CHARLES.

J'en mourrais peut-être; mais je la recevrais avec la fermeté du courage, et la résignation qu'inspire l'innocence.

VERNEUIL père.

L'innocence qui brave un père!

CHARLES.

Un père qui exige l'impossible.

CAROLINE, à part.

Je suis perdue.

VERNEUIL père.

Si vous étiez à ma place, vous permettriez-vous ce que vous me demandez ?

CHARLES.

Si vous étiez à la mienne, vous conduiriez-vous autrement? Répareriez-vous une faute par un crime? Vous laisseriez-vous intimider par de vaines menaces?

VERNEUIL père.

Ainsi donc ces menaces, loin de vous ramener à votre devoir, irritent un caractère fougueux, qui dès long-temps ne connaît plus de frein? Charles, Charles, ce moment est le dernier qui vous reste. Vous en profiterez, si vos passions vous permettent encore de réfléchir.

CHARLES.

J'ai résisté à vos larmes, jugez, mon père, si rien peut m'ébranler.

VERNEUIL père.

C'en est assez. Je me montrerai aussi inflexible que le barbare que rien ne peut amollir. Je le romprai, n'en doutez pas, ce nœud frivole que vous révérez, et que je méprise. Aujourd'hui, aujourd'hui même, vos juges et les miens entendront mes plaintes, et ils n'y seront pas insensibles.

CAROLINE, à part.

Il ne me reste que ce parti, et j'y suis décidée. (*A Verneuil père.*) Épargnez-vous, monsieur, une démarche inutile. C'est assez du mépris que vous me marquez, sans y ajouter un éclat déshonorant pour tous trois. La loi parle en votre faveur; profitez-en sans l'invoquer. Victime innocente, je me soumets, je me résigne au coup qui me menace. Loin d'armer le père contre le fils, je m'immolerai pour les réunir. Jamais l'amour ne me parla aussi haut en faveur de Charles, qu'au moment où je le perds à jamais; mais je lui impose silence, j'étouffe ses plaintes et ses regrets. Charles était mon époux, je pouvais, je devais le croire; je vous le rends, monsieur, il est libre, et du moins vous ne l'arracherez pas de mes bras.

CHARLES.

Caroline, que fais-tu?

CAROLINE.

Ce que je dois. C'est pour toi que j'ai abandonné mes parens et ma patrie; c'est pour toi que j'ai supporté la misère. Je t'immole à présent ma réputation. (*A Verneuil père.*) Voilà le dernier de mes sacrifices, monsieur; la mesure de l'infortune est comblée. Malheureuse de n'avoir plus rien à offrir à l'amant que j'adorai, et à l'époux qu'il faut que j'abandonne.

VERNEUIL père, à part.

Que sa douleur est touchante! Pourquoi faut-il.....

CHARLES.

N'atteste pas l'amour. Il ne connut jamais ces sacrifices affreux, dictés par la crainte, arrachés par la force. Si ton cœur, comme le mien....

CAROLINE.

Arrête, n'ajoute pas à l'horreur de ma situation. Eh! ne sens-tu pas, ingrat, que l'état humiliant où je me réduis pour toi, est la preuve la plus forte que je puisse te donner de mon amour; que l'amour seul est capable de ce dévouement absolu, de ce courage surnaturel qui te rendent à toi-même et à ton père? Toi qui allais calomnier mon cœur, je mépriserais le tien, si tu doutais de ce qu'il m'en coûte pour remplir cet horrible devoir.

BAZILE, à Verneuil père.

Et tout ça n' vous émeut pas? C'est incompréhensible!

VERNEUIL père à Caroline.

Je commence à vous connaître et à vous apprécier. Votre délicatesse ne sera pas sans récompense : je me charge de votre bien être, j'éléverai l'enfant malheureux.....

CAROLINE.

Vous me connaissez, dites-vous, et vous croyez que je recevrai vos bienfaits; que je vous confierai ma Cécile! Moi, je mettrais un prix à mon honneur; je livrerais mon enfant à celui qui lui arrache son père! C'est alors que je mériterais mon sort. Non, monsieur; seule, ignorée et pauvre, mais courageuse et patiente, je ne devrai rien qu'à mon travail. J'éléverai mon enfant dans cette heureuse obscurité, où l'on cultive encore les vertus de la nature. Elle apprendra de moi à souffrir sans se plaindre, à pardonner à ses oppresseurs; et, si je suis condamnée à pleurer sa naissance, je vivrai pour réparer ma faute, et je mourrai sans remords.

(Elle sort.)

SCÈNE VI.

VERNEUIL père, CHARLES, BAZILE.

VERNEUIL père.

Je suis dans une agitation... J'éprouve un trouble.... Ma tête n'est plus à moi.... Charles, je conçois la force du sentiment qui vous attache à Caroline. De toutes les femmes que je connais, c'est celle qui vous conviendrait le plus parfaitement, si elle joignait à son mérite et à ses agrémens personnels, ce qui rend la vie douce, et ce qui la fait aimer.... J'aime, je plains votre Caroline.

CHARLES, hors de lui.

Vous l'aimez !.... vous l'aimez !.... (*A Bazile.*) Entends-tu ? mon père dit qu'il l'aime.

VERNEUIL père.

J'ai besoin de me recueillir ; mon fils, retirez-vous. Je ne vous dis pas ce que je voudrais pouvoir faire... ce que je ferai peut-être ; mais dans tous les cas soyez convaincu, mon cher Charles, que votre père est votre meilleur ami.

(Charles lui baise les mains.)

BAZILE.

Viens, Charles, viens, mon ami : ne dérangeons pas ce brave homme-là. Mais d' queuque façon qu' ça tourne, sois sûr que Bazile te reste, et compte toujours sur son cœur et sur ses bras.

CHARLES.

Je me retire, mon père; je vous laisse à vos réflexions. Pensez à trois personnes, que vous pouvez élever du fond de l'abîme au comble de la félicité. Quel que soit l'évènement, j'emporte votre estime. Oui, vous m'estimez, mon père; je vous connais trop pour en douter, et cette persuasion me soutient et me console.

SCÈNE VII.

VERNEUIL père, seul.

Oui, je t'estime, et comment m'en défendre! Comment résister à des attaques multipliées, contre lesquelles ma raison est impuissante.... Ils me l'avaient bien dit, cette femme est étonnante. Oui, je l'avoue, à la place de cet infortuné, je ne me conduirais pas autrement..... Cependant, puis-je céder? Cruelle incertitude!... Et pas un ami près de moi à qui je puisse me confier, dont les conseils viennent à mon aide.... Quelle pénible situation!

SCÈNE VIII.

VERNEUIL père, un LAQUAIS.

LE LAQUAIS, annonçant.

Monsieur le comte de Préval.

VERNEUIL père.

Faites entrer.

(Le laquais sort.)

SCÈNE IX.

VERNEUIL père, Le Comte de PRÉVAL.

LE COMTE, l'embrassant.

Eh! mon cher Verneuil, que je suis aise de vous voir! il y a douze ans au moins que je n'ai eu ce plaisir.

VERNEUIL père.

Il est vrai, monsieur, qu'il y a long-temps que nous nous sommes perdus de vue. Votre crédit est, dit-on, porté au plus haut point : je vous en félicite. Mais je ne suis à Paris que d'hier ; comment avez-vous su....

LE COMTE, d'un ton de fausseté.

J'étais ce matin chez le ministre; on a parlé de vous. Quelqu'un a dit vous avoir vu arriver. Je me suis empressé de vous chercher, et de venir vous offrir mes bons offices.

VERNEUIL père.

Vous me faites plaisir. Je ne connais plus personne à Paris, et je serai bien aise de pouvoir m'y réclamer de quelqu'un qui y jouisse d'une certaine considération.

LE COMTE.

Je suis l'homme qu'il vous faut, et je suis enchanté d'être ici. Mais quelle affaire vous a donc conduit à Paris?

VERNEUIL père.

Un projet, médité depuis long-temps, adopté avec

peine, et que, peut-être je n'aurai pas la force d'exécuter.

LE COMTE.

C'est peut-être l'escapade de votre fils aîné, qui....

VERNEUIL père.

Vous en êtes instruit?

LE COMTE.

Eh! sans doute. Il en a été question ce matin dans les bureaux. On vous plaint, on s'étonne de ce que vous ne l'empêchez pas...

VERNEUIL père.

J'étais venu dans le dessein de rompre ce mariage.

LE COMTE.

Plaisant mariage! Combien, vous et moi, en avons-nous contracté de semblables?

VERNEUIL père.

Ce n'est pas le moment de plaisanter, monsieur. Je ne suis pas remis encore du trouble où m'ont jeté ces deux infortunés.

LE COMTE.

Vous les avez vus!

VERNEUIL père.

Hélas! oui.

LE COMTE.

Et ils vous ont touché, sans doute?

VERNEUIL père.

Ah! au-delà de toute expression.

LE COMTE.

On aura joué la douleur, la probité; on aura hasardé quelques larmes, auxquelles vous aurez répondu par les vôtres, et au lieu d'user de votre autorité, vous aurez peut-être donné les mains...

VERNEUIL père.

Non, monsieur, non, je ne suis pas aussi facile que vous l'imaginez. J'ai été sensiblement touché, je l'avoue, du désespoir de mon fils. Ses prières m'ont ému, ses raisonnemens m'ont presque persuadé. Cependant je n'ai rien promis, et je suis maître encore du parti que je voudrai prendre.... Mais c'est qu'il est si difficile de juger sainement dans sa propre cause! D'ailleurs ils sont tous contre moi. Ils m'attaquent avec tant d'avantages.... Cette femme surtout....

LE COMTE.

On la dit très-jolie.

VERNEUIL père.

Très-jolie, non.

LE COMTE, à part.

Il est difficile.

VERNEUIL père.

Mais si intéressante! une façon de penser si délicate, une noble fierté qui lui sied si bien!

LE COMTE.

Ces femmes-là sont adroites.

VERNEUIL père.

Non, non, il y avait une force, une explosion de sentiment, dont l'art ne saurait approcher.

LE COMTE.

Vous l'avez cru.

VERNEUIL père.

Je n'en saurais douter.

LE COMTE.

En ce cas, mon ami, mes conseils vous sont inutiles.

VERNEUIL père.

Au contraire, Préval, il m'en faut de solides, de soutenus, si je veux me soustraire à la séduction.

LE COMTE.

Quoi! vous avez été sur le point de céder à leurs sollicitations?

VERNEUIL père.

Oui, monsieur, et dans ce moment même je ne sais encore à quoi je vais me résoudre.

LE COMTE.

A propos, on dit que Charles allait avoir un régiment, lorsque....

VERNEUIL père.

On le lui avait promis.

LE COMTE.

Il y a déja quelques années. Il serait près de passer aux grades supérieurs. Plaisanterie à part, mon cher Verneuil, il serait fâcheux de laisser croupir ce jeune homme dans le genre de vie qu'il a adopté. Il est d'âge encore à réparer ses sottises, et vous conviendrez que lui pardonner celles qu'il s'est déja permises, ce serait l'encourager à en faire de nouvelles.

VERNEUIL père.

C'est ce que je me suis dit cent fois.

LE COMTE.

Mais cela ne suffit pas, mon bon ami. Il fallait agir et aller droit au but. Votre inaction, dans cette affaire, vous fait le plus grand tort dans le monde. Les gens sensés vous blâment ; les indifférens vous raillent ; quelques-uns vous plaignent ; mais il règne, dans tous ces propos, un ton amer qui m'a souvent fait souffrir pour vous. Le ridicule dont on charge votre conduite m'affecte sensiblement. D'ailleurs ces sortes de mariages ne sont jamais heureux. Les difficultés irritent l'amour ; les persécutions le soutiennent ; mais n'a-t-il plus rien à craindre ou à désirer, le charme s'évanouit ; l'épouse, parvenue à son but, cesse de se contraindre, et l'époux détrompé voit, avec douleur, son état et sa fortune sacrifiés à des chimères. Le dégoût arrive, l'humeur suit, et ceux qui croyaient s'adorer toute la vie, sont étonnés de ne pouvoir plus se supporter.

VERNEUIL père.

Vos principes sont les miens ; mais cet enfant....

LE COMTE.

Oh! pour l'enfant, je vous le recommande, mon ami ; il faut faire quelque chose pour lui.

VERNEUIL père.

C'est bien mon intention. Pauvre enfant, sous quels auspices es-tu né !

LE COMTE.

En effet, tout cela est embarrassant ; mais enfin quel parti prenez-vous ?

VERNEUIL père.

Je vous le demande. Vous êtes de sang-froid; vous avez toute votre raison, et moi....

LE COMTE.

Oui, je conçois qu'il vous faut nécessairement un guide qui....

VERNEUIL père.

Soyez-le, Préval. Prononcez sans feinte, sans détour.

LE COMTE.

Vous me le permettez?

VERNEUIL père.

Je vous en prie.

LE COMTE.

C'est que je crains de vous déplaire. D'ailleurs, ce que je vous ai déja dit doit vous faire pressentir ce que j'ajouterais, si j'osais.....

VERNEUIL père.

J'entends, vous me conseillez d'employer l'autorité.

LE COMTE.

Puisque vous voulez que je vous parle franchement, vous ne pouvez vous en dispenser.

VERNEUIL père.

Je devais aller aujourd'hui chez mon procureur.

LE COMTE.

Pourquoi faire?

VERNEUIL père.

Pour entamer ce malheureux procès.

LE COMTE.

Vous n'y pensez pas, mon ami. Vous voulez employer les voies juridiques, dont la lenteur laissera à votre fils les moyens de vous échapper encore? Il retournera d'où il vient, et ne craindra rien de vos poursuites. Et puis, il est majeur : son mariage cassé, qui l'empêchera d'en contracter un selon nos lois?

VERNEUIL père.

Je n'avais pas fait cette réflexion.

LE COMTE.

Il faut absolument le séparer de cette femme.

VERNEUIL père.

Il n'y consentira jamais.

LE COMTE

Nous saurons l'y contraindre.

VERNEUIL père.

Et comment?

LE COMTE.

Un ordre du roi....

VERNEUIL père.

Faire enfermer mon fils!

LE COMTE.

Je ne vois que ce moyen.

VERNEUIL père.

Ce moyen est affreux. Achever d'aigrir un jeune homme déja trop violent; me fermer à jamais son cœur!.... Ah! Préval! Préval!

LE COMTE.

Qu'on est faible, quand on est père!

VERNEUIL père.

Qu'on est dur, quand on ne l'est pas!

ACTE III, SCÈNE IX.

LE COMTE.

Je vous demande pardon, mon ami, de vous avoir donné un conseil qui paraît vous déplaire, mais que vos instances m'ont arraché.

VERNEUIL père.

Faire renfermer mon fils!

LE COMTE.

N'en parlons plus, mon ami, n'en parlons plus. J'ai eu tort de me mêler de cette affaire, et je....

VERNEUIL père.

Non, Préval, non. Vous voyez mieux que moi, sans doute : vous n'êtes pas aveuglé par cette tendresse qui se révolte à la seule idée d'un enfant dans les fers.

LE COMTE.

Il serait un moyen d'abréger sa détention, et de vous mettre à votre aise.

VERNEUIL père.

Lequel? Je l'adopte sans balancer.

LE COMTE.

Charles enlevé, Caroline et son enfant sont à votre discrétion. Vous placerez l'un dans des mains étrangères, et sous un nom supposé; vous éloignerez l'autre, à qui vous paierez une modique pension, à condition qu'elle se conduira selon vos vues, et sa misère est un sûr garant de sa docilité.

VERNEUIL père.

C'est que tout cela nécessite des procédés si durs, si cruels! Charles fera tôt ou tard des perquisitions...

LE COMTE.

Rien de si aisé que de les rendre inutiles. On peut répandre adroitement dans le public que Caroline et son enfant n'ont survécu que peu de temps à l'enlèvement de votre fils.

VERNEUIL père.

Il n'en croira rien.

LE COMTE, à demi-voix.

Je connais un juge de province qui constatera leur décès par un décret dans les formes.

VERNEUIL père, après un moment d'horreur.

Cela ne se peut pas.

LE COMTE.

Je vous en réponds.

VERNEUIL père.

Un magistrat, prononcer contre la vérité, contre sa conscience!

LE COMTE.

Celui-ci le fera sans difficulté.

VERNEUIL père.

Ce juge est un fripon.

LE COMTE.

Sans doute, mais il en faut : on les méprise, et on s'en sert.

VERNEUIL père.

Votre plan est bien concerté ; mais il y a dans cette marche une duplicité qui me répugne.

LE COMTE.

Songez qu'au moyen de ces arrangemens, Charles, enlevé dans deux heures, peut vous être rendu dans

ACTE III, SCÈNE IX.

six semaines, dans un mois; on ne prendra que le temps nécessaire pour éloigner sans retour des objets qui seraient toujours dangereux pour lui.

VERNEUIL père.

Charles, enlevé dans deux heures!

LE COMTE.

Oui, mon ami, dans deux heures, et je me chargerai des détails, pour ménager votre sensibilité.

VERNEUIL père.

Mais cet ordre du roi, qu'il faut solliciter, obtenir.....

LE COMTE.

J'en ai toujours en blanc, et je n'en abuse pas, comme vous le voyez. (*Avec chaleur.*) Allons, mon cher Verneuil, êtes-vous bien d'accord avec vous-même? Ce que vous devez à la société, à votre fils, et à vous, l'emportera-t-il enfin sur les répugnances puériles qui vous arrêtent, sur la faiblesse qui vous déshonorerait, si vous consentiez à un mariage ridicule et révoltant? Pardon, si je mets autant de force dans mes représentations; mais je vous ai toujours chéri, et je ne puis m'empêcher d'ajouter que vous avez assez fait pour la nature, et qu'il est temps de vous montrer homme, et d'en déployer toute la fermeté.

VERNEUIL père.

Qu'il m'en coûte pour me rendre! Mais je sens qu'il le faut.

LE COMTE.

Oui, mon ami, il le faut.

VERNEUIL père.

Du moins, que tout se passe sans éclat.

LE COMTE.

Sans éclat.

VERNEUIL père.

Ménageons des infortunés, adoucissons le coup que nous allons leur porter.

LE COMTE.

On mettra dans les procédés toute l'aménité possible.

VERNEUIL père.

Vous me ferez avertir quand mon malheureux fils n'y sera plus. J'irai, je verrai cette femme.

LE COMTE.

Non, Verneuil, je ne suis pas d'avis que vous la revoyiez; votre excessive bonté vous trahirait encore. Je me charge de sa retraite, et de lui faire parvenir vos bienfaits.

VERNEUIL père.

Je la verrai, monsieur; c'est un adoucissement que je dois à sa situation : je lui dois compte des motifs de ma conduite, je lui dois des consolations. Trop heureux si je pouvais, en calmant sa douleur, rendre mes chagrins moins cuisans..... Allez, Préval, allez me rendre ce funeste service, et laissez-moi renfermer mes larmes, mes combats et mes regrets.

(Il sort.)

SCÈNE X.

Le COMTE, seul.

Ces provinciaux sont durs à persuader. Pauvres gens, qui ne sentent pas que le grand art est de tirer parti des circonstances, et même de faire naître celles qui sont nécessaires à nos projets......Enfin, la belle et cruelle Caroline est à ma discrétion. Le bon homme de père la verra, dit-il; je le préviendrai, et si elle est récalcitrante, on la mettra aussi en lieu de sûreté : c'est un excellent moyen que la persécution, et qui ne manque jamais son effet.

FIN DU TROISIÈME ACTE.

ACTE QUATRIÈME.

Le théâtre représente le logement de Charles.

SCÈNE I.

CAROLINE, SEULE, assise, tenant son enfant sur ses genoux.

JE me suis donc condamnée à des peines éternelles!.... Ma Cécile....cher et malheureux enfant! Si jamais le secret de mon infortune t'est dévoilé, tu plaindras ta pauvre mère, et tu l'aideras à supporter son sort; tu sécheras mes larmes, ou tu en diminueras l'amertume en y mêlant les tiennes. Oui, nous pleurerons, toi, ton père; moi, mon époux : nous serons l'une et l'autre accablées de notre situation; mais nous gémirons ensemble, et du moins, j'aurai quelqu'un qui pourra répondre aux cris de ma douleur.

SCÈNE II.

BAZILE (*), CHARLES, CAROLINE, CÉCILE.

CHARLES, se jetant dans les bras de sa femme.

Victoire, victoire, Caroline! J'étais ton époux de

(*) Bazile, après avoir fini de parler, emmènera l'enfant sans affectation, et rentrera de même vers la fin de la scène.

ton choix, je vais l'être du consentement de mon père. Si tu savais l'effet qu'a produit ton noble dévouement; si tu savais qu'il t'aime, qu'il te plaint, qu'il en convient; si tu savais enfin qu'il m'estime, qu'il m'a promis....

BAZILE.

Doucement, doucement; il n'a rien promis encore.

CHARLES.

Il n'a rien promis encore? Un père menaçant qui s'adoucit, qui reçoit des marques de ma tendresse, qui m'en donne de la sienne, n'est pas un père désarmé et vaincu? Que peut-il davantage?

BAZILE.

Signer, mon ami, signer.

CHARLES.

Il signera, je n'en saurais douter. Si son cœur n'eût été touché, ses discours, ses gestes, son émotion apparente seraient le comble de la duplicité, et mon respectable père en est incapable.

CAROLINE.

Mon ami, il a reçu mon sacrifice.

CHARLES.

La réflexion le lui a fait rejeter.

CAROLINE.

J'ai lu dans le cœur de ton père.

CHARLES.

Les apparences t'ont trompée.

CAROLINE.

Tu le veux? Hé bien, mon ami, je me livre à l'espoir

qui te séduit ; il m'est trop doux de le partager, pour le combattre.

CHARLES.

Oui, Caroline, nous pouvons nous y livrer ; mon père est rendu, je le répète, je ne peux en douter, et nous touchons au moment du bonheur.

SCÈNE III.

BAZILE, CHARLES, CAROLINE, CÉCILE, un EXEMPT.

L'EXEMPT, d'un ton ferme.

C'est ici la demeure de Charles Verneuil?

BAZILE.

Oui, monsieur, c'est ici. Queu qu'y a pour votre service?

L'EXEMPT.

Est-ce vous, jeune homme?

BAZILE, après avoir fixé l'Exempt, Charles et Caroline.

Oui, monsieur, c'est moi.

L'EXEMPT.

Je vous arrête par ordre du roi.

BAZILE.

Marchez, monsieur, je vous suis.

CHARLES.

Demeure, malheureux, demeure. N'ajoute pas à mes maux l'infamie et les remords. Crois-tu que je me prête à cette horrible supposition? Plus je te connais, et plus tu me deviens cher ; mais mes malheurs ne doivent tomber que sur moi. (*A l'Exempt.*)

Cet honnête homme vous trompe; il est mon ami, ce mot explique sa conduite : c'est moi qui suis la victime désignée.

CAROLINE.

Tu ne me quitteras pas. Si mon sacrifice devient inutile, je retire ma parole, et je ne connais plus que mon époux. C'est lui que je tiens, que je serre dans mes bras, et je ne vous le rendrai qu'avec mon dernier soupir.

L'EXEMPT.

Madame, votre situation m'intéresse; je voudrais pouvoir l'adoucir.

CAROLINE.

Vous en êtes le maître. (*Montrant Bazile.*) Ce galant homme vous en a offert les moyens.

L'EXEMPT.

Je ne puis m'y prêter sans trahir mon devoir. Marchez, monsieur.

CHARLES.

Si je n'écoutais que ma haine du despotisme, que l'horreur que doivent inspirer ses suppôts, j'aurais déja vengé sur vous, et les violences que vous avez commises, et celle que vous venez consommer. Si l'ordre que vous me signifiez n'avait l'aveu de mon père, de ce père cruel qui n'embrassait son fils que pour mieux l'assassiner, et que je respecte encore au moment où il m'ôte plus que la vie, oui, ou le désespoir terminerait ma carrière, ou j'échapperais à l'oppression... Que dis-je? Eh! pourquoi présenter une tête innocente au coup que l'on vient me porter? Pourquoi trahir, par une lâche obéissance, la société blessée dans un de ses membres, et ma famille dont je suis l'unique support? Je me défendrai, n'en doutez pas; et si je succombe sous le nombre, j'aurai vécu et je serai mort libre.

L'EXEMPT.

Marchez, vous dis-je.

BAZILE, bas à Charles.

Faut-il toucher?

(Charles le retient.)

CAROLINE, serrant son mari dans ses bras.

Vous ne l'aurez pas... vous ne l'aurez pas.

CHARLES, se débarrassant des bras de sa femme.

Non, vous ne m'aurez pas.

L'EXEMPT.

J'ai ordre, monsieur, d'éviter l'éclat; mais je dois employer la force si j'éprouve de la résistance. Je serais au désespoir d'être obligé de rassembler mes gens.

CHARLES.

Vos gens!.... Vos gens!....

CAROLINE.

Qu'ils viennent.... qu'ils voient mon état, mon désespoir; et s'ils y sont insensibles, qu'ils ajoutent à leurs forfaits l'assassinat d'une femme. Ils n'ont que ce moyen de l'arracher à ma tendresse. Votre ordre affreux vous autorise-t-il à répandre mon sang? Frappez, délivrez-moi, d'un seul coup, et de moi-même, et de mon amour, et de l'horreur que vous

ACTE III, SCÈNE IV.

m'inspirez... Je ne me connais plus.... je ne sens.... je ne puis.... je me meurs.

(Elle tombe.)

CHARLES, courant à elle.

Ma femme!... mon ami!

L'EXEMPT, à Charles.

L'instant est favorable; il faut en profiter.

CHARLES.

M'éloigner d'elle!... la laisser mourir!... Quoi! barbare, ton cœur ne te dit rien!... Ah! mon père! mon père!

L'EXEMPT, s'approchant de Charles.

Pour la dernière fois, obéissez.

BAZILE, tenant un tabouret.

Taisez-vous, ou, par la mort, je vous fais sauter la cervelle.

SCÈNE IV.

BAZILE, CHARLES, CAROLINE, CÉCILE, un EXEMPT, VERNEUIL fils.

BAZILE, à Verneuil fils.

A nous, monsieur, à nous!... On arrête Charles, sur un ordre du roi.

VERNEUIL fils, l'épée à la main.

Je suis son frère, défendez-vous.

BAZILE, le tabouret levé.

J'sis son ami, et je vous assomme.

CHARLES, se jetant entre eux.

Arrête, Verneuil..... Arrête, Bazile..... Ma fureur

m'égarait : la seule idée d'un meurtre me contient et me désarme. Cet être est avili, mais enfin c'est un homme : il est moins coupable que ceux qui le dégradent. N'imitons pas nos tyrans, et respectons l'humanité ; ne vous souillez point d'un assassinat qui me serait inutile : l'ordre serait confié à d'autres mains.

(L'exempt marque son étonnement.)

VERNEUIL fils.

Cet ordre est surpris ; mon père n'en a pas connaissance.

L'EXEMPT.

C'est lui qui l'a sollicité.

VERNEUIL fils.

C'est une imposture.

L'EXEMPT.

Et c'est le comte de Préval qui m'a chargé de l'exécution.

CHARLES.

Préval !

VERNEUIL fils.

Préval ! Il a en effet parlé à mon père.

CHARLES.

Il lui a parlé, dis-tu ? Tout est expliqué.... Je ne concevais pas que mon père.... Préval.... Préval !... Il a pu ranimer un courroux !... Ah ! je suis perdu sans ressource : le monstre aime ma femme.

VERNEUIL fils.

Ta femme !

CHARLES.

Oui, ma femme : il a osé le lui dire.

VERNEUIL fils.

Il a parlé à mon père immédiatement après toi : il n'a pas eu le temps de demander cet ordre. (*A l'exempt.*) Celui dont vous êtes porteur est faux.

L'EXEMPT.

Il est bon. Le comte de Préval en a toujours à sa disposition.

VERNEUIL fils.

Ainsi donc il s'en sert pour masquer ses perfidies et ses scélératesses !... (*A l'exempt.*) Et vous, qui savez combien cet ordre est illégal, auriez-vous l'audace de l'exécuter ?

L'EXEMPT.

Ma liberté, ma fortune en dépendent.

VERNEUIL fils.

Si vous persistez, vous serez puni avec celui qui se permet tous les crimes, parce qu'il croit qu'une obscurité profonde les couvrira toujours. Je vais, je cours chez le ministre, je percerai jusqu'à lui, je lui découvrirai des attentats que sans doute il ignore ; il en frémira, s'il est vertueux : s'il ne l'est pas, je le forcerai de rendre à la vertu un hommage involontaire, en punissant des excès qu'il aurait dû prévoir ou réprimer. Enfin, monsieur, vous allez être le complice ou l'accusateur de Préval ; choisissez. Voyez d'un côté l'infamie et des châtimens, de l'autre l'estime publique et de justes récompenses. Le ministre ignore ce qui se passe, vous venez d'en faire l'aveu ; souvenez-vous-en, et décidez-vous.

L'EXEMPT, à part.

Il est ferme.

BAZILE, à l'exempt.

Monsieur, puisque je consentons à vous laisser vivre, laissez vivre l's autres. Vous ne connaissiez ni Charles, ni moi. Erreur n'est pas compte; mais, sans lui, vous m'emmeniez à sa place. Il en est temps encore; je vous en prie, je vous en conjure, emmenez-moi. Si c'brave jeune homme n'tire pas son frère d'là, hé ben! morgué, j'resterons en prison pour li, et j'y mourrons, avant de trahir l'secret qui assurera sa liberté. Allons, monsieur, eune bonne action. Vous n'en avez jamais fait, peut-être; mais il y a commencement à tout. Si vous saviez le bien qu'ça fait, une bonne action, vous ne balanceriez pas.

CHARLES.

Mon ami, mon respectable ami, je n'y consentirai pas.

BAZILE.

Tais-toi.... tais-toi.... N'faut à un homme comme moi que du pain : ça se trouve en prison comme ailleurs.

VERNEUIL fils.

Laissez faire ce digne homme; sa détention ne peut être de longue durée. Je déclarerai tout, dès que tu seras en sûreté.

SCÈNE V.

BAZILE, CHARLES, CAROLINE, CÉCILE, VERNEUIL fils, un EXEMPT, deux Gardes.

UN GARDE, à l'exempt.

Résiste-t-on, monsieur? Vous faut-il main-forte?

BAZILE.

Non, monsieur, on ne résiste pas. On dit adieu à sa femme, à son ami, et c'est bien naturel. (*Il embrasse Caroline.*) Adieu, Caroline. (*A Charles, en l'embrassant.*) Ne perds pas un moment. (*A Verneuil, en lui prenant la main.*) N'oubliez pas vot' pauvre frère. (*A l'exempt.*) Me v'là prêt à suivre vos ordres.

L'EXEMPT.

Marchons.

(*Bazile prend son chapeau, et l'enfonce sur ses yeux : il sort avec l'exempt et ses gardes.*)

SCÈNE VI.

CHARLES, CAROLINE, VERNEUIL fils.

VERNEUIL fils.

Que l'effroi ne succède point à votre noble fierté. Vous voilà tranquilles pour quelques momens, j'en saurai profiter. Ma sœur, calmez votre époux; Charles, console ta femme. Je cours, je vole, je n'aurai pas de repos que je n'aie assuré votre bonheur.

SCÈNE VII.

CHARLES, CAROLINE.

CHARLES, tombant sur un siége.

Ah! ma femme, ma femme! quelle épouvantable journée! que de maux à la fois! Mon père!... mon père!... vous avez consenti....

CAROLINE.

Mon ami, mon tendre ami, ton état me désole. Calme-toi, suis-moi, viens goûter un repos....

CHARLES.

Du repos!.... et mon ami est dans les fers!.... S'ils revenaient..... s'ils osaient, sans ménagement pour une femme infortunée.....

CAROLINE.

Ah! ce n'est pas à moi qu'ils en veulent. Je ne suis pas assez intéressante pour exciter leur fureur. Viens, mon ami, viens.

CHARLES.

Tu ne me quitteras pas?...... Caroline, tu me le promets?

CAROLINE.

Te le promettre!..... Je le ferais, que tu ne le croirais pas.

(Elle entre avec lui dans le cabinet.)

FIN DU QUATRIÈME ACTE.

ACTE CINQUIÈME.

SCÈNE I.

LE COMTE, seul.

Toutes les portes ouvertes, et personne... Charles est enlevé... Mais cette femme... cette femme... qu'est-elle devenue? L'aurait-elle suivi?.... La frayeur, le soupçon l'auraient-ils éclairée? Ai-je perdu, enfin, le prix de mes efforts?

SCÈNE II.

CAROLINE, LE COMTE DE PRÉVAL.

CAROLINE, *sortant du cabinet, et apercevant le comte.*
Ciel! Préval!

LE COMTE.

Ah! la voilà, la voilà. Je parais vous effrayer, belle Caroline. Calmez-vous; la crainte est le dernier sentiment que je veux vous inspirer. J'ai pour vous le plus vif attachement, et je vous l'ai prouvé en éloignant de vous un homme qui ne pouvait que nuire à votre fortune.

CAROLINE, *à demi-voix, et du ton de l'horreur.*
Sortez, monsieur, croyez-moi, sortez.

LE COMTE.

Renoncez, Caroline, à ces vertus de convention qui ne sont plus de notre siècle, ou plutôt, laissez ces petites ruses qui ne peuvent m'en imposer. Vous voyez ma franchise, imitez-la, montrons-nous tels que nous sommes; sachons l'un et l'autre ce que nous devons craindre ou espérer. Je n'entreprendrai pas de vous prouver qu'il est de votre intérêt de mettre fin à nos petits débats; vous avez assez d'expérience, vous avez assez souffert pour en être convaincue.

CAROLINE.

La plus cuisante de mes peines est d'être forcée de vous entendre.

LE COMTE.

Caroline, on peut acheter le bonheur par quelques soins, par quelques démarches; mais l'amour méprisé se change quelquefois en haine, et la mienne ne serait pas impuissante. Si je suis capable des plus grands sacrifices pour vous désarmer, je le suis également d'employer tous les moyens pour vous réduire (1). Faut-il vous avouer que, maître de l'esprit du comte de Verneuil, je dirige à mon gré ses sentimens, sa faiblesse et ses irrésolutions; que je ne suis comptable à personne des cruautés où je pourrais me porter, et que je puis ensevelir vos plaintes avec vous? Gardez-vous de m'aigrir davantage par une résistance déplacée; ne vous exposez pas à perdre, en un seul jour,

---

(1) Pendant cette tirade du comte, Caroline se retournera plusieurs fois vers le cabinet, en marquant son inquiétude.

et le rival que vous me préférez, et votre enfant, et votre liberté : voyez enfin en moi l'amant le plus soumis, ou l'ennemi le plus implacable. Mes gens sont postés, et n'attendent plus qu'un signal : il faut opter, et promptement.

SCÈNE III.

Le COMTE, CAROLINE, CHARLES.

CHARLES, furieux.

Menacer ma femme! menacer mon enfant!

LE COMTE, anéanti.

Charles!

CHARLES.

Lui-même, à qui tu pensais avoir ravi la liberté, et dont tu croyais séduire la compagne par tes promesses ou tes menaces. Le voilà, cet homme qui n'est coupable envers toi que d'avoir une femme vertueuse, et qu'il disputera à l'univers entier jusqu'à son dernier soupir... Tu baisses la vue, tu n'oses me fixer? L'opprimé fut toujours le spectacle le plus effrayant pour l'œil de l'oppresseur.... Tu te tais... tu frémis... Tu me crois capable, peut-être, de t'imiter, et de me venger de toi aussi lâchement que tu m'as attaqué.

SCÈNE IV.

Le Comte de PRÉVAL, CAROLINE, CHARLES, La FLEUR, dans le fond.

LA FLEUR.

Qui diable ont-ils donc emmené?

CHARLES.

Si je ne suivais que les affreux principes qui te guident, je te poignarderais.... Jamais la soif du sang ne fut aussi légitime, jamais elle ne fut plus pressante.

LA FLEUR, effrayé.

Appelons nos gens.

CHARLES.

Je brûle de t'immoler; mais je n'emploierai que les moyens avoués par l'honneur. Viens, traître, viens défendre une vie qui ne suffit pas pour expier tes forfaits, et si le sort des combats trahit l'innocence et la justice, au moins je n'aurai pas survécu à mes malheurs.

SCÈNE V.

Le Comte de PRÉVAL, CAROLINE, CHARLES, LA FLEUR, Gardes.

LA FLEUR aux gardes.

Saisissez, enlevez tout.

(Deux gardes s'emparent de Caroline, et un autre court au cabinet, et reparait avec l'enfant. Le reste de la troupe environne Charles, le serre et le saisit.)

CHARLES, se défendant.

Bazile, où es-tu?..... Ma femme!..... ma fille!.... (*Aux gardes.*) Laissez-les, laissez-les.... Je cède à la force.... J'obéis.

LA FLEUR.

Emmenez tout cela.

(Les gardes les entrainent.)

SCÈNE VI.

Le Comte de PRÉVAL, CAROLINE, CHARLES, VERNEUIL père, La FLEUR, Gardes.

VERNEUIL père.

Quel spectacle! Quelle horrible violence!

CHARLES.

Voyez, mon père, et repentez-vous.

CAROLINE, *tendant les bras à Verneuil père.*

Sauvez mon enfant! sauvez mon enfant!

VERNEUIL père, *aux gardes.*

Arrêtez, arrêtez, vous dis-je. Je suis le père de ces infortunés. (*A Préval, avec sévérité.*) Monsieur le comte, ce n'est pas là ce dont nous étions convenus, et vous répondrez de tout ce qui s'est fait sans mon aveu.

(*Caroline remporte son enfant, et se tient à la porte du cabinet, comme pour en défendre l'entrée.*)

LE COMTE.

J'ai cru vous obliger en vous délivrant à jamais de leurs criailleries.

CHARLES.

Le monstre vous a trompé et vous en impose encore : c'est lui seul qu'il a voulu servir, c'est sa flamme adultère qui vous a rendu barbare.

VERNEUIL père.

Qu'entends-je!

CHARLES.

Il adore Caroline. Moins vertueuse, elle en eût fait

mon ami, et il eût été mon protecteur auprès de vous.

VERNEUIL père.

Vous ne répondez rien, monsieur? Mon fils dirait-il la vérité?

CHARLES.

Je suis incapable de la trahir, même dans cette affaire, la plus importante de ma vie.

VERNEUIL père, au comte.

Je connais mon fils, et je le crois. Ce qui vient de se passer, votre embarras, votre silence, prouvent votre crime et m'éclairent. Loin de moi ces amis perfides qui, sous le voile d'un feint attachement, servent leurs propres intérêts, et sacrifient tout à l'égoïsme, dernière erreur d'une ame rétrécie et abjecte. Je ne consulterai plus que mon cœur, lui seul sera mon guide; si son excessive bonté m'égare, au moins ne me rendra-t-il jamais injuste et tyrannique.

SCÈNE VII.

Le Comte de PRÉVAL, La FLEUR, CHARLES, CAROLINE, VERNEUIL père, VERNEUIL fils, Gardes.

VERNEUIL fils, accourant.

Vous êtes sauvés! vous êtes sauvés! Je suis entré chez le ministre avec la rapidité de l'éclair; j'écarte ses valets, je perce la foule des solliciteurs, je parviens jusqu'à lui, et je tombe à ses pieds.

ACTE V, SCÈNE VII. 471

LE COMTE, à part.

Dieu!

VERNEUIL fils.

On vient de commettre un crime sous votre nom, lui dis-je, et j'ose vous en demander justice. Un scélérat, qui a surpris votre confiance, en fait l'instrument de ses passions. Mon frère a mérité une épouse vertueuse et belle. Préval a voulu la lui ravir. La noble résistance de cette femme, au lieu de le rendre à lui-même, l'a porté aux derniers excès. Il a conçu l'horrible dessein de faire enlever l'époux, pour subjuguer l'épouse sans défense et sans ressource. Mon père a consenti à ce projet, dont il ne prévoyait pas les suites; mon père, bon et aimant, s'est rendu aux malignes insinuations d'un homme qu'il connaissait mal; mais, monseigneur, quand vous lui confiez des blancs, devez-vous en ignorer l'emploi? Doit-on en faire un moyen de séduction et de tyrannie? Pouvez-vous tolérer de tels abus? Au moment où je vous parle, mon frère est peut-être accablé sous le poids de ses fers. Bon citoyen, bon fils, bon mari, bon père, il a des droits sacrés à votre estime, et vous le rendrez à ma tendresse. Mon père, mieux instruit, joindrait ses prières aux miennes; et si vous avez une grande place, monseigneur, ce n'est pas pour fouler le peuple, c'est pour le soulager; si vous êtes revêtu d'une autorité sans bornes, c'est qu'on vous en a cru digne, et vous trahiriez à la fois tous vos devoirs, en ne protégeant pas l'innocence opprimée, et en ne sévissant pas contre son oppresseur.

LE COMTE, à part.

Je suis perdu!

VERNEUIL fils.

Le ministre me relève, m'embrasse, me console. Ce n'est pas la première fois, dit-il, que Préval a abusé de ma confiance. J'ai cédé aux marques feintes d'un repentir simulé; ses excuses, ses prières, ne me tromperont plus. Je ne le condamnerai pas sans l'entendre; mais plus il m'a trouvé indulgent, plus je serai inexorable. Qu'il vienne me rendre compte de sa conduite; voilà l'ordre qui lui en fait une loi; voilà celui qui vous remet entre les bras de votre frère. (*Au comte.*) Je vous remets l'ordre du ministre; celui-ci est respectable, car il est juste. Allez méditer des moyens de défense, illusoires, faux, et qui demeureront sans effet. La probité, l'honneur et la nature vont s'élever contre vous, et vous n'étoufferez pas leur voix.

LA FLEUR, à part, au comte.

Sortons du royaume, monsieur; on nous contraindrait à devenir honnêtes gens.

(Le comte sort avec sa suite.)

SCÈNE VIII.

VERNEUIL père, VERNEUIL fils, CHARLES, CAROLINE.

CAROLINE, descendant le théâtre.

Ah! je respire!

ACTE V, SCÈNE IX. 473

CHARLES.

Ah! mon frère! Et Bazile, mon digne ami?

VERNEUIL fils, cherchant Bazile des yeux.

Il devrait être ici.... il va t'être rendu; un homme de confiance s'est chargé de le délivrer, et m'a promis de seconder mon impatience. Il ne te reste plus qu'à désarmer un père qui t'a toujours aimé, et qui révoquera sans doute un arrêt surpris par le vice et consenti par l'erreur. Trop heureux si je vois vos cœurs réunis enfin s'entendre et se répondre!

SCÈNE IX.

VERNEUIL père, VERNEUIL fils, CHARLES, CAROLINE, BAZILE.

BAZILE, sautant au cou de Charles.

Me v'là, mon ami, me v'là revenu, et mon pus grand plaisir est de te trouver encore respirant l' grand air.

CHARLES.

Ah! mon ami, je ne sais comment reconnaître....

BAZILE.

C' n'est pas la peine d' parler d' ça, tu vois ben qu' ça n'a duré qu'un moment.

CHARLES l'embrasse, et à son père.

Pardon, monsieur, si je me livre devant vous à toute ma sensibilité; mais il n'est pas mon père, et il ne m'a fait que du bien.

VERNEUIL père, avec douleur.

Vous nous rendez justice à tous deux. Ah! je l'avais

prévu, qu'une excessive sévérité me fermerait le cœur de mon fils.

CHARLES.

Que dites-vous, mon père! Jamais ce cœur ne vous chérit autant que lorsque vous semblez vous repentir.... Ne parlons plus du passé, ce souvenir vous fatigue et m'oppresse. Pardon, pardon, mon père, je vous afflige.... mais si vous daignez vous souvenir des paroles consolantes que vous m'adressâtes quand je vous quittai; si vous vous rappelez celles que vous venez de proférer en présence du comte, vous assurerez votre repos en décidant le mien. Que vous demandé-je? de ne pas vous déclarer mon ennemi. Gardez votre fortune, mais laissez-moi mon enfant; laissez-moi ma femme, ma chère femme; après ce qu'elle vient de souffrir, ce ne sera pas une grace que vous lui accorderez.

VERNEUIL fils.

Rendez-vous, rendez-vous. Un méchant vous a égaré; ses semblables vous condamneront peut-être, mais les honnêtes gens, les pères, les bons pères diront : Charles a trouvé des vertus, il en avait lui-même, et Verneuil ne les a pas séparés.

CAROLINE, avec timidité.

Monsieur, j'ose à peine ouvrir la bouche, mais vous devez m'entendre.

VERNEUIL père.

Mes enfans, mes enfans.... Si je croyais que cet hymen... si mes principes....

ACTE V, SCENE IX.

BAZILE, apportant l'enfant.

Je ne savons pas circonloquer, nous, mais j'apportons not' dernier argument. (*Mettant l'enfant dans les bras du père de Charles.*) V'là vot' fille, vot' petite fille, v'là vot' sang, v'là vos entrailles. Recevez c't' innocence qui ne vous connaît pas encore, mais qui bientôt vous redemanderait son père. Je ne sommes pas faible, nous, je ne sommes pas flatteur, je n' vous demandons pas grâce, mais je voulons justice, et vous nous la ferez, si vous n'êtes pas un Préval. (*A Charles.*) Il la regarde, il pleure, il l'embrasse. (*A Verneuil père.*) Hé bien, convenez, ventreguenne, qu' cinq cents lettres de cachet n' vous procureraient pas un moment comme sti-ci. (*A Charles.*) Il la rebaise. (*Lui frappant sur l'épaule.*) Eh! brave et digne homme, pleurez, baisez et revenez à nous.

VERNEUIL père.

Je ne résiste plus, je ne résiste plus. Pour me défendre aussi long-temps, il a fallu que.... Cet enfant sera la consolation de ma vieillesse qui s'approche; elle en adoucira les amertumes.

(*Tous tombent à genoux.*)

BAZILE.

Eh ben, quand j' vous l'ons dit, qu'un père est toujours père, et que bon sang ne peut mentir.

CHARLES.

Ah! mon père, les expressions me manquent.

VERNEUIL fils.

Que ne vous dois-je pas!

CAROLINE.

Ah! monsieur, mon ravissement... mon trouble... ma reconnaissance....

VERNEUIL père, les relevant.

Vous ne me devez rien, vous ne me devez rien. C'est moi peut-être qui ai besoin d'indulgence. Bazile, vous ne nous quitterez plus ; votre franchise, votre loyauté, votre excellent cœur, ne seront pas sans récompense, et vous la recevrez des mains de mon fils. Allons, mes enfans, venez prendre une place.... que vous auriez dû occuper plutôt. Charles, ma maison est la tienne, tu y conduiras ta Caroline, et je lui devrai encore quelques beaux jours. Mes enfans, je ne me suis montré sévère que par excès d'amour, et c'est ce même amour qui nous réunit tous aujourd'hui. Les honnêtes gens m'approuveront, je l'espère ; le suffrage des autres m'est indifférent.

FIN DE CHARLES ET CAROLINE.

L'AMOUR

ET

LA RAISON,

COMÉDIE

EN UN ACTE ET EN PROSE.

PERSONNAGES.

HORTENSE, jeune veuve.	Mlle CANDEILLE.
MONDOR, vieux garçon.	M. MONVEL.
AUGUSTE, cousin d'Hortense, jeune homme de seize à dix-sept ans.	M. VALLIENNE.
MARTON, suivante d'Hortense.	MAD. MONVEL.
DUMONT, valet de Mondor.	M. FUSIL.
UN NOTAIRE.	M. NOEL.
UN LAQUAIS.	M. FAUR.

La scène se passe dans l'appartement d'Hortense.

Représentée sur le théâtre de la République, en 1791.

L'AMOUR ET LA RAISON,

COMÉDIE.

SCÈNE I.

HORTENSE, MARTON.

(Elles sont assises à quelque distance l'une de l'autre. Hortense brode au métier, et Marton à la main.)

MARTON.

Il arrive aujourd'hui.

HORTENSE, *avec un soupir.*

Hélas! oui, mon enfant.

MARTON.

Cet hélas part de l'ame.

HORTENSE.

Que dites-vous, Marton?

MARTON.

Madame, je vous plains.

HORTENSE.

Ma chère amie, c'est à Mondor que je dus mon époux, cet époux qui me fut si cher; c'est à Mondor que cet époux mourant confia ma jeunesse; c'est Mondor qu'il nomma, si je devais jamais.....

MARTON.

Et voilà bien les hommes. Jaloux de leurs droits pendant leur vie, ils veulent les étendre au-delà du tombeau. Vous aimiez votre époux, c'est fort bien.

HORTENSE.

Il était si aimable!

MARTON.

Oui, madame, il était charmant; mais son ami ne lui ressemble guère.

HORTENSE.

Marton!

MARTON.

Non, madame, Mondor ne lui ressemble pas. C'est un ami solide, raisonnable et raisonnant; mais il n'a rien de ce qu'il faut pour remplacer un mari de vingt-cinq ans, et pour consoler une femme de votre âge.

HORTENSE, froidement et avec hauteur.

Il suffit, je crois, qu'il me plaise.....

MARTON.

Vous plaire! il en est loin.

HORTENSE.

Vous prétendez....

MARTON.

Voir mieux que vous dans le fond de votre ame. Non, vous ne l'aimez pas.

HORTENSE, avec humeur.

Mademoiselle!

MARTON, affectueusement.

Même quand vous boudez vos gens, vous êtes toujours adorable.

SCÈNE I.

HORTENSE.

Allons, finis, ma bonne amie : tu m'aimes, je le sais.... Mais....

MARTON.

En ce cas, laissez-moi donc dire. Est-ce mon intérêt qui me détermine? Est-ce moi qui dois épouser Mondor? Que vous êtes étranges, vous autres maîtres! Vous voulez qu'on vous serve, vous voulez qu'on vous aime, vous voulez qu'on vous devine; on vient à bout de tout cela à force de travail et de réflexion; crac, un bon caprice nous déjoue, nous éloigne, et pour s'épargner un moment de mauvaise honte, on se condamne à des regrets éternels.

HORTENSE.

Des regrets! Ah! Marton, des regrets avec Mondor?

MARTON.

Oui, madame, avec Mondor. N'a-t-il pas cinquante ans?

HORTENSE.

Hé, qu'importe? il a du mérite.

MARTON.

Un mérite..... sur le retour.

HORTENSE.

Il vient d'assurer ma fortune et mon repos, en terminant avec les héritiers de mon mari le procès le plus incertain.

MARTON.

Le grand miracle! Il n'est pas de mince procureur qui n'en eût fait autant.

HORTENSE.

J'espère que vous ne le confondez pas....

MARTON.

Ma foi, madame, la comparaison n'a rien de révoltant. Un procureur vous eût pris de l'argent, Mondor demande votre main : c'est mettre ses services au plus haut intérêt.

HORTENSE.

Il ne demande rien. Tendre, mais soumis, Mondor attend tout de ma délicatesse. Depuis deux ans qu'il s'est éloigné pour me servir, il ne m'a pas écrit une lettre qui ne fût dictée par le plus pur désintéressement. Mais, mademoiselle, ne lui dussé-je rien, les derniers vœux de mon époux....

MARTON.

Sont sans force dans le cas dont il s'agit. Lui donner pour successeur monsieur Mondor! c'est trop fort, en vérité, et je ne le souffrirai certainement pas.

HORTENSE.

Vos folies m'amusent quelquefois.

MARTON.

Ce n'est pas folie, c'est raison.

HORTENSE.

A la bonne heure; mais votre raison m'excède, finissez.

MARTON.

Quoi! sérieusement vous voulez....

HORTENSE.

Que vous vous taisiez, mademoiselle.

SCÈNE I.

MARTON.

Cependant, madame.

HORTENSE.

Silence, je l'ordonne.

(Elle se lève.)

MARTON.

Soit, je me tais. (*En poussant de côté le métier d'Hortense.*) Il ne sera peut-être pas si facile d'imposer silence à votre petit cousin.

HORTENSE.

Mon cousin? Un enfant.

MARTON, finement.

Un enfant? Oh! sans doute.

HORTENSE.

A qui je tiens lieu de mère.

MARTON.

Aussi, vous respecte-t-il infiniment.

HORTENSE.

Que d'un coup d'œil je fais tomber à mes pieds.

MARTON.

Et à qui l'attitude plaît beaucoup.

HORTENSE.

Le pauvre enfant n'est pas dangereux.

MARTON.

Cela peut être; mais il est bien aimable.

HORTENSE.

Il a pour lui la candeur de l'enfance.

MARTON.

Et une figure céleste, convenez-en.

HORTENSE, avec franchise.

Oui, il est bien.

MARTON.

Une gaîté franche.....

HORTENSE, se livrant davantage.

Et pleine d'esprit, Marton.

MARTON.

C'est ce que je voulais dire. Riant toujours, et montrant....

HORTENSE.

Les plus belles dents....

MARTON.

Les plus belles dents du monde........ Et cette fossette à la joue gauche......

HORTENSE.

Et ses espiègleries......

MARTON.

Charmantes, madame, charmantes.

HORTENSE.

L'art n'approche pas de tout cela.

MARTON.

Il n'en connut jamais; et quand il vous dit qu'il vous aime, c'est si naturellement....

HORTENSE, reprenant le ton sévère.

Il m'aime, il le doit.

MARTON.

Oh! il remplit ses obligations dans toute leur étendue.

HORTENSE.

Il sait ce qu'il doit à la reconnaissance.

MARTON.

C'est une belle vertu que la reconnaissance, mais je doute qu'il lui sacrifie son amour.

HORTENSE, avec sévérité.

Son amour ! Vous avez des expressions....

MARTON.

Bien révoltantes, peut-être, mais bien vraies, convenez-en.

HORTENSE.

Vous m'offensez, je vous en avertis.

MARTON.

C'est un malheur; mais je suis franche.

HORTENSE.

Votre opiniâtreté vise à l'impertinence.

MARTON.

Ah! madame, madame.... Mais le voici, ce cher enfant; il n'a pas l'air de bonne humeur, et je crains qu'il ne soit plus impertinent que moi encore.

SCÈNE II.

HORTENSE, AUGUSTE, MARTON.

HORTENSE, à Auguste qui, après l'avoir aperçue, veut s'éloigner.

Approchez, Auguste, approchez.

AUGUSTE.

Je ne voulais plus vous voir, madame, non, je ne le voulais plus.

HORTENSE, le contrefaisant.

Madame.... je ne voulais plus vous voir.... Quel langage, mon petit cousin ?

AUGUSTE.

Non, vous n'êtes plus ma cousine... non, je ne dois plus vous voir, puisque.... Enfin, madame.....

HORTENSE.

Ah! mon ami, comme tu me traites!

AUGUSTE.

Vous vous mariez, vous vous mariez, madame, et vous ne pensez pas à votre pauvre petit cousin.

HORTENSE.

Je ne vois pas qu'il puisse se plaindre.....

AUGUSTE.

Vous ne le voyez pas.... vous ne le voyez pas.... Je le crois, madame; les droits sacrés de monsieur Mondor......

HORTENSE.

Ce sont des droits qui doivent vous interdire les regrets, et même le plus léger murmure.

AUGUSTE.

Vous me jugez d'après vous. Vous êtes si raisonnable.

HORTENSE.

Qui vous empêche de l'être autant que moi?

AUGUSTE.

Il faudrait avoir votre insensibilité, et j'en suis bien éloigné. Croyez-vous, madame.....

HORTENSE.

Auguste, ne me parle donc plus ainsi, tu m'affliges.

AUGUSTE.

Je vous afflige, ma cousine, mon aimable cousine...

SCÈNE II.

mais pensez donc, réfléchissez à ma situation. Je croyais n'avoir pour vous que de l'amitié; le retour de Mondor m'éclaire.... Avez-vous cru que je passerais ma vie avec vous sans vous trouver charmante? Vous êtes-vous flattée que mon cœur vous disputerait long-temps la victoire? Avez-vous pensé que Mondor pourrait me ravir un espoir.... Il arrive, ce Mondor, et il vous épouse!... Hé! que suis-je donc, moi? S'il vous a rendu service, il n'a fait que ce qu'il a dû, que ce qu'un autre, que ce que tous les hommes à sa place eussent fait avec transport. Quels sont ses titres pour vous obtenir? ses cinquante ans? je voudrais les avoir, s'il les faut pour vous plaire. (*Tendrement.*) Mais je les aurai avec le temps, ma belle cousine; alors j'en aurai passé trente à vous adorer, à vous rendre heureuse, et dans trente ans, je partirai du point où Mondor se trouve aujourd'hui. Pensez-y, divine Hortense, cela vaut la peine d'y réfléchir.

HORTENSE.

Finissez, monsieur, vous êtes un enfant.

MARTON.

Mais un enfant bien aimable. Vous en conveniez tout à l'heure, madame.

AUGUSTE.

Un enfant bien aimable! Elle me trouve bien aimable, n'est-il pas vrai, Marton?

MARTON.

Oui, monsieur, charmant, et madame s'y connaît.

HORTENSE, à Marton.

Par excès d'attachement, vous vous ferez congédier.

AUGUSTE.

La congédier! la congédier! Mondor est contre moi, vous êtes contre moi, tout l'univers est contre moi ; il ne me reste que Marton, et vous voulez vous en défaire! Hé bien! madame, congédiez-la, je la prendrai à mon service.

HORTENSE.

Oui, je vous le conseille, cela serait charmant.

AUGUSTE.

Votre Mondor me déplaît à un point.... je le hais, au moins, je vous en avertis ; je le tuerai.... oh! je le tuerai.

HORTENSE.

Parlons raison, mon enfant.

AUGUSTE.

Il n'y a raison qui tienne, c'est dit, je le tuerai.

HORTENSE.

Monsieur, il a droit à vos respects.

AUGUSTE.

Je n'ai jamais appris à respecter un rival.

HORTENSE.

Continuez, monsieur, compromettez-moi, exposez ma réputation, affligez un galant homme....

AUGUSTE.

Un galant homme.... qui veut vous épouser!

HORTENSE.

Quel homme faut-il donc que j'épouse?

AUGUSTE.

Moi, madame, moi.

SCÈNE II.

HORTENSE.

Vous êtes honnête, sans doute, mais cela ne suffit pas.

AUGUSTE.

Je ne vois pas ce qui me manque.

HORTENSE.

Il faudrait d'abord n'être pas un enfant.

AUGUSTE.

Hé! qu'importe mon âge, si je sais vous aimer?

HORTENSE.

Avoir un état qui....

AUGUSTE.

J'en aurai bientôt un. Aujourd'hui, l'honneur, les mœurs, les talens mènent à tout, et je me sens abondamment pourvu de tout cela.

HORTENSE.

Vous êtes modeste.

AUGUSTE.

Je suis amoureux, et l'amour rend capable de tout; entendez-vous, madame, il rend capable de tout.

HORTENSE.

Ce jeune homme veut me faire la loi.

AUGUSTE, aux genoux d'Hortense.

Vous faire la loi? ah! Hortense, Hortense, qu'avez-vous dit? vous donner des lois, moi qui suis soumis aux vôtres!

HORTENSE, souriant.

Et qui les recevez à genoux.

AUGUSTE.

Me faites-vous un crime de mon entier dévoûment ?

HORTENSE.

Non, mon ami; mais il est des circonstances où l'amour doit se taire devant la raison. Vous connaissez les motifs qui m'unissent à Mondor ; il arrive aujourd'hui, il doit compter sur ma main, il a ma parole, et bien certainement je ne la retirerai pas.

UN LAQUAIS, annonçant.

Un valet de monsieur Mondor.

(Il sort.)

HORTENSE, troublée.

Son valet! son valet, Marton! (*A Auguste.*) Si je vous suis chère, mon petit cousin, de grace, retirez-vous.

AUGUSTE.

Me retirer, madame! Oh! non, non, bien décidément non.

HORTENSE.

Quand on aime une femme, monsieur, on ne lui refuse rien.

AUGUSTE.

Quand on fait quelque cas d'un parent, madame, on le ménage davantage.

MARTON.

Mais voici ce valet.

HORTENSE.

Partez, monsieur, ou restez, que m'importe ? Mais je ne crois plus à votre attachement, je vous en avertis.

SCÈNE IV.

AUGUSTE.

Si vous étiez assez injuste pour en douter un moment....

HORTENSE.

Si vous aviez la moindre délicatesse, vous ne me résisteriez pas.

AUGUSTE.

Je me retire, je me retire, madame. Que ferez-vous pour le maître, si vous me chassez pour le valet?

(Il sort.)

SCÈNE III.

DUMONT, faisant des révérences, HORTENSE, MARTON.

HORTENSE, à Marton.

Reçois ce garçon, reçois-le.... dis-lui.... ce que tu voudras, car, pour moi, je ne pourrais ni l'entendre, ni lui répondre.

SCÈNE IV.

DUMONT, MARTON.

DUMONT.

Votre maîtresse sort bien précipitamment, mademoiselle.

MARTON.

Ce n'est pas ma faute, monsieur.

DUMONT.

Aurait-elle oublié Dumont?

MARTON.

Monsieur Dumont a une de ces figures qu'on n'oublie jamais.

DUMONT.

Il joint à ses agrémens personnels les prérogatives d'un ambassadeur.

MARTON.

Ambassadeur? ah! de monsieur Mondor?

DUMONT.

De monsieur Mondor.

MARTON.

Il écrit qu'il arrive.

DUMONT.

Il fait mieux, il arrive en effet.

MARTON.

J'en suis ravie.

DUMONT.

Il me suit.

MARTON.

Il vous suit? Je rejoins ma maîtresse, elle aura besoin de moi pour se préparer à une entrevue de cette importance.

SCÈNE V.

DUMONT, seul.

Quelle conduite originale! La maîtresse m'évite, la suivante s'échappe, et mon maître.... mon maître!

Aurait-il attendu si tard pour faire une sottise? Dois-je la laisser consommer, moi, valet intelligent et attaché? Que ces dames ne se flattent pas de m'en faire accroire. Je suis assez fin pour pénétrer leurs petits mystères, et assez adroit pour faire échouer leurs projets.

SCÈNE VI.

DUMONT, MONDOR.

MONDOR.

Hé bien! m'as-tu annoncé?

DUMONT.

Oui, monsieur.

MONDOR.

Et on m'attend?

DUMONT.

Sans impatience, à ce qu'il m'a paru.

MONDOR.

Que dis-tu?

DUMONT.

La vérité. Tenez, monsieur, je connais le cœur humain, et vous ferez sagement de prendre de mes almanachs.

MONDOR.

Ah! ah!

DUMONT.

Oui, monsieur. D'abord mon calcul porte sur des faits. Votre mariage est arrangé, vous arrivez, j'accours avec l'empressement d'un homme qui croit apporter une nouvelle agréable, Hortense disparaît; je vous annonce à la soubrette, elle me laisse à mes réflexions, et je vous avoue, monsieur, que je n'en ai pas fait de bien satisfaisantes.

MONDOR.

Je te reconnais là, toujours inquiet et soupçonneux.

DUMONT.

Vous ne doutez de rien, vous, monsieur : le chien d'amour-propre....

MONDOR.

L'amour-propre! Ah! j'ai donc de l'amour-propre, moi?

DUMONT.

Tout comme un autre, monsieur. Il n'est pas d'homme qui ne soit un peu femme de ce côté-là.

MONDOR.

Enfin tu veux que je me défie d'Hortense, et que je m'en rapporte tout-à-fait à toi?

DUMONT.

Je ne veux rien, monsieur; mais je crois qu'il est plus sage de prévenir des regrets, que d'y chercher un remède....

MONDOR.

Qu'on ne trouve pas toujours.

DUMONT.

C'est cela, monsieur, c'est cela.

MONDOR.

Cependant, si tes observations suffisent pour t'a-

SCÈNE VI.

larmer, elles ne m'autorisent pas à douter absolument de la sincérité d'Hortense. Sans manquer aux égards que je dois à ton discernement, il m'est, je crois, permis de voir les choses par mes yeux, de parler, de pressentir....

DUMONT.

Oui, monsieur, voyez, parlez, pressentez; adressez-vous même, si vous le voulez, à monsieur Auguste.

MONDOR.

Auguste est toujours ici?

DUMONT.

Je l'ai aperçu en entrant.

MONDOR.

Il se pourrait fort bien que deux ans d'absence eussent apporté quelque changement dans la façon de penser d'Hortense.

DUMONT.

Oui, certainement, monsieur.

MONDOR.

Après tout, je ne suis pas encore marié.

DUMONT.

Non, dieu merci.

MONDOR.

Et pour peu que j'entrevoie du louche....

DUMONT.

Oh! il y a du micmac; vous verrez, vous verrez.

MONDOR.

Dumont!

DUMONT.

Monsieur.

MONDOR.

Il y avait autrefois ici une suivante....

DUMONT.

Marton ?

MONDOR.

Oui, Marton.

DUMONT.

Elle y est toujours; fille charmante, en honneur.

MONDOR.

Va me la chercher.

DUMONT.

Elle est fine, ne vous y jouez pas.

MONDOR.

N'importe, je veux l'interroger.

DUMONT, *d'un air capable.*

Si vous me chargiez de ce soin, monsieur ?

MONDOR.

C'est-à-dire que monsieur a plus d'esprit que moi ?

DUMONT.

Non, monsieur; mais...

MONDOR.

Va me la chercher, te dis-je, je veux l'interroger.

DUMONT.

J'y vais, monsieur.

MONDOR.

Que notre conversation soit un secret entre nous, entends-tu ?

DUMONT.

Parbleu ! c'est bien à moi qu'on fait de telles recommandations.

SCÈNE VII.

MONDOR, seul.

Le drôle n'est pas sot, et il serait possible qu'Hortense..... Cependant ses lettres sont positives. Elle m'attend, dit-elle ; elle voit avec plaisir approcher le moment.... Dans le fait, ses lettres et sa conduite ne s'accordent pas trop. Quelle serait la cause..... Peut-être une de ces raisons dont les femmes ne conviennent jamais, que souvent elles n'osent s'avouer à elles-mêmes, une inclination naissante. Oui, il n'y aurait là rien que de très-ordinaire. Peut-être Hortense craint-elle de revenir sur ses pas, peut-être craint-elle une rupture qui lui ferait perdre de mon estime ; mais, dans tous les cas, et comme dit fort bien monsieur Dumont, il est plus sage de prévenir des regrets que d'en chercher le remède.

SCÈNE VIII.

MARTON, MONDOR.

MARTON, faisant des révérences.

Monsieur me demande ?

MONDOR.

Oui, mon enfant.

MARTON, s'approchant, et saluant encore.

Que veut monsieur ?

MONDOR.

D'abord, que tu laisses de côté l'étiquette qui m'ennuie, et que tu me répondes avec franchise. T'en sens-tu capable ?

MARTON.

La question est captieuse.

MONDOR.

Tu dois la trouver naturelle, si tu aimes ta maîtresse.

MARTON.

Autant que vous.

MONDOR.

C'est beaucoup dire; mais venons au fait. Où est Hortense ?

MARTON.

Dans son appartement.

MONDOR.

Qu'y fait-elle ?

MARTON.

Elle attend la fin d'une horrible migraine....

MONDOR, à part.

Haie! haie! haie!

MARTON.

Que la nouvelle de votre retour a presque entièrement dissipée.

MONDOR.

Serait-elle devenue sujette aux migraines? Je l'ai toujours connue raisonnable.

MARTON.

L'un n'exclut pas l'autre, monsieur. Une migraine est quelquefois le fruit de longues et profondes réflexions.

SCÈNE VIII.

MONDOR.

Et peut-être a-t-elle aujourd'hui ample matière à réfléchir?

MARTON.

Ses réflexions me sont étrangères, monsieur; ses incommodités me sont connues, parce que je dois ignorer les premières, et que mon devoir est de soulager les secondes.

MONDOR.

Tu as de l'esprit, Marton.

MARTON.

Vous êtes bien bon, monsieur.

MONDOR.

Tu veux me voir venir, jouer avec moi de finesse; je vais te forcer à répondre catégoriquement. Je compte épouser ta maîtresse.

MARTON.

Elle a pris son parti là-dessus.

MONDOR.

Ah! elle a pris son parti là-dessus. Pour une fille d'esprit, l'expression est un peu hasardée.

MARTON.

Selon la civilité, cela se peut; selon la vérité, il n'en est pas de plus exactement littérale.

MONDOR.

C'est-à-dire, que ta maîtresse n'a pas d'amour pour moi.

MARTON.

Je ne crois pas, monsieur.

MONDOR.

Cependant elle m'épouse.

MARTON.

Qu'est-ce que cela prouve? Avec de la vertu et de l'amitié, on doit remplir les vœux de l'époux le plus exigeant.

MONDOR.

Fort bien; je ne dois prétendre qu'à de l'amitié dirigée par la vertu.

MARTON.

Que de maris voudraient pouvoir compter sur ce que vous rejetez si dédaigneusement!

MONDOR.

J'aurais tort de me montrer aussi difficile qu'un jeune homme de vingt ans. A mon âge, on ne fait plus la loi, on la reçoit; et, comme tu dis, un mari est trop heureux que sa femme ait pour lui de l'amitié, pourvu toutefois qu'elle n'ait d'amour pour personne.

MARTON.

Oh, à cet égard-là, monsieur....

MONDOR.

A cet égard-là....

MARTON.

Je ne sais rien, monsieur, absolument rien.

MONDOR.

En vérité!

MARTON.

D'honneur.

SCÈNE VIII.

MONDOR, tirant une bourse.

Marton?

MARTON.

Monsieur?

MONDOR.

Vois-tu cette bourse?

MARTON.

Oui, monsieur.

MONDOR.

Elle est à toi, si tu veux...

MARTON.

Si je veux vous tourmenter, et mentir.

MONDOR.

Tu ne sais rien?

MARTON.

Rien du tout.

MONDOR.

En ce cas, je garde ma bourse.

MARTON, avec humeur.

Vous avez raison, monsieur; on est si souvent trompé par ceux qu'on a bien payés, qu'il est naturel de se défier de ceux même qui disent la vérité.

MONDOR.

Ah! Marton est piquée.

MARTON.

Piquée pour un peu d'or! Vous me connaissez mal.

MONDOR.

Ah! tu n'aimes pas l'argent? Si cependant je te donnais ma bourse....

MARTON.
Je la prendrais, monsieur.
MONDOR.
C'est bien honnête.
MARTON.
Mais aussi tranquillement que je vous ai vu la remettre dans votre poche.
MONDOR.
Hé bien, prends, c'est le présent de noce.
MARTON.
Et si par hasard la noce n'a pas lieu?
MONDOR.
En ce cas-là, j'aurai donné sans condition. (*A part.*) Dumont a raison : elle est fine! je gagnerai davantage à m'expliquer avec la maîtresse.
MARTON.
Monsieur se parle à lui-même?
MONDOR.
Je dis que j'ai la plus grande envie de voir ta maîtresse.
MARTON.
Vous n'attendrez pas long-temps, monsieur, la voici.

SCÈNE IX.

MONDOR, HORTENSE, MARTON.

MARTON, pendant qu'Hortense et Mondor se saluent.
Tirer de l'argent et ne rien dire, voilà le fin du métier.

SCÈNE IX.

HORTENSE, contrainte.

Je vous attendais avec impatience.

MONDOR.

J'étais, madame, plus impatient que vous encore.

HORTENSE.

Je vous dois des excuses, monsieur; une légère indisposition.....

MONDOR, finement.

Je le sais, madame, je le sais..... laissons cela, et parlons d'abord de ce qui vous touche personnellement. Voilà votre portefeuille, je vous le remets dans un état que vous ni moi n'osions espérer. Votre fortune était incertaine; elle est assurée maintenant, et de ce côté ma tâche est remplie.

HORTENSE, prenant le portefeuille.

Mille graces, monsieur....

MONDOR.

Il me reste à parler d'un article qui peut-être n'intéresse que moi.

HORTENSE.

Que vous, monsieur?

MONDOR.

Ou qui, du moins, m'intéresse plus que personne; notre mariage, madame.

MARTON, à part.

Ah! voilà le diable.

HORTENSE.

Vous n'avez plus d'intérêts qui ne soient les miens, monsieur, et un hymen qui peut assurer votre félicité, doit remplir tous mes désirs.

MONDOR, à part.

Doit remplir! (*Haut.*) Mon cœur me dit de vous croire.

HORTENSE.

Et votre délicatesse vous en fait une loi.

MONDOR.

Supérieurement raisonné, madame. Cependant, je veux vous mettre à votre aise. Vous m'avez promis votre main dans un de ces momens où la douleur ferme l'ame à toute autre sensation. Mes soins, mes services vous ont fait persévérer dans ce dessein; mais je suis loin de prétendre que vous mettiez plus d'importance à ce que j'ai fait pour vous, que je n'y en attache moi-même : je suis loin d'abuser de votre consentement, de votre reconnaissance, pour vous imposer des lois qui pèseraient à votre cœur.

HORTENSE, embarrassée.

Qui pèseraient à mon cœur? le croyez-vous, monsieur?

MARTON, à part.

Il aurait tort.

MONDOR.

Il ne s'agit pas de mon opinion, madame; c'est de votre bonheur futur qu'il faut nous occuper. J'ai cinquante ans, je ne suis pas beau, et j'ai des défauts tout comme un autre.

HORTENSE.

J'ai aussi les miens, monsieur; et si vous exigez une épouse parfaite....

SCÈNE IX.

MONDOR.

De la perfection, madame, il n'en existe point. Vous avez des défauts moins sensibles, sans doute, en ce qu'ils sont cachés sous les graces de la jeunesse. N'importe : un homme raisonnable, sans déifier les faiblesses de l'objet aimé, sait au moins fermer les yeux sur celles qui ne tirent point à conséquence. Je connais votre ame, elle est noble et franche, et je m'en rapporterai entièrement à vous.

HORTENSE.

S'il en est ainsi, monsieur, pourquoi multiplier des questions qui ne sont pas flatteuses?

MONDOR, avec ménagement.

Madame, madame, il vaut mieux être indiscret la veille d'un mariage, qu'importun le lendemain.

HORTENSE, avec hauteur.

Monsieur!

MONDOR.

Ce n'est pas là le langage à la mode, je le sais, madame; mais vous pardonnerez ce que mes expressions ont de désagréable, en faveur du motif qui me les arrache. Je reviens. Vous n'avez plus d'intérêts qui ne soient les miens, dites-vous? Comme ami, je n'en doute pas; comme époux, c'est autre chose.

HORTENSE.

Continuez, monsieur, continuez.

MONDOR.

C'est ce que je veux faire, madame. Je veux m'expliquer entièrement avec vous, pour n'avoir plus qu'à jouir de mon bonheur, quand vous l'aurez assuré.

De la fortune, de la raison, de la probité et un sincère attachement, cela peut-il vous suffire? Si votre cœur est libre, c'en est assez; s'il est prévenu pour un autre, ces qualités sont insuffisantes, et je me retire sans plainte, sans murmure. Imitez-moi, madame, et bannissez toute espèce de dissimulation.

HORTENSE.

Je n'ai jamais conçu qu'une femme pût donner sa main sans son cœur. Si elle n'éprouve pas les feux ardens de l'amour....

MONDOR.

Ce n'est pas ce que je demande, ni même ce que je désire.

HORTENSE.

Si elle n'éprouve pas les feux ardens de l'amour, elle doit au moins céder à un sentiment de préférence...

MONDOR.

Et ce sentiment de préférence, vous l'éprouvez en ma faveur? vous en êtes certaine?

HORTENSE.

Monsieur, si je connaissais quelqu'un que j'estimasse plus que vous, je ne vous épouserais pas.

MONDOR, à part.

Honnêtement je ne peux pas insister davantage. (*Haut.*) Je n'ai plus de doute, madame; mon respect ne me permet plus d'en avoir, et vous connaîtrez, par l'ardeur de mes démarches, combien je suis flatté d'être à vous.

SCÈNE X.

HORTENSE, MARTON.

HORTENSE.

Hé bien, Marton!

MARTON.

Hé bien, madame!

HORTENSE.

Que dis-tu de cette explication?

MARTON.

Elle n'est pas d'un bon augure.

HORTENSE.

Devais-je m'y attendre?

MARTON.

Oh! non, sans doute.

HORTENSE.

S'il m'eût jamais écrit ce qu'il vient de me dire...

MARTON.

Les choses seraient moins avancées, je le crois.

HORTENSE.

Mais qu'a-t-il? Que me veut-il? Réponds, réponds donc, car cela est fait pour inquiéter, au moins.

MARTON.

Les hommes sont si bizarres!

HORTENSE.

Il était avec toi, que te disait-il? Que lui répondais-tu? Aurais-tu donné matière à des soupçons?...

MARTON.

J'ai été impénétrable.

HORTENSE.
On t'a donc aussi questionnée?
MARTON.
Pendant une heure.
HORTENSE.
Et tu n'as convenu de rien?
MARTON.
Convenu, de quoi, madame?
HORTENSE.
Hé, mon dieu, vous m'entendez de reste! Mais vous êtes ingénieuse à me tourmenter.
MARTON.
Hé bien! j'ai nié, madame; j'ai nié obstinément.
HORTENSE.
Vous avez nié! Et qu'avez-vous nié?
MARTON.
Ce dont je ne pouvais convenir sans vous compromettre.
HORTENSE.
Des bévues ou des impertinences, voilà tout ce que vous faites, voilà tout ce que vous savez faire.
MARTON.
Mais, madame, il y a un désordre dans vos idées...
HORTENSE.
Ce désordre est dans votre tête, mademoiselle. Avoir aussi peu d'intelligence, cela est inconcevable! et me répondre énigmatiquement.... Elle ne sauvera rien à ma délicatesse. Voyez si elle parlera.
MARTON.
Mais je ne sais que dire, moi, madame, en vérité.

SCÈNE X.

HORTENSE.

Insupportable fille ! Mondor vous a-t-il parlé d'Auguste ? Avez-vous prononcé son nom ? Avez-vous fait l'aveu...

MARTON.

De quoi, madame ?

HORTENSE, très-vivement.

Des étourderies de ce jeune homme, de l'embarras affreux où elles me mettent.

MARTON.

Il n'a pas été question de lui.

HORTENSE, hors d'elle-même.

Tant pis, mademoiselle, tant pis. Mondor sait qu'Auguste est chez moi, qu'Auguste est charmant. Votre affectation à n'en pas parler aura fait naître ces soupçons que j'ai si peu mérités, et dont je ne me consolerai jamais. Quelles conséquences Mondor n'aura-t-il pas tirées de vos petits détours ? Il faudra que je supporte vos étourderies, que je m'excuse... M'excuser ! cet enfant m'aime, est-ce ma faute ? S'il menace, s'il éclate, pourrai-je lui imposer silence ? Avec les intentions les plus pures, on a donc besoin d'indulgence ! Quelle cruelle situation ! Il faut cependant que je déclare tout à Mondor ; et comment m'y prendre à présent ? J'aurai l'air de ruser, de vouloir cacher mes démarches, ou de m'en permettre de répréhensibles. Que je suis malheureuse !

MARTON.

C'est moi, madame, qui suis la seule à plaindre. On me questionne, j'élude ; on me presse, je me défends : je crois bien faire et je suis blâmée. Parler d'Auguste, n'était-ce pas mettre à des bagatelles une importance.... (*finement*) une importance que vous n'y attachez pas, puisque vous n'aimez pas cet enfant.

HORTENSE.

Je ne l'aime pas ! Je ne l'aime pas !..... Non, sans doute, je ne l'aime pas ; mais ces soupçons de Mondor, sur qui peuvent-ils tomber, si ce n'est sur Auguste ? Vous verrez que je serai forcée de l'éloigner, et vous en serez l'unique cause.

MARTON.

Mais, madame, s'il était nécessaire de le rappeler au souvenir de monsieur Mondor, qui vous a empêchée d'en parler vous-même, et de....

HORTENSE.

J'en aurais parlé à Mondor, quand j'ose à peine vous en parler, à vous ; quand je ne puis y penser sans une émotion... bien innocente à la vérité, mais dont Mondor se serait aperçu.....! sais-je ce qu'il se serait imaginé ? Pauvre Auguste ! tu seras malheureux ! je le serai de ta peine, et cela, parce que cette fille veut avoir de l'esprit. Quelle sotte prétention ! sur quoi est-elle fondée ? Je voudrais ne vous avoir jamais vue.

(Elle s'éloigne.)

MARTON, la suivant d'un ton suppliant.

Madame, madame.

HORTENSE, sortant.

Ne me suivez pas, je vous le défends.

SCÈNE XI.

MARTON, seule.

Les voilà, les voilà bien! Faites tout pour eux, un moment d'humeur rend vos services nuls. On vous cherche des torts que vous n'avez pas, pour se dissimuler ceux qu'on a effectivement. Oh! le sot métier que de servir des gens qui ne sont jamais d'accord avec eux-mêmes, et qui vous imputent leurs sottises, par cela seul qu'ils ne savent à qui s'en prendre.

SCÈNE XII.

MARTON, DUMONT.

DUMONT.

Ah! te voilà?

MARTON, avec humeur.

Après.

DUMONT, après l'avoir fixée.

La journée est nébuleuse.

MARTON.

Croyez-vous cela, monsieur Dumont?

DUMONT.

Oui, l'air du bureau n'est pas pour nous.

MARTON.

C'est malheureux.

DUMONT.

Cependant il serait désagréable de quitter ainsi la partie.

MARTON.

Il est plus prudent de la quitter que de la perdre.

DUMONT.

C'est à peu près la même chose.

MARTON.

Quand on prévoit si bien les coups, on n'expose pas son enjeu.

DUMONT.

Tu es revêche !

MARTON.

Que t'importe ?

DUMONT.

Oh ! cela m'est égal.

MARTON.

Je le crois.

DUMONT.

Mais la conduite de ta maîtresse...

MARTON.

Es-tu fait pour y trouver à redire ?

DUMONT.

Non pas moi, si tu veux ; mais mon maître...

MARTON.

Ton maître ?

DUMONT.

Il commence à penser comme moi.

MARTON.

Aussi sots l'un que l'autre.

DUMONT.

C'est bien flatteur.

SCÈNE XII.

MARTON.

Au fait! que veux-tu? tu n'es pas venu ici sans dessein?

DUMONT.

Te faire part de mes observations.

MARTON.

C'est inutile.

DUMONT.

Mon maître et ta maîtresse vont faire une folie.

MARTON.

Tu n'auras pas le crédit de les en empêcher.

DUMONT.

Ce ne sera pas moi, mais monsieur Auguste.

MARTON.

Monsieur Auguste?

DUMONT.

Il adore ta maîtresse.

MARTON.

Qui te l'a dit?

DUMONT.

Je m'en suis aperçu.

MARTON.

Voyez, quel tact!

DUMONT.

Oserais-tu le nier?

MARTON.

Aurais-tu conçu le projet de m'en faire convenir?

DUMONT.

Pourquoi pas?

MARTON.

Tu te crois bien fin.

DUMONT.

Assez pour te faire parler.

MARTON.

Je t'en défie.

DUMONT.

C'est fait.

MARTON.

C'est fait?

DUMONT.

Oui, tu as avoué.

MARTON.

Il est fort, celui-là.

DUMONT.

Si Auguste n'aimait pas ta maîtresse, au premier mot que je t'en ai dit, tu aurais jeté les hauts cris (je suis l'homme de confiance du futur); si la chose était seulement incertaine, tu te serais défendue. Tu réponds par monosyllabes, tu veux rompre les chiens; atteinte et convaincue.

MARTON.

Ah! tu interprètes jusqu'à mon silence?

DUMONT.

Un habile homme tire parti de tout.

MARTON.

Et quand Auguste aimerait ma maîtresse, qu'en conclurais-tu?

DUMONT.

Qu'ayant pour lui bien des avantages que d'autres

SCÈNE XII.

n'ont pas, il est payé de retour : n'est-il pas vrai?

MARTON.

Je suis muette.

DUMONT.

Réponds, Marton; Auguste est aimé?

MARTON.

Je suis muette, te dis-je.

DUMONT.

Qui ne dit rien, consent : prends-y garde.

MARTON, avec force.

Hé, non, non, non; Hortense ne l'aime pas.

DUMONT.

Tu me le dis d'un ton qui me persuade le contraire.

MARTON.

Que le diable t'emporte!

DUMONT.

Que le ciel te le rende!

MARTON.

Dumont, jasons d'amitié, et laissons-là l'esprit : depuis deux heures le mien ne m'a fait faire que des bévues. Que nous fassions bien ou mal, nos services sont pesés au poids du caprice. Aidons-nous, au lieu de nous nuire.

DUMONT.

Tope. Sois vraie, d'abord. Auguste aime ta maîtresse, et ta maîtresse aime Auguste.

MARTON.

Hé, sans doute; mais....

DUMONT.

Quoi, mais....

MARTON.
Quel usage veux-tu faire de cet aveu?
DUMONT.
Le rapporter à mon maître, qui n'a pas de caprices, et qui pèse mes services au poids de la raison.
MARTON.
Ah! fripon, double fripon!
DUMONT, la contrefaisant.
Il vaut mieux quitter la partie que de la perdre.
MARTON.
Dumont, mon ami Dumont, je t'en prie, je t'en supplie!
DUMONT.
Tu verras que mon maître et moi ne sommes pas si sots.
MARTON.
Mon cher petit Dumont!
DUMONT.
Je suis inexorable.
MARTON.
Me voilà renvoyée indubitablement.
DUMONT.
Non pas, non. Monsieur Mondor saura prudemment concilier ses intérêts et les tiens. Vous conserverez, lui, sa liberté; toi, ta condition; il le faut, je le veux, et je viens de te donner un échantillon de mon savoir-faire, qui doit te convaincre de ma capacité.

SCÈNE XIII.

MARTON, seule.

Haïe en secret de Mondor, dont j'ai éventé les finesses, querellée par ma maîtresse, jouée par ce valet, et cependant plus fine qu'aucun d'eux, tel est mon sort. Si une fille comme moi est impunément balottée par des êtres de cette espèce, il faudra croire au fatalisme. Vengeons-nous à la fois de tous nos adversaires. Bannissons Mondor et son valet, et punissons Hortense, en la forçant d'être heureuse.

SCÈNE XIV.

AUGUSTE, MARTON.

AUGUSTE, accourant, hors de lui.

Marton, ma chère Marton, tu me vois au désespoir. Je suis abandonné, haï, assassiné.

MARTON, à part.

Ah! voilà mon vengeur. (*Haut.*) Qu'avez-vous donc, monsieur?

AUGUSTE.

Je me suis jeté aux genoux d'Hortense, j'ai supplié, j'ai menacé, j'ai pleuré; elle ne veut rien entendre. Je vais la perdre, et il faut que je me taise : elle me l'a ordonné.

MARTON.

Elle vous l'a ordonné?

AUGUSTE.

Mais d'une manière si pressante et si douce, que l'amour lui-même eût cédé à la séduction. J'étais à ses pieds ; je ne suis pas éloquent, mais le langage du cœur a de la véhémence, et je ne suivais que l'impulsion du mien. Elle écoutait, et paraissait émue. Bientôt elle détourne la tête, en oubliant sa main. Je la saisis, je la baise...... Avec quelle ardeur je la baisais, cette main!

MARTON.

Je connais cela. Après?

AUGUSTE.

Elle veut la retirer, j'ose lui résister, pour la première fois de ma vie; sa main me reste, et je la baise encore. Ses yeux alors se tournent vers moi : ils sont mouillés, mais n'expriment pas de colère. Leur douceur m'enhardit...... Je l'embrasse...... Ah! Marton, comme on embrasse ce qu'on adore et ce qu'on va perdre. Tout à coup elle s'échappe de mes bras, fuit à l'extrémité de l'appartement, et, prenant un air sévère : Finissez, monsieur, me dit-elle, vous n'êtes plus un enfant, et ces libertés me déplaisent. Je me marie, respectez un lien sacré. Je réplique, elle insiste..... Je m'emporte..... Alors, Marton, alors cette femme, oubliant son empire, descend à la prière, emploie à la fois et l'ascendant de la vertu, et le pouvoir magique de la beauté. Sa colère avait excité la mienne ; sa douceur, sa bonté me laissent sans force. Je promets de ménager Hortense, de respecter Mondor. Ma promesse me coûtera mon repos, mon bon-

SCÈNE XIV.

heur, et peut-être ma vie ; mais je me serai immolé à ce que j'aime.

MARTON.

Non, monsieur, on ne meurt pas d'amour, et, à votre âge, on est heureux quand on veut l'être. Céder à une femme attendrie et suppliante !

AUGUSTE.

Que pouvais-je faire ?

MARTON.

Son bonheur.

AUGUSTE.

Hé ! comment ?

MARTON.

En la forçant à renoncer à un mariage de raison, pour épouser Auguste qu'elle aime, quoiqu'elle veuille se le dissimuler.

AUGUSTE.

Elle m'aime, dis-tu..... Elle m'aime.....

MARTON.

Il faut être aussi modeste pour ne pas s'en apercevoir, et aussi enfant pour n'en pas profiter.

AUGUSTE.

Marton, ma fidèle Marton, ma seule, mon unique amie, éclaire-moi, conseille-moi, conduis-moi. Tu me rends à la vie, en me rendant à l'espoir ; dis-moi, que dois-je faire pour.....

MARTON.

Déclarez tout à monsieur Mondor, peignez-lui votre amour, votre douleur ; laissez entrevoir que vous êtes payé du plus tendre retour.

AUGUSTE.

Hortense me désavouera.

MARTON.

Que vous importe? Mondor est vieux, il doit être jaloux. Qu'il renonce à Hortense, ce soir elle est à vous. D'ailleurs, vous ne ferez que confirmer à Mondor ce que son valet lui aura déjà dit, et ce que peut-être il n'aura pas voulu croire.

AUGUSTE.

Quoi! Dumont saurait....

MARTON.

Oui, Dumont sait qu'on vous aime; Mondor doit le soupçonner; moi, j'en suis assurée; ma maîtresse le sent; il n'y a que vous dans toute la maison qui ne vous en doutiez pas.

AUGUSTE.

Mais, j'ai promis à ma belle cousine....

MARTON.

Vous avez promis..... mais vaincu par les prières d'Hortense, égaré par votre délicatesse, contenu par la crainte de lui déplaire.....

AUGUSTE.

Oh! oui, oui, Marton, tout cela est bien vrai.

MARTON.

Hé bien, monsieur, tout acte qui n'est pas libre, parfaitement libre, ne saurait nous engager.

AUGUSTE, vivement.

Tu as raison, tu as raison.

MARTON.

Ne dites rien de notre petit complot; restez ici, attendez Mondor, ne le tuez pas : de l'éloquence, de la fermeté, l'amour fera le reste.

SCÈNE XV.

AUGUSTE, seul.

Ah ! Marton est charmante. Oui, j'ai promis trop légèrement, et un serment arraché ne m'oblige à rien. Le voici, ce rival heureux; modérons-nous, et abordons-le.

SCÈNE XVI.

DUMONT, MONDOR, AUGUSTE.

MONDOR, à Dumont, en entrant.

J'en ai assez entendu : le notaire est averti, je lui ai fait sa leçon, le reste me regarde.

AUGUSTE, avec timidité.

Monsieur, vous voulez épouser........ vous allez épouser....

MONDOR, à Dumont, en dissimulant.

Quel est monsieur ?

DUMONT.

C'est monsieur Auguste, le cousin et l'ami....

MONDOR.

Monsieur Auguste, que j'ai vu si jeune, si intéressant, dont la physionomie promettait.....

DUMONT.

Et dont la physionomie a tenu parole.

MONDOR.

J'étais loin, monsieur, de vous croire encore ici. Hortense ne m'a pas encore parlé de vous, Marton a gardé le même silence. Tout cela m'étonne un peu, je l'avoue. Au reste, vous voilà, j'en suis charmé; vous serez de ma noce, et vous l'embellirez.

AUGUSTE.

Je serai de votre noce..... vous croyez..... Vous ne doutez pas que votre triomphe.....

MONDOR.

Qu'avez-vous, monsieur? vous paraissez troublé?

AUGUSTE.

Je suis dans un état impossible à dépeindre.

MONDOR.

Vous m'alarmez, mon cher ami.

AUGUSTE.

Dites-moi d'abord, monsieur, aimez-vous beaucoup ma cousine.

MONDOR.

Éperdument.

DUMONT, à Mondor.

Hé non, monsieur, non; c'est convenu.

MONDOR, à Dumont.

Va-t'en.

DUMONT.

Mais, monsieur.....

MONDOR.

Va-t'en, te dis-je.

SCÈNE XVII.

MONDOR, AUGUSTE.

AUGUSTE.

Sérieusement, monsieur, vous l'aimez éperdument?

MONDOR.

Cela vous étonne?

AUGUSTE.

Au contraire, monsieur; mais c'est que votre amour......

MONDOR.

Mon amour...

AUGUSTE.

C'est que votre amour.....

MONDOR.

Ne s'accorde peut-être pas avec vos désirs secrets. A votre âge, monsieur, on aime facilement; à votre âge, on est fort aimable; mais à votre âge, on ne se marie pas, ou l'on a tort.

AUGUSTE.

On se marie bien au vôtre, monsieur.

MONDOR.

On a peut-être tort aussi : cependant la comparaison n'est pas juste.

AUGUSTE.

Pour ceux qu'elle humilie.

MONDOR, avec une feinte colère.

Monsieur, vous me tenez des propos.....

L'AMOUR ET LA RAISON.

AUGUSTE, avec fierté.

Vous blessent-ils, monsieur ?

MONDOR, à part.

Il est brave; voyons s'il est délicat. (*Haut.*) Avant de nous brouiller tout-à-fait, ne serait-il pas prudent de nous entendre, et de nous expliquer?

AUGUSTE.

Soit, monsieur, expliquons-nous: vous aimez Hortense, et je l'adore; vous l'épousez, et moi.....

MONDOR.

Jusqu'ici je ne vois pas de raisons qui puissent me faire renoncer à sa main.

AUGUSTE.

Vous n'en voyez pas, monsieur..... moi, j'en vois mille.

MONDOR.

Ah ! ah !

AUGUSTE.

Et une seule doit suffire.

MONDOR.

Hé bien, monsieur, voyons cette raison.

AUGUSTE.

C'est que.... (*A part.*) Non, elle ne me le pardonnerait jamais.

MONDOR.

Enfin, cette raison ?

AUGUSTE.

C'est que....

MONDOR.

C'est qu'Hortense vous aime, peut-être ?

SCÈNE XVII.

AUGUSTE, vivement.

Je ne dis pas cela.

MONDOR.

Elle a agréé ma recherche, l'instant de notre hymen est fixé; c'est un sentiment de préférence qui la détermine. (*Ici Auguste fait un mouvement.*) Oui, monsieur, un sentiment de préférence, ce sont ses propres expressions. Je la crois, parce que je l'estime. Si elle vous eût aimé, peut-être eussé-je sacrifié mon amour.

AUGUSTE, très-vivement.

Vous l'eussiez sacrifié........ vous l'eussiez sacrifié..... Ah! monsieur.

MONDOR.

Mais Hortense ne vous aime pas; n'est-il pas vrai, elle ne vous aime pas? Prenez garde, monsieur, qu'un mot hasardé peut nuire à la réputation d'une femme estimable.

AUGUSTE.

Hé, monsieur, que me demandez-vous? Je vais vous dévoiler mon ame, vous y lirez comme moi. Qu'importe que je sois aimé d'Hortense, que vous importent ses sentimens secrets, puisque vous connaissez sa vertu? Mais, monsieur, c'est à la dernière extrémité que je vous implore. A votre âge, on surmonte l'amour; au mien, c'est un poison qui brûle, qui dévore. Vous avez toute votre raison, et la mienne n'est qu'à son aurore. Je voudrais vous aimer, je le désire, je le puis; ayez pitié de mes tourmens, et ne me forcez pas de vous haïr.

MONDOR.

Monsieur, vous me dites-là des choses très-intéressantes, très-vivement senties, mais qui éludent ma question. Répondez net, s'il vous plaît. Si Hortense vous aime, si seulement elle vous a donné lieu de le croire, je vous la cède; elle m'a trompé, et je la méprise. Si au contraire.....

AUGUSTE, avec force.

Monsieur, estimez ma cousine, et épousez-la.

MONDOR, à part.

C'est un honnête homme, et je suis content de lui.

SCÈNE XVIII.

MONDOR, HORTENSE, AUGUSTE.

HORTENSE, embarrassée.

Monsieur, notre mariage qui m'a singulièrement préoccupée......

MONDOR, à part.

Je le crois.

HORTENSE.

Les préliminaires...... les préparatifs.....

AUGUSTE, à part.

Que va-t-elle dire?

HORTENSE.

Tout ce qui tient enfin à une affaire majeure, m'a fait perdre de vue des intérêts moins pressans.

MONDOR, à part.

La conversation va s'animer.

SCÈNE XVIII.

HORTENSE.

J'ai négligé de vous parler de mon cousin..... de mon cousin..... que j'aime.

MONDOR, avec intention.

Et qui mérite de l'être.

HORTENSE.

Oui, monsieur.

MONDOR.

Hé, madame, quoi de plus simple? vous aimez votre cousin, c'est bien naturel. Il est charmant, et près de toute autre femme il pourrait être dangereux.

HORTENSE.

Vous vous plaisez aujourd'hui à me dire des choses désagréables.

AUGUSTE, à part.

S'ils pouvaient se brouiller!

MONDOR.

Croyez-moi, madame, ne perdons pas un temps précieux à disputer sur des mots; revenons, s'il vous plaît. (*La contrefaisant.*) Vous avez négligé de me parler de votre cousin..... de votre cousin.... que vous aimez.

HORTENSE, vivement.

Comme on aime un parent.

MONDOR.

C'est bien ainsi que je l'entends. Poursuivez, madame.

HORTENSE, avec beaucoup d'embarras.

J'ai réfléchi, monsieur ; j'ai réfléchi....

MONDOR.
Vous avez réfléchi.....
HORTENSE.
Et je l'éloigne de moi.
AUGUSTE, bas à Hortense.
Que dites-vous, madame ?
MONDOR, à part.
Elle l'éloigne, elle le craint.
HORTENSE.
Il est temps qu'il s'occupe de son état et de sa fortune : je l'aiderai de la mienne, et vos conseils guideront sa jeunesse.
AUGUSTE, bas à Hortense.
Je ne partirai pas, c'est un parti pris.
MONDOR.
Je ne vois pas qu'il faille pour cela l'éloigner de vous. Je vais être son parent, et votre affection lui est un sûr garant de la mienne. Vous avez commencé son éducation, il faut la finir; nous le devons, et je vous prie de ne pas vous y opposer.
AUGUSTE, bas à Hortense.
Rendez-vous, cruelle, ou je vais éclater.
HORTENSE, bas à Auguste.
Si vous dites un mot, je ne vous parle de ma vie. (*A Mondor.*) Croyez, monsieur, que je n'agis pas sans de fortes raisons.
MONDOR.
Il serait dangereux peut-être de vouloir les approfondir : je vous avoue cependant que celles que vous

SCÈNE XVIII.

m'opposez ne me persuadent pas, m'étonnent, et peuvent donner lieu à d'étranges soupçons.

HORTENSE.

Hé bien! monsieur, sachez que je ne fais rien que pour prévenir ces soupçons. Je vais vous faire une confidence dictée par l'honneur, et nécessaire à mon repos ; ce jeune homme m'aime.

MONDOR.

Je le sais, madame.

HORTENSE.

Mais il m'aime.... d'amour.

MONDOR.

Je le sais, madame.

HORTENSE.

Vous le savez, monsieur!

AUGUSTE.

Oui, madame, oui, monsieur le sait.

HORTENSE.

Et vous trouvez étrange que je l'éloigne?

MONDOR, *ironiquement*.

Oui, madame, puisque vous n'avez pour lui que de l'amitié.

HORTENSE.

Vous ne cherchez qu'à me tourmenter, monsieur. Si je ne l'aime pas, vous devez louer ma prudence ; si je l'aime, vous devez me savoir gré de mon sacrifice ; mais les hommes sont injustes, sont ingrats, sont....

MONDOR.

Tout ce qu'il vous plaira, madame. Une jolie femme n'a jamais tort avec moi.

HORTENSE.

Un compliment ne réparera pas ce que vos propos ont de piquant.

AUGUSTE, avec humeur.

Monsieur ne vous a rien dit que de très-sensé, madame, et c'est vous qui prenez tout si singulièrement aujourd'hui....

HORTENSE, à Auguste.

Joignez-vous à monsieur, je vous le conseille, je vous en prie; ces deux hommes sont cruels : l'un m'excède....

MONDOR, l'interrompant.

Duquel parlez-vous, madame?

AUGUSTE.

Quoi qu'il en soit, je ne partirai pas. Je vous adore, votre époux le sait; il veut que je reste, et bien certainement je lui obéirai. Il est raisonnable, lui.... et vous.... Ah! cousine, n'est-ce pas assez de vous perdre, sans être forcé de m'éloigner? Je n'ai plus de parens, je n'ai que vous au monde qui s'intéresse à moi; que deviendrai-je si je vous quitte? Jeune, sans expérience, obligé de me distraire d'une passion malheureuse, je me livrerai malgré moi aux erreurs de mon âge; vous le saurez, et vous en serez tourmentée. Si je reste, au contraire, vos conseils, votre vertu, votre amitié douce et compâtissante, rétabliront insensiblement la paix dans mon ame. Je puiserai dans vos yeux la force de supporter mon sort. Ma cousine, ma belle cousine (*il tombe à ses*

SCÈNE XVIII.

genoux, et lui baise la main), ne me chassez pas, je vous en conjure; ce serait m'arracher la vie.

MONDOR, passant entre Hortense et Auguste.

Bien, cousin, bien.

HORTENSE.

Vous chasser! vous chasser! je n'en ai jamais eu l'idée; mais il me semble qu'une absence de quelques mois....

AUGUSTE, à Mondor.

Monsieur, parlez pour moi, je vous en prie.

MONDOR.

Malgré la nouveauté du personnage qu'on me fait jouer, je dois vous représenter, madame, que tant de précipitation peut donner à penser à un monde toujours injuste et malin. On croirait peut-être que le départ de monsieur serait l'effet de ma jalousie, et je ne suis pas jaloux.

HORTENSE, piquée.

Vous n'êtes pas jaloux?

MONDOR.

Non, madame, je ne suis pas jaloux. Je verrais monsieur passer sa vie à vos pieds, que je n'en prendrais pas le plus léger ombrage.

AUGUSTE, à Hortense.

Hé bien! je ne lui fais pas dire.

HORTENSE, à part.

Quel insupportable homme!

SCÈNE XIX.

MONDOR, HORTENSE, AUGUSTE, MARTON, DUMONT, LE NOTAIRE.

DUMONT, annonçant.

Votre notaire.

MONDOR, allant au-devant du notaire.

Approchez, monsieur, approchez.

AUGUSTE, s'asseyant.

Mon cœur s'en va.

HORTENSE, s'asseyant de l'autre côté.

Comme il souffre, ce pauvre enfant!

LE NOTAIRE, deux contrats à la main, bas à Mondor.

Avez-vous deviné?

MONDOR.

Parbleu! regardez le jeune homme.

LE NOTAIRE.

Charmant, en vérité. (*Prenant le contrat de dessous.*) En ce cas, c'est ce contrat-ci.

MONDOR, présentant la plume à Hortense.

Madame veut-elle bien signer....

(Hortense signe d'un air triste.)

MARTON.

Elle a signé. Ah! la pauvre femme!

DUMONT.

Mon maître ne signera pas.

LE NOTAIRE, à Mondor, qui a pris la plume pour signer.

Plus bas, plus bas encore.

SCÈNE XIX.

MONDOR, signant.

Ah! j'entends.

MARTON, à Dumont.

Hé bien! qu'en dis-tu?

DUMONT.

Diable emporte, si je m'y attendais.

MONDOR.

Et le petit cousin? Il nous fera aussi le plaisir de signer au contrat. (*Il présente à Auguste la plume et le contrat.*) Ici, cousin, ici.... (*A part.*) Comme la main lui tremble.... ce cher enfant! il faut lui rendre ses forces. (*Haut.*) Hé.... mais.... j'oubliais.... étourdi que je suis! madame a signé sans connaître les articles....

HORTENSE, très-froidement.

Monsieur, je m'en rapporte absolument à vous...

MONDOR.

Cela ne suffit pas. Je crois que les clauses principales ne vous déplairont pas ; mais il faut que vous sachiez.... (*Au notaire.*) Lisez, monsieur, lisez.

LE NOTAIRE, lisant.

Par-devant, et cætera.... Sont comparus monsieur Auguste Vercour, et dame Hortense....

HORTENSE, se levant précipitamment.

Monsieur, quelle est cette nouvelle plaisanterie?

MONDOR.

Celle-ci vaut bien les autres, convenez-en.

AUGUSTE.

Quoi! monsieur....

MONDOR.

Te voilà bien certain de ne pas partir, à moins que madame ne veuille congédier son époux.

AUGUSTE, sautant au cou de Mondor.

Ah! mon bon ami, mon bon ami!

HORTENSE.

Je n'y consentirai jamais.

MONDOR.

Vous voulez qu'on vous prie....

MARTON, à Mondor.

Pour la forme.

MONDOR.

Oui, pour la forme.

HORTENSE.

Toujours des impertinences!

MONDOR.

Vous n'aurez pas de peine à me pardonner celle-ci.

HORTENSE.

Mais, quelle folie! me faire épouser un enfant!

MONDOR.

Hé! qu'importe?

HORTENSE.

Que dira le monde?

MONDOR.

Tout ce qu'il lui plaira. Monsieur est jeune, mais il a une belle ame, il m'en a convaincu. Vous serez heureuse, Auguste le sera, je le serai de votre commun bonheur. Nous laisserons dire les sots, et nous jouirons de la vie.

SCÈNE XIX.

HORTENSE, avec une joie qu'elle voudrait dissimuler.

Vous êtes un terrible homme, vous me faites faire tout ce que vous voulez.

AUGUSTE, sautant.

Elle est à moi !

MONDOR.

Vous m'épousiez par raison ; l'amour vous parlait pour ce jeune homme, je m'en suis aperçu, car enfin je n'ai pas cinquante ans pour rien, et je me suis dit : « Il faut savoir aimer ses amis pour eux-mêmes.

FIN DE L'AMOUR ET LA RAISON,
ET DU TOME IX.

TABLE

DES PIÈCES CONTENUES DANS CE VOLUME.

Pages.

Il faut croire a sa Femme, comédie en un acte et en vers.... 5
    Préface.... 7
Le Jaloux Corrigé, comédie en un acte et en vers.. 45
Le Pessimiste, ou l'homme mécontent de tout, comédie en un acte et en vers.... 79
La Joueuse, drame en trois actes et en vers.... 121
    Dédicace à monsieur de Monvel.... 123
L'Orpheline, comédie en trois actes et en prose.... 203
Le Marchand Provençal, comédie en deux actes et en prose.... 291
Charles et Caroline, comédie en cinq actes et en prose. 367
    Préface.... 369
L'amour et la Raison, comédie en un acte et en prose. 477

FIN DE LA TABLE.

www.ingramcontent.com/pod-product-compliance
Lightning Source LLC
Chambersburg PA
CBHW071606230426
43669CB00012B/1853